명문당 서첩 17

茶山行草帖

鴻山

茶山 丁若鏞 書
鴻山 全圭鎬 編譯

{들어가는 말}

이번에 필자가 다산첩을 출간하니, 이는 참으로 다행한 일이고 또한 자랑스럽게 생각한다. 왜냐면 다산 선생이 직접 쓰신 20여 수의 절구(絶句)와 10여 통 서신의 복사본을 필자가 보관하고 있었기 때문이다.

사실 이 서첩을 필자가 보관하고 있다는 것을 까맣게 모르고 있었는데, 작년(2020) 겨울 어느 날 우연히 필자의 서재에서 다산 선생이 쓰신 수장본(手糙本) 서첩을 발견하였으니, 필자가 이를 본 순간 생각하길, "서첩으로 발간하여 전국의 서가(書家)들에게 보여주고, 또는 서예를 공부하는 학생들에게 보여주어 공부할 수 있도록 해야겠다." 고 하는 생각이 번쩍 들었으니, 왜냐면 이 글씨는 음양의 대소(大小)가 너무 확연하고 주경(遒勁)하고 거침이 없는 글씨였기 때문이다.

정다산 선생은 서기 1762년(영조 38)에 출생하였는데, 이 글씨를 쓴 시기는 선생께서 20세 때에 썼다고 쓰여 있으니, 1782년에 쓰신 글씨이다. 필자가 이 글씨를 보고 순간적으로 "선생께서는 500여 권에 이르는 저서를 남겨서 일찍이 천재 중의 천재로 알고 있었지만, 붓글씨 역시 당시의 일반적 글씨를 뛰어넘는 파격의 글씨를 썼다는 점에 유의해야 한다." 고 생각했다.

왕우군 서성(書聖)의 "난정서" 같은 서(書)는 음양이 비교적 미묘하게 들어가서 서(書)를 깊이 연구한 사람이 아니면 보이지도 않고 이해하지도 못하며, 추사(秋史) 선생의 "세한도" 같은 경우도 그 많은 지(之)자를 모두 다르게 표현하여 변화를 주었으며, "예서(隸書)"의 경우는 장구한 서예사에서 찾아보기 어려운 글자를 구사하여, 그야말로 서예사에 한 획을 그었고, 반면에 이 책의 다산 선생의 행서는 파격의 음양을 구사하여 당시 그 누구도 생각하지 못한 글씨를 썼다고 볼 수가 있다. 또한 글씨를 쓰면서 흥에 취하여 과감하게 쓰여, 진선생의 이 서첩이야말로, 노래 부르는 가수가 흥에 취해 고성(高聲)으로 올렸다가 잔잔한 미성(微聲)으로 내리는 것과 무엇이 다르겠는가?

이에 필자는 이 서첩을 인쇄하여 전국의 서점에 배포하여, 서학을 배우는 후학들이 마냥 중국의 서첩만 공부할 것이 아니고 우리 고유의 선현들이 쓴 서예를 배우고 연마해서 국내는 물론 세계의 미술계에 우리 고유의 훌륭한 작품을 내놓기를 간절히 소망한다. 끝으로 한국의 서첩을 꾸준히 발행해주시는 도서출판 명문당 김동구 사장님과 편집을 맡은 이명숙 님께 심심한 사의를 표합니다.

2021년 2월 20일 순성재(循性齋)에서

홍산(鴻山) 전규호(全圭鎬)는 지(識)하다.

차례

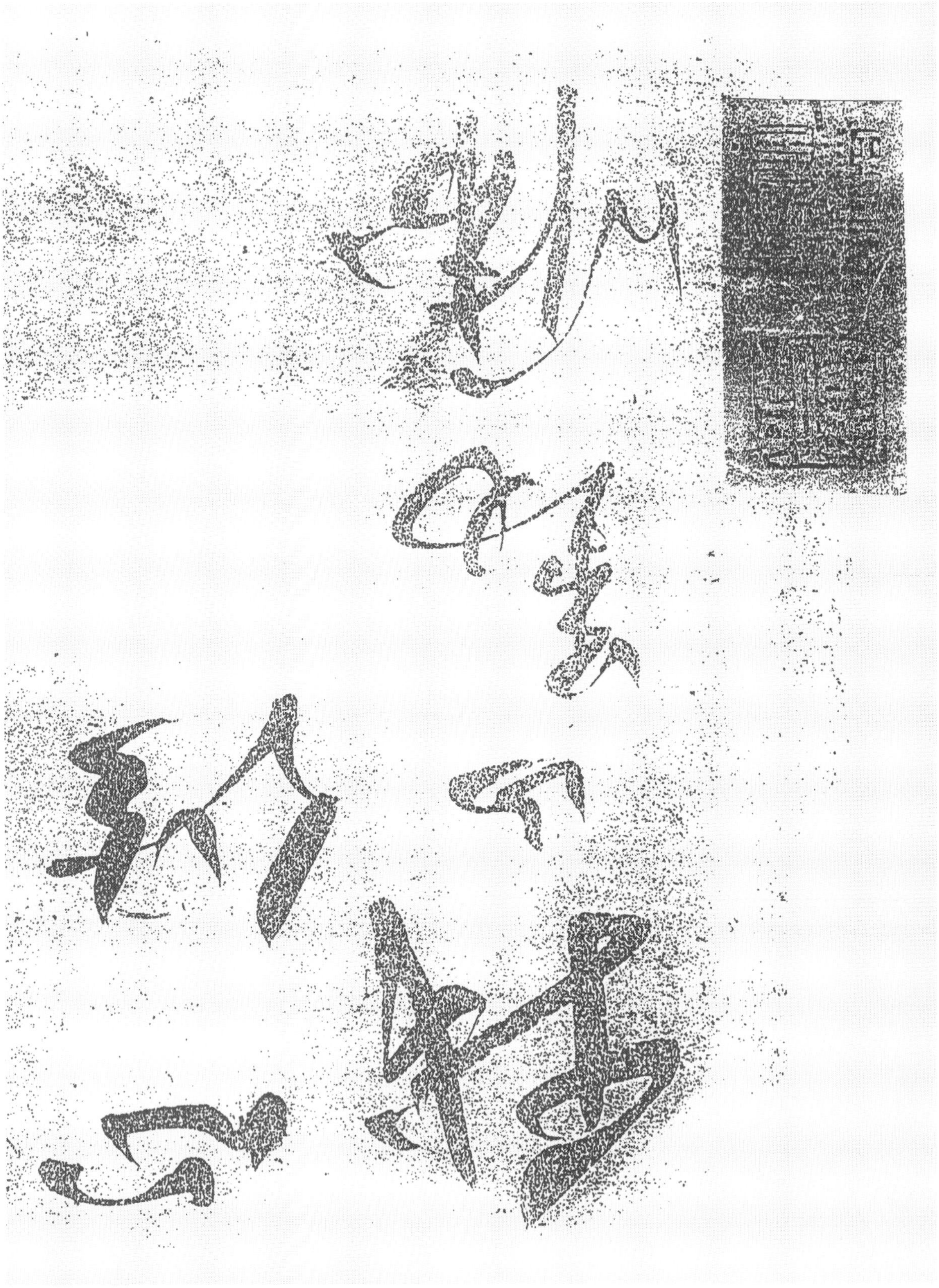

心供我山勤唬 진심으로 아산에게 주니 부지런히 읽으시오.
심 공 아 산 근 호

낙관 상 사암(俟庵)

낙관 하 정약용인(丁若鏞印)

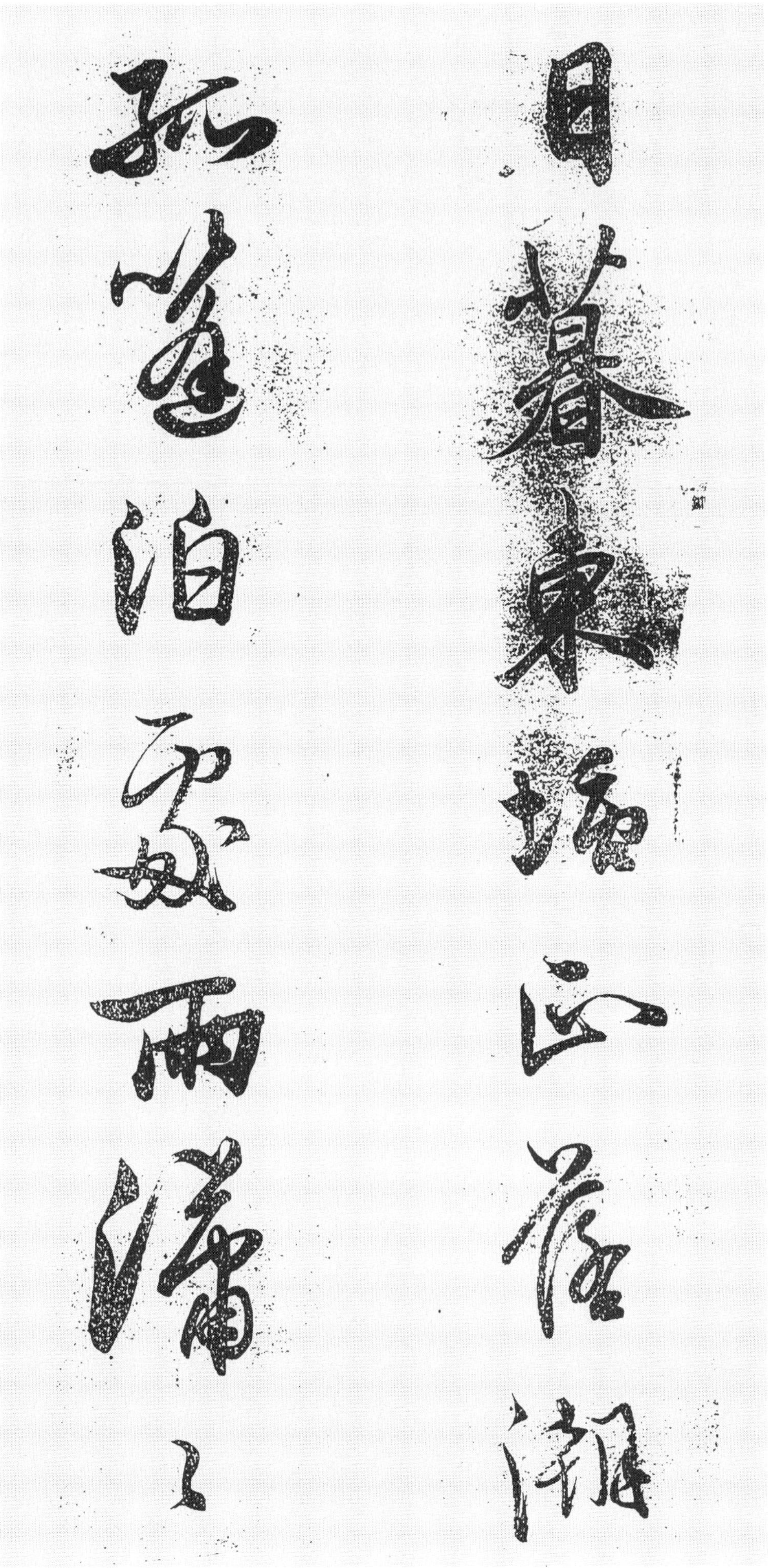
日暮東塘正落潮
孤篷泊處雨瀟々

비 내리는 밤 한산사를 읊다(夜雨題寒山寺寄西樵禮吉) 왕사정(王士禛)

{1}

日暮東塘正落潮 해 지는 동쪽 연못에 조수 드리울 때
일 모 동 당 정 락 조

孤篷泊處雨瀟瀟 외로운 배 머무르는 곳에 비 내린다네.
고 봉 박 처 우 소 소

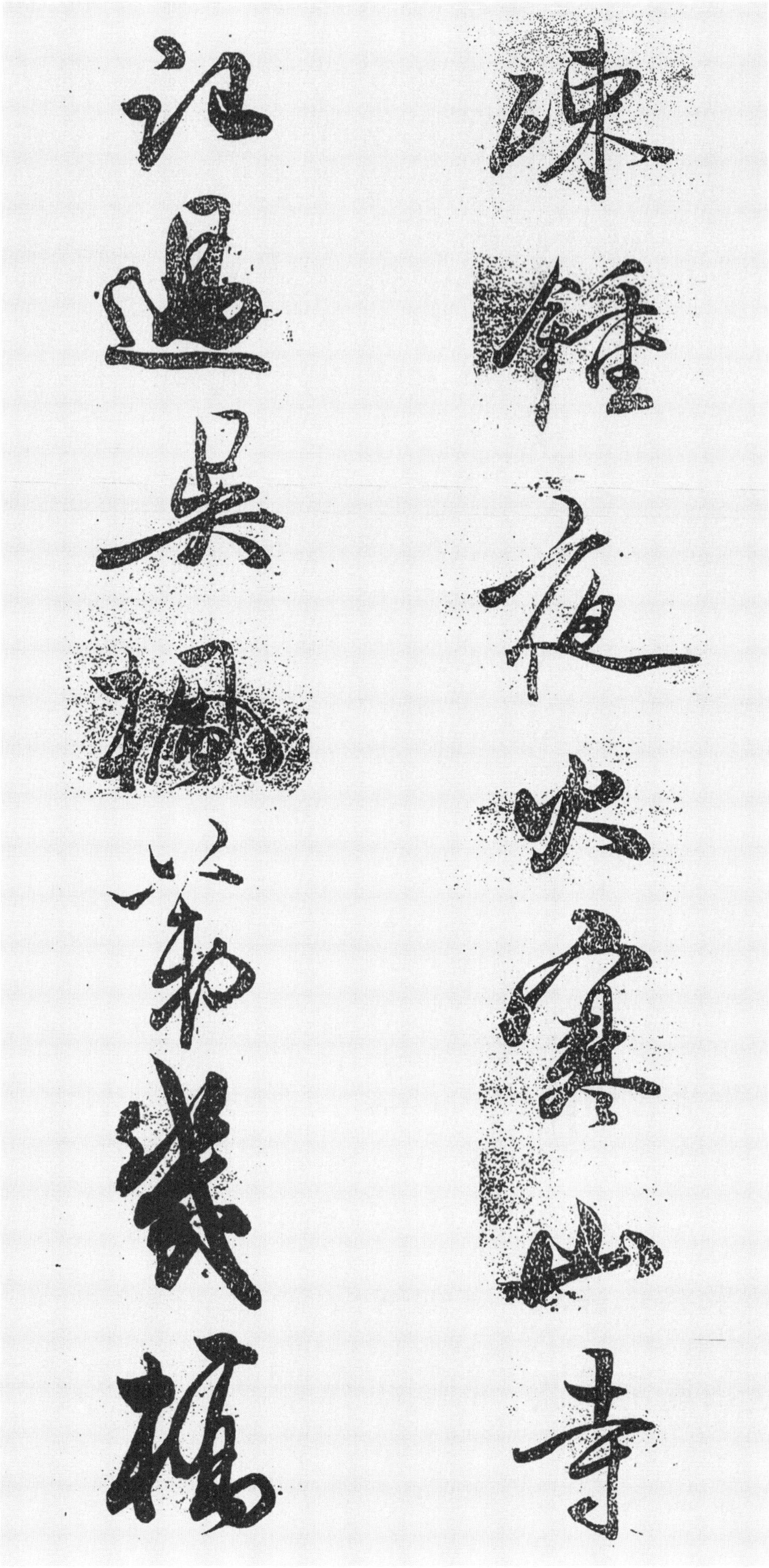

{2}

疎鐘夜火寒山寺　불 밝힌 한산사 이따금 들리는 종소리
소 종 야 화 한 산 사

記過吳楓第幾橋　오풍(吳楓)의 몇 번째 다리 지났는지 기억한다네.
기 과 오 풍 제 기 교

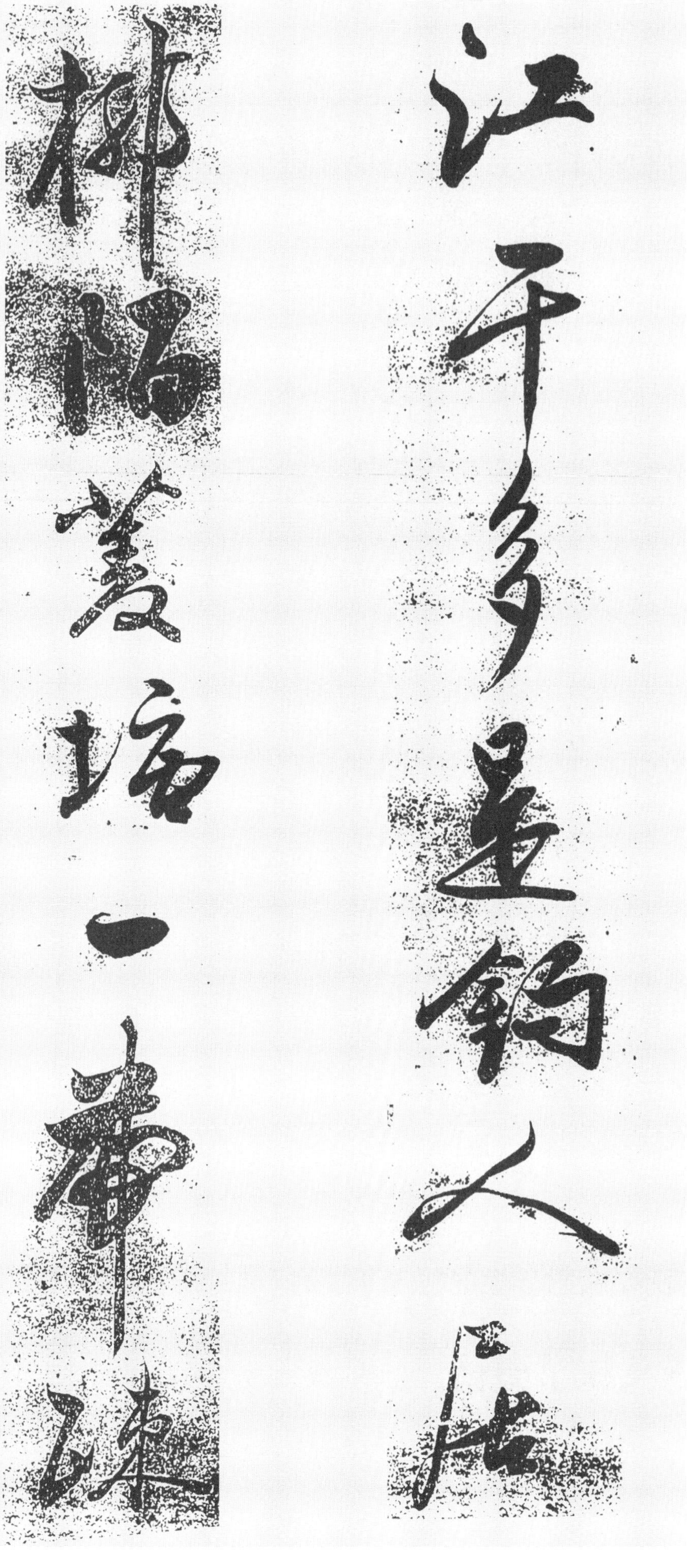
江干多是釣人居
柳陌菱塘一帶疎

진주(眞州)를 노래한 절구 왕사정(王士禎)

{3}

江干多是釣人居 강가엔 낚시꾼들 많이 앉아 있는데
강 간 다 시 조 인 거

柳陌菱塘一帶疎 버들 길 마름 뜬 못 일대가 트였다네.
유 맥 릉 당 일 대 소

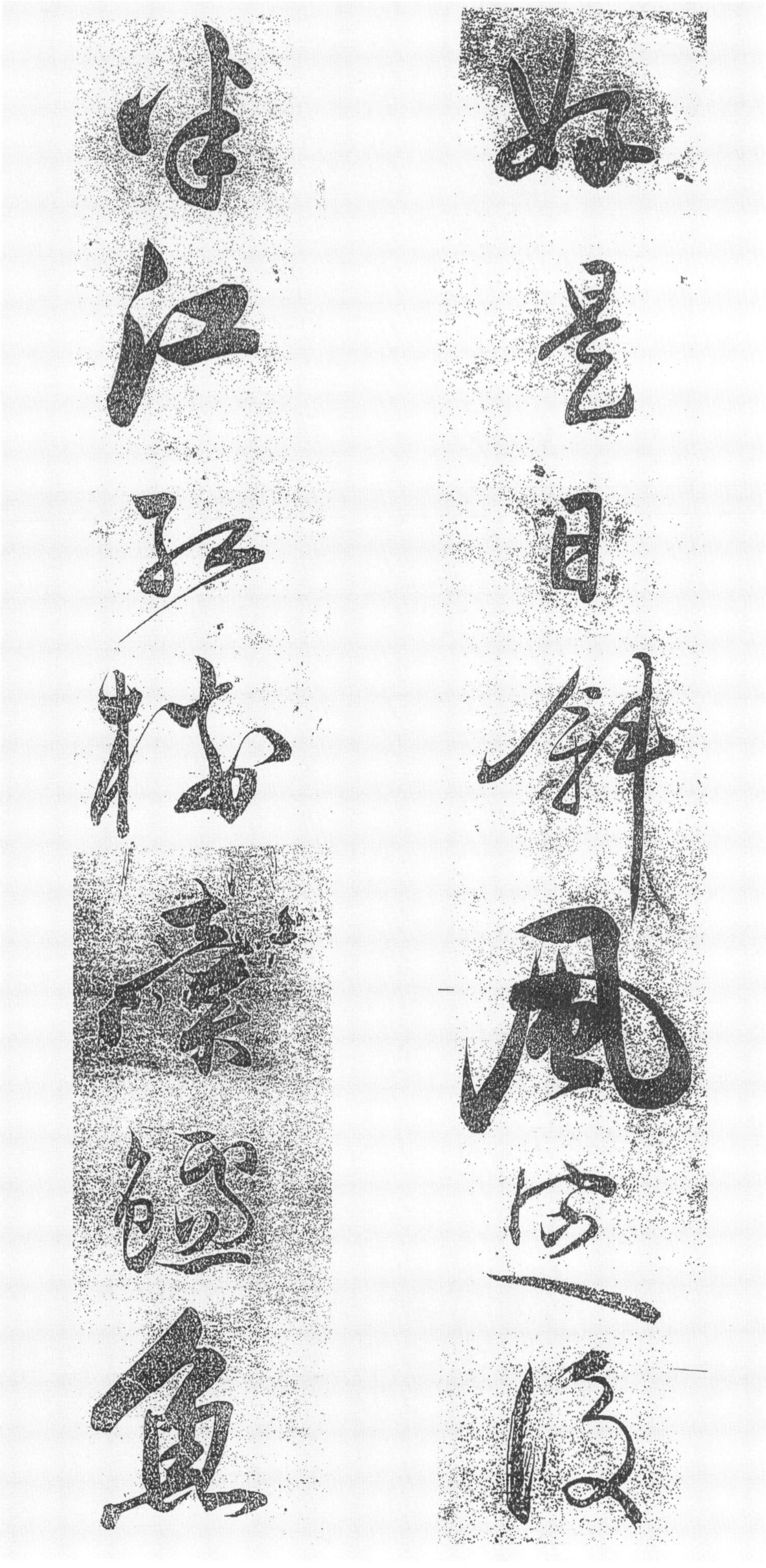
好是日斜風定後
半江紅樹賣鱸魚

{4}

好是日斜風定後　좋구나! 해 기울고 바람 잔 뒤
호 시 일 사 풍 정 후

半江紅樹賣鱸魚　단풍진 강가에 농어 파는 정경이여!
반 강 홍 수 매 로 어

遠上寒山石逕斜
白雲深處有人家

산행(山行) 두목(杜牧)

{5}

遠上寒山石徑斜 멀리 차가운 산 비스듬한 돌길 걷는데,
원 상 한 산 석 경 사

白雲深處有人家 흰 구름 깊은 곳에 사람의 집이 있다네.
호 시 일 사 풍 정 후

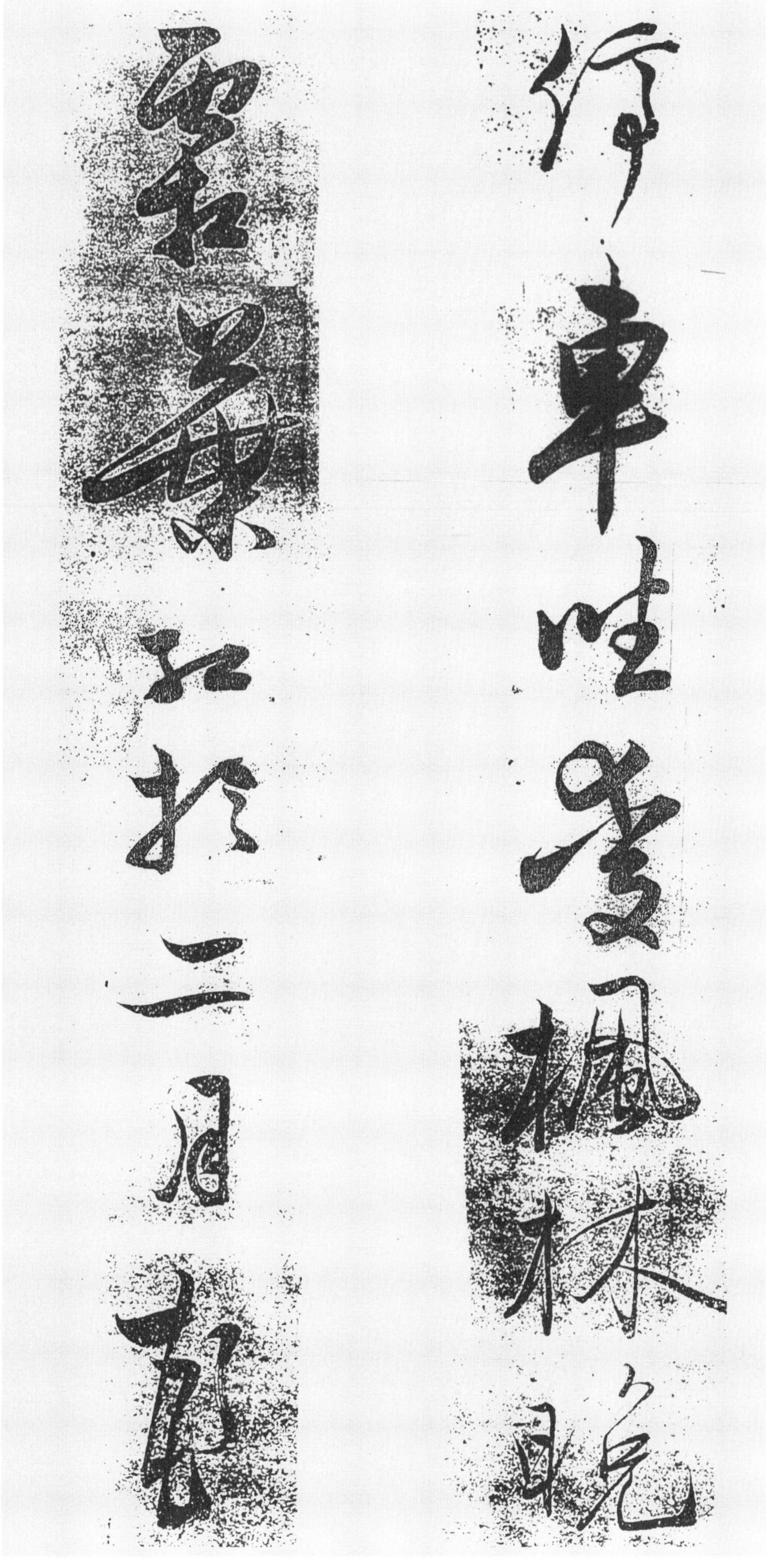
停車坐愛楓林晚
霜葉紅於二月花

{6}

停車坐愛楓林晩 수레 멈추고 앉아 늦가을 단풍 완상하노라니,
정 차 좌 애 풍 림 만

霜葉紅於二月花 가을 단풍이 이월 꽃보다 더 붉구나.
상 엽 홍 어 이 월 화

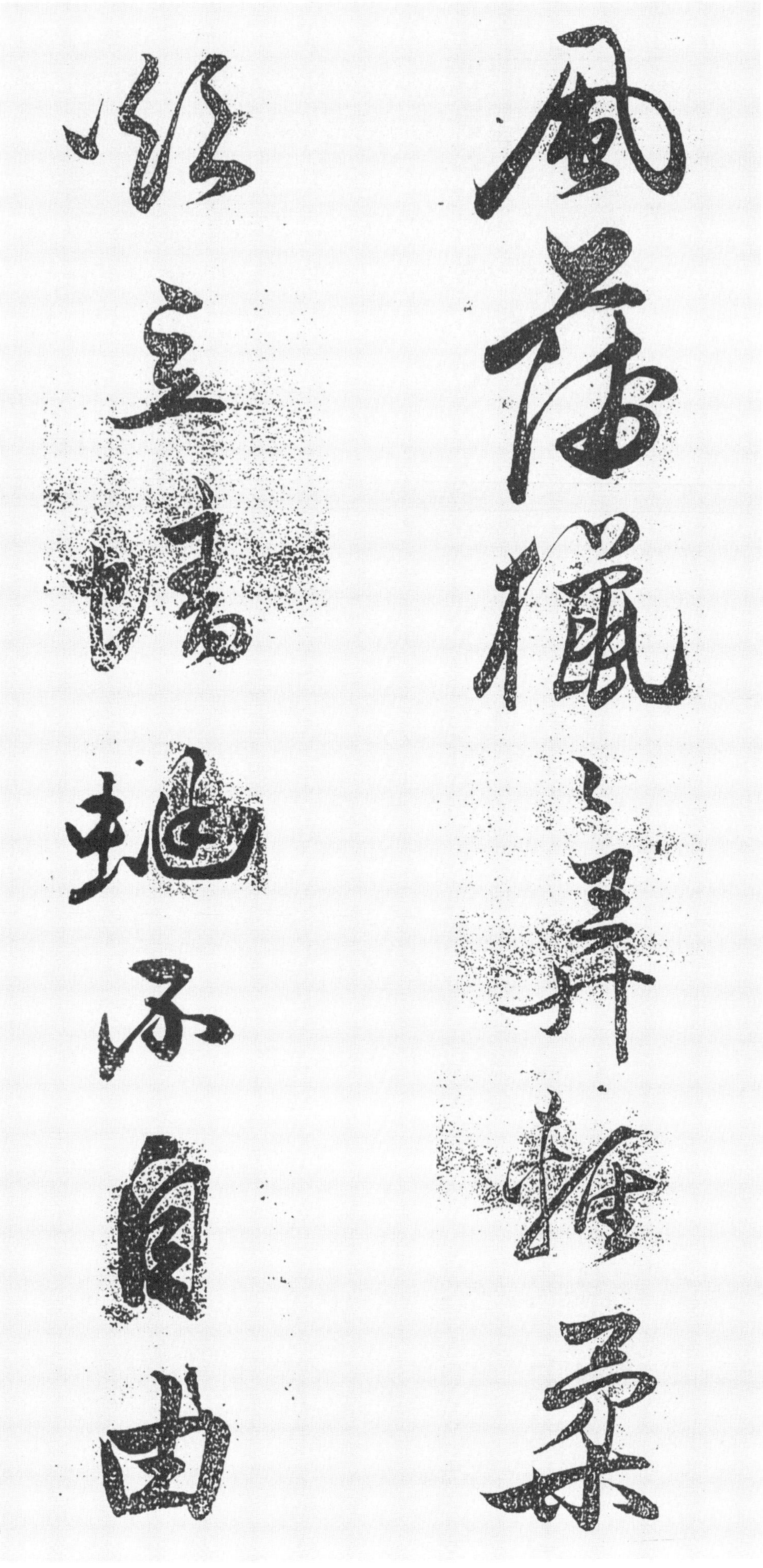

임평도중(臨平道中) 도잠(道潛)

{7}

風蒲獵獵弄清柔 바람에 부들 잎 가볍게 한들거리는데
풍 포 렵 렵 롱 청 유

欲立蜻蜓不自由 잠자리가 앉으려 해도 자유롭지 않아라.
욕 립 청 연 부 자 유

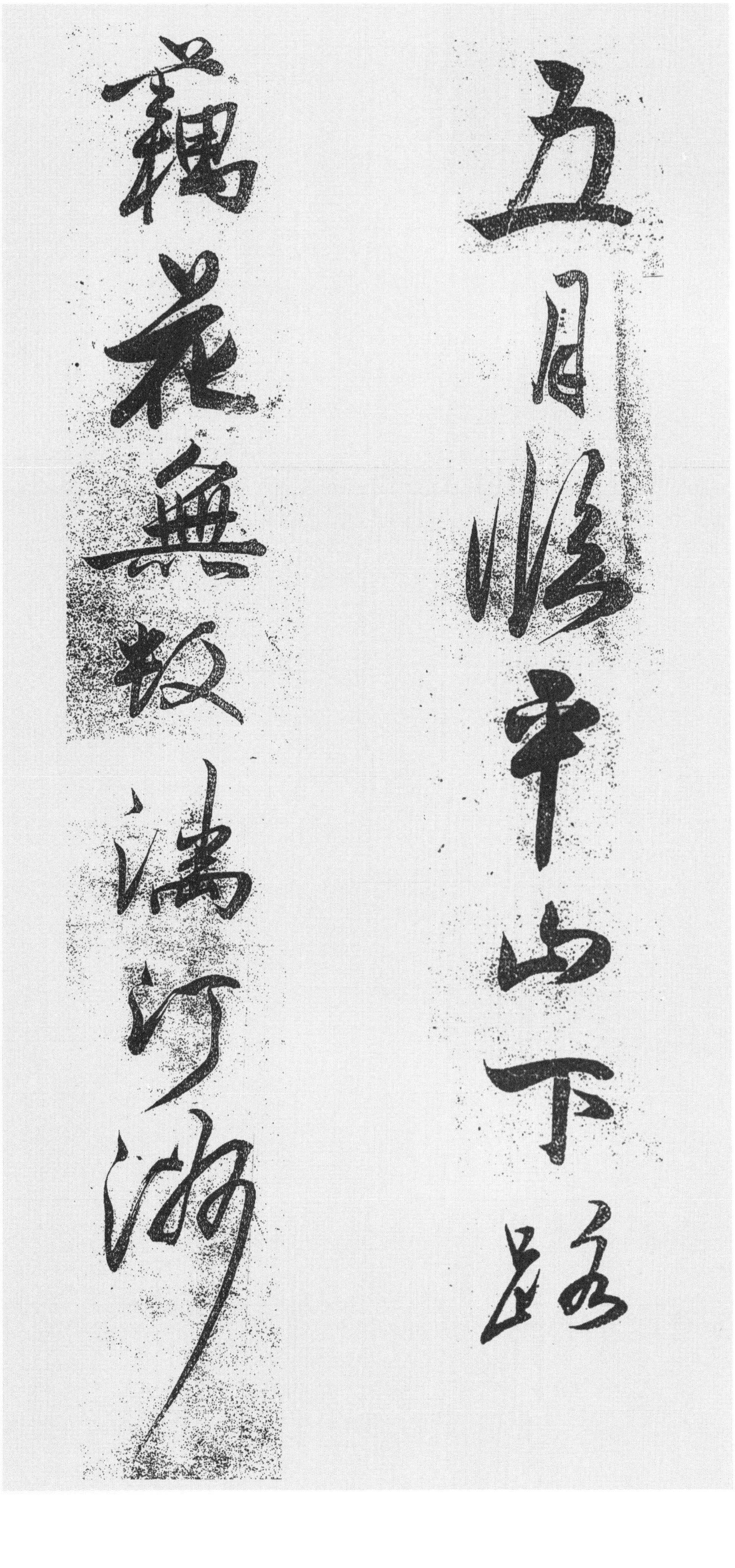
五月臨平山下路
藕花無數滿汀洲

{8}

五月臨平山下路 오월 맞은 임평산 아래 길을 걷자니,
오 월 림 평 산 하 로

藕花無數滿汀洲 연꽃이 무수하게 물가에 가득해라.
우 화 무 수 만 정 주

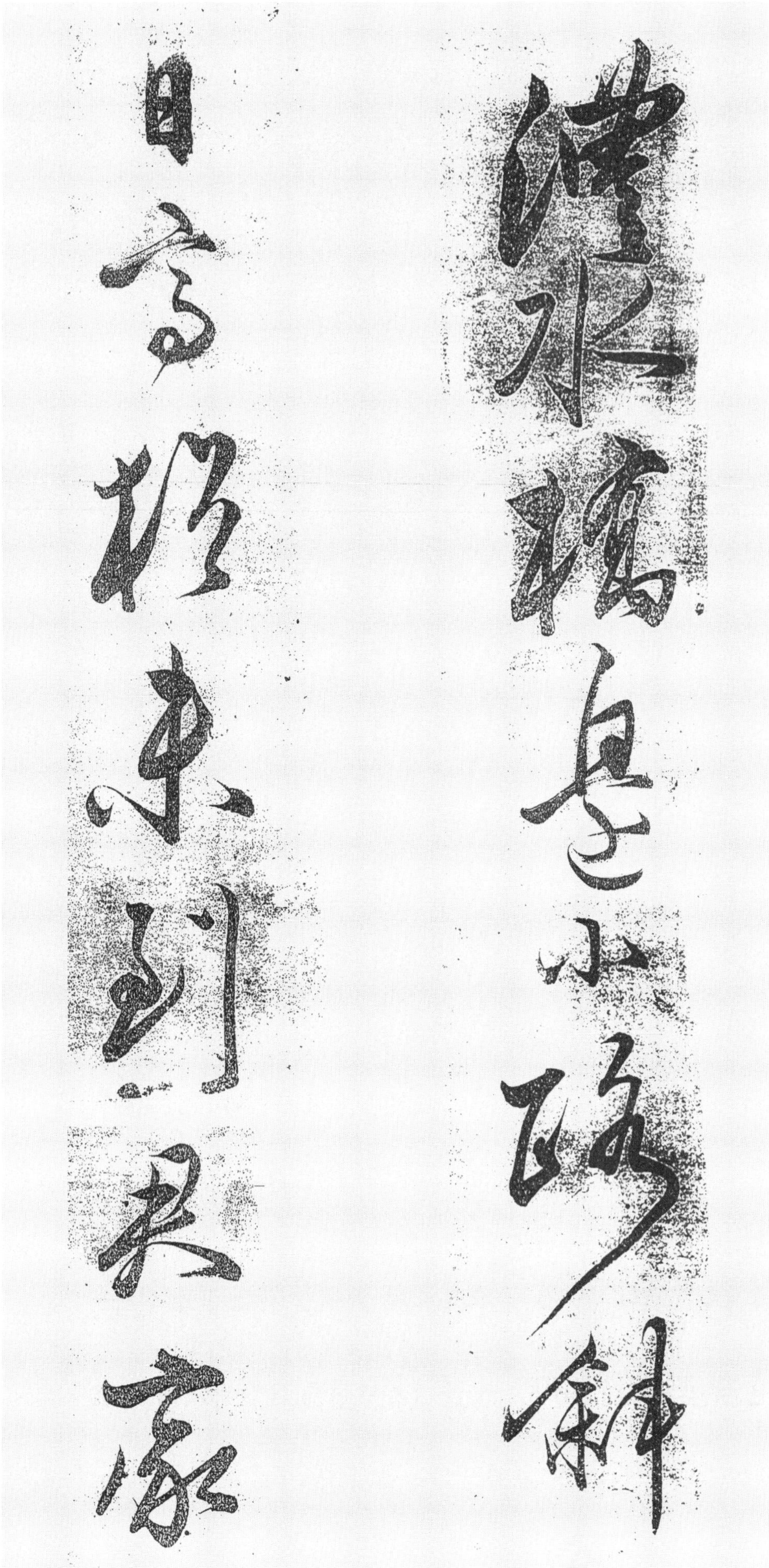

성서(城西)의 친구 별장을 찾아(城西訪友人別墅) 옹도(雍陶)

{9}

灃水橋邊小路斜 예수교 주위에 작은 길 있는데
풍 수 교 변 소 로 사

日高猶未到君家 한낮이 되어도 그대 집에 도착하지 못하네.
일 고 유 미 도 군 가

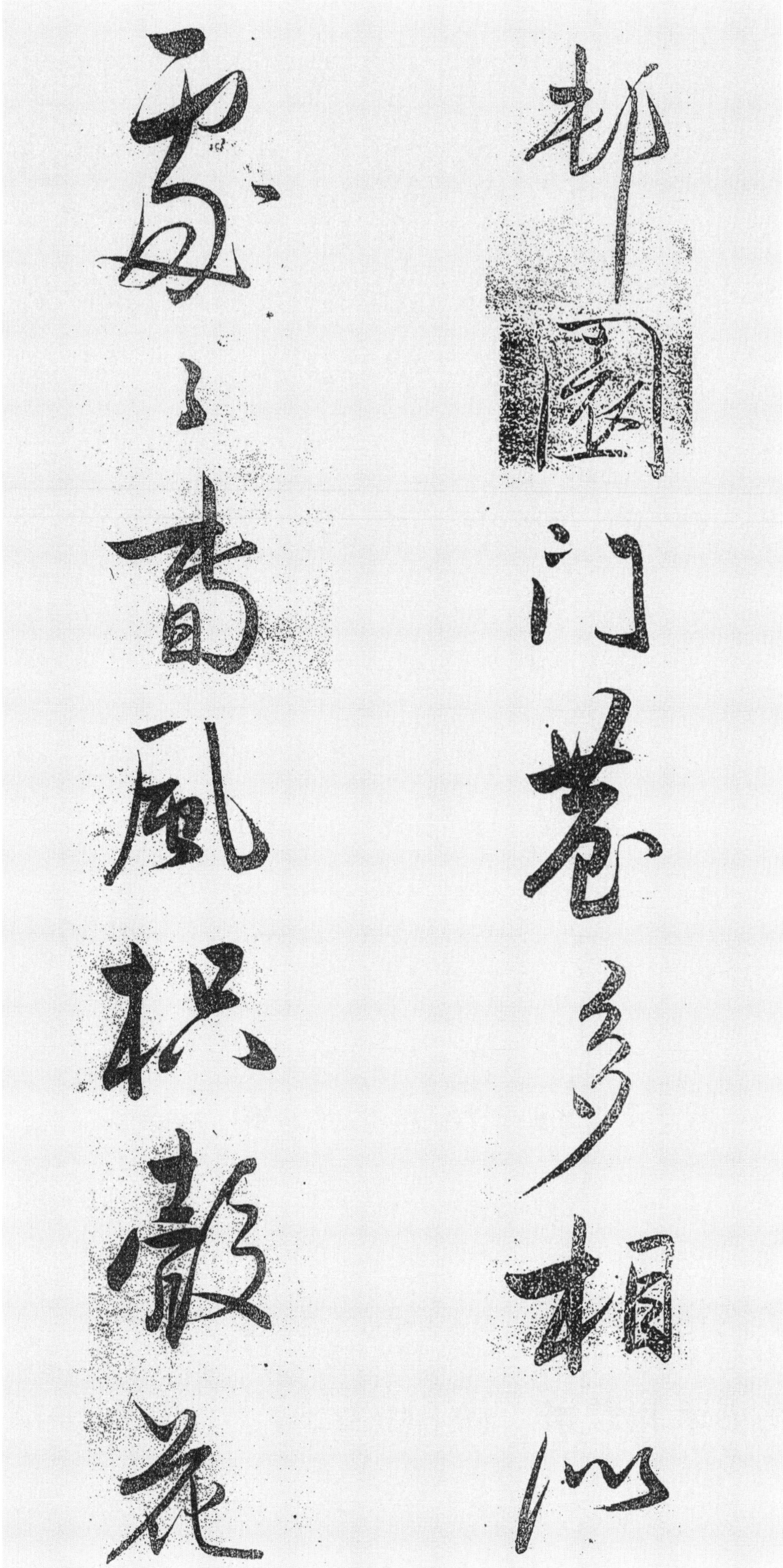
都闉門巷多相似
處處高風積散花

{10}

村園門巷多相似　마을 동산의 골목길이 서로 비슷한데
촌 원 문 항 다 상 사

處處春風枳殼花　봄바람 부는 곳마다 탱자 꽃 피어있네.
처 처 춘 풍 지 각 화

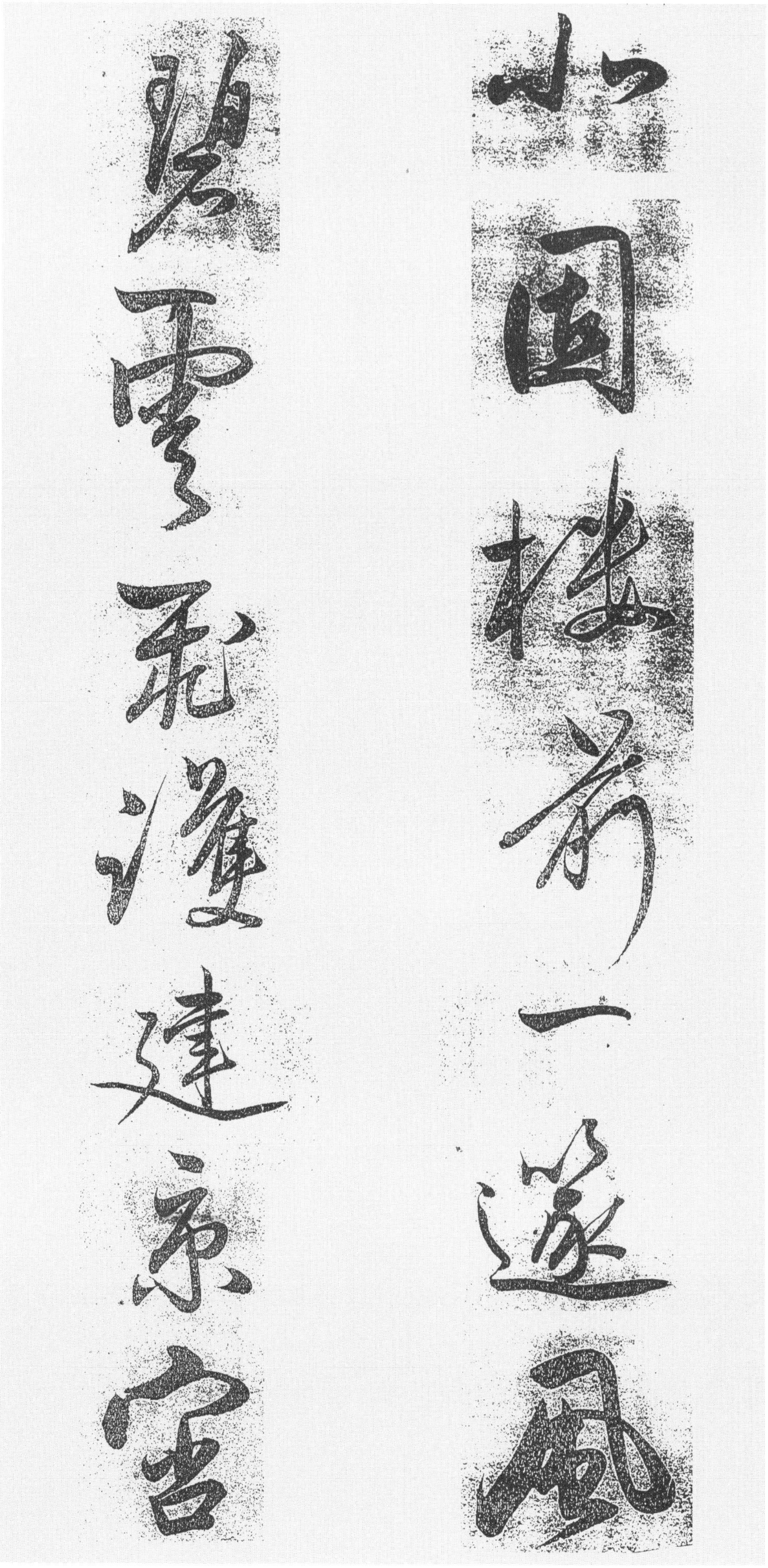

북고루(北固樓) 앞 중수(仲殊)

{11}

北固樓前一笛風 북고루 앞에 피리 소리 바람에 날려
북 고 루 전 일 적 풍

碧雲飛出建京宮 푸른 구름 건경궁에 날아오네.
벽 운 비 출 건 경 궁

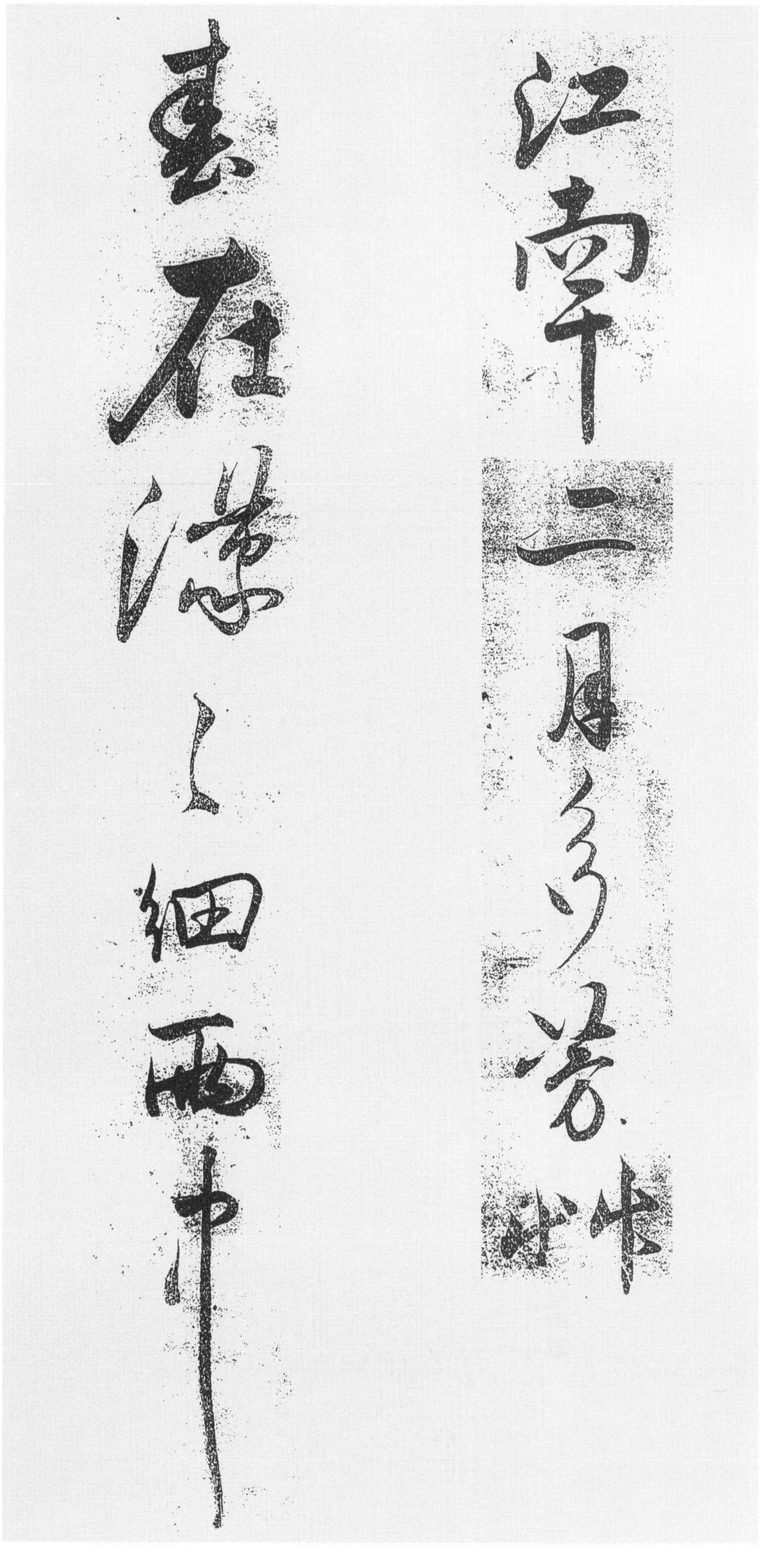
江南二月多芳艸
春在濛〻细雨中

{12}

江南二月多芳草 강남의 2월 방초가 많은데
강 남 이 월 다 방 초

春在濛濛細雨中 봄이라 이슬비 부슬부슬 내리네.
춘 재 몽 몽 세 우 중

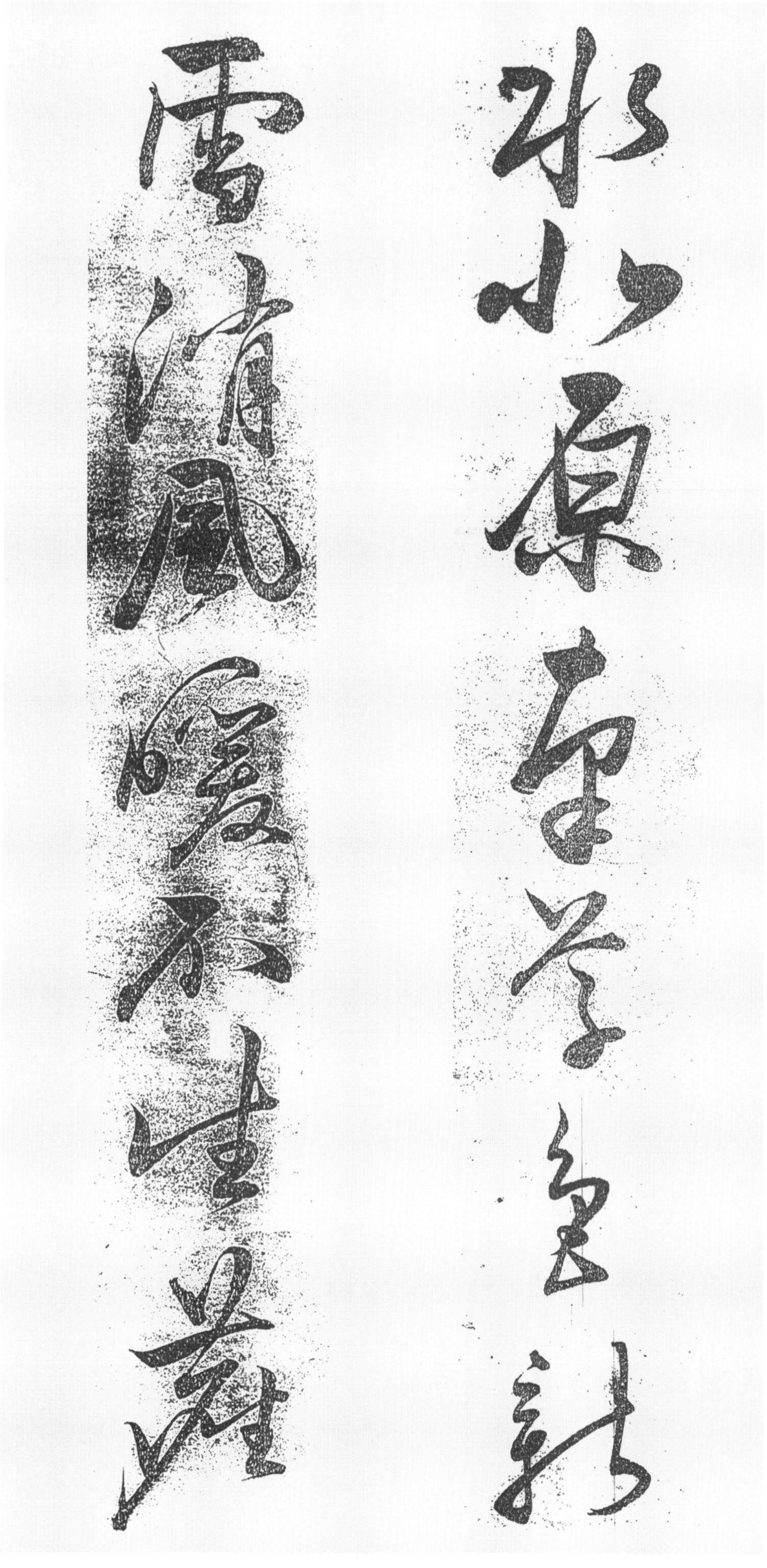

가도와 한가히 놀다(與賈島閒遊) 장적(張籍)

{13}

水北原南草色新 강 북쪽 들 남쪽에 풀빛이 새로운데
수 북 원 남 초 색 신

雪消風暖不生塵 눈 사라지고 바람 따스하니 먼지 날지 않는다네.
설 소 풍 난 불 생 진

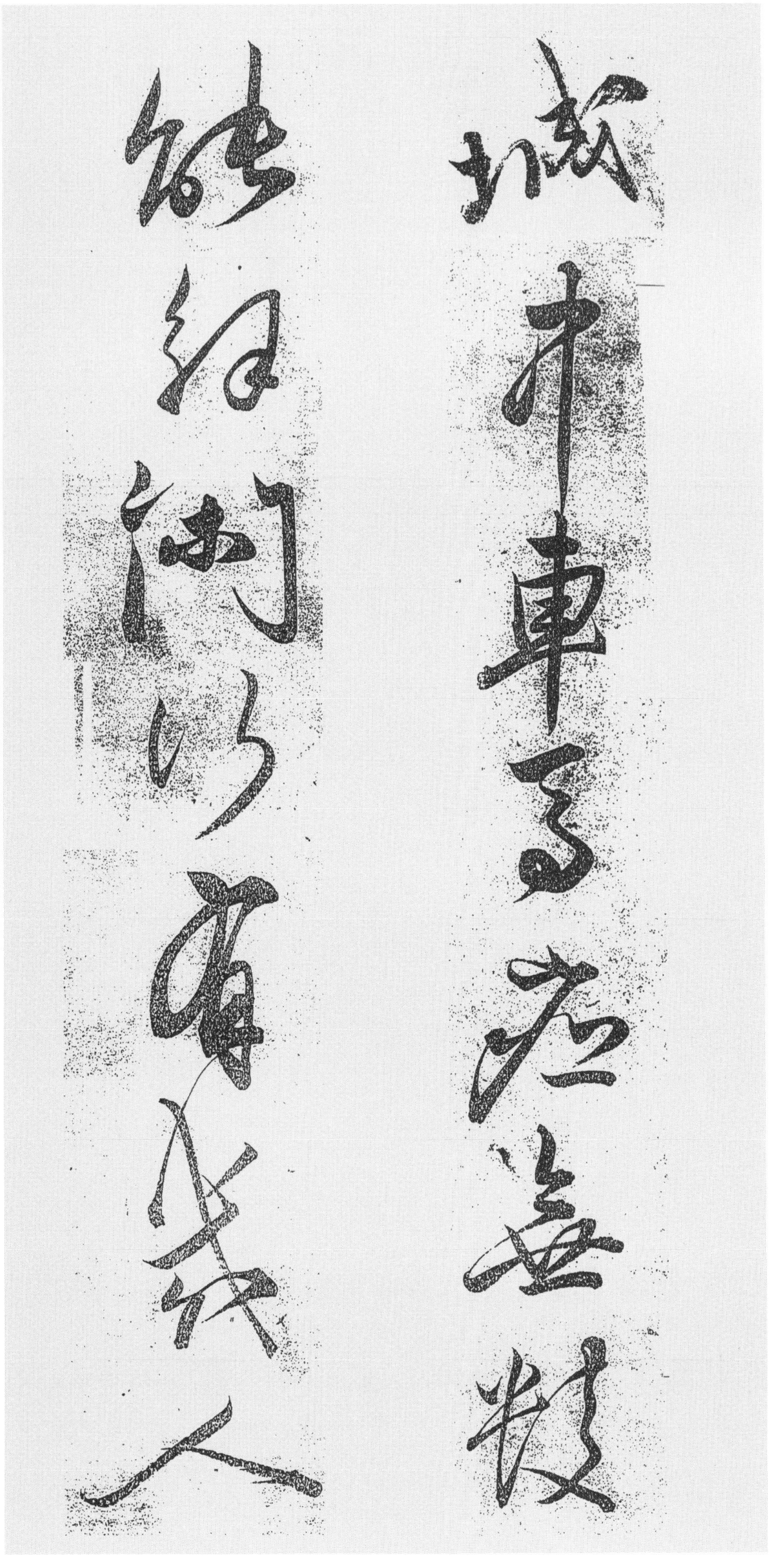

{14}

城中車馬應無數　성중에 무수한 거마(車馬)들
성 중 거 마 응 무 수

能解閒行有幾人　봄놀이 가려는 사람 몇이나 있나!
능 해 한 행 유 기 인

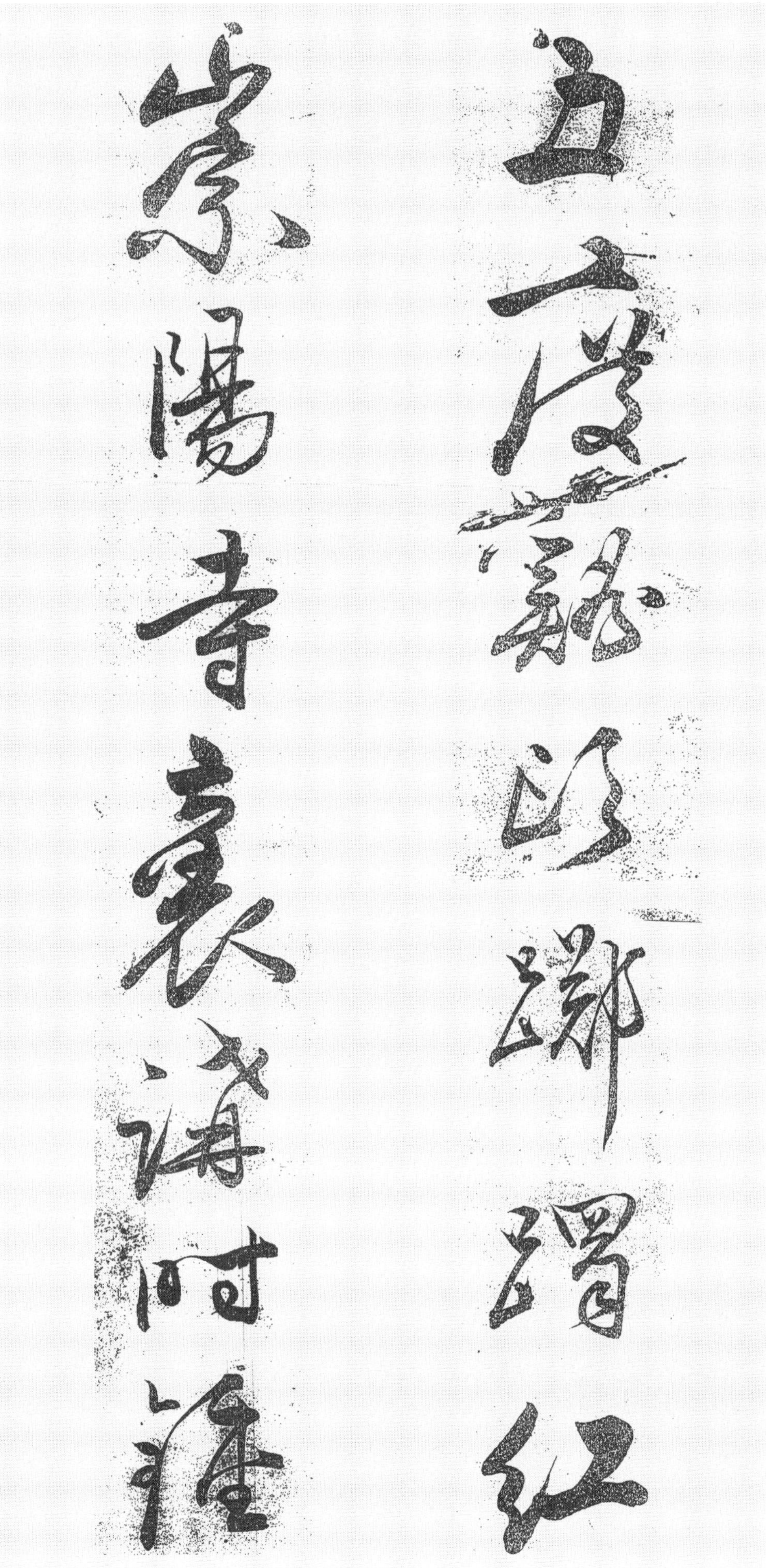

이발에게 부치다(寄李渤) 장적(張籍)

{15}

五度谿頭躑躅紅　오도계에는 철쭉꽃 붉은데
오 도 계 두 척 촉 홍

嵩陽寺裏講時鐘　숭양사에서 강의할 때 들리는 종소리
숭 양 사 리 강 시 종

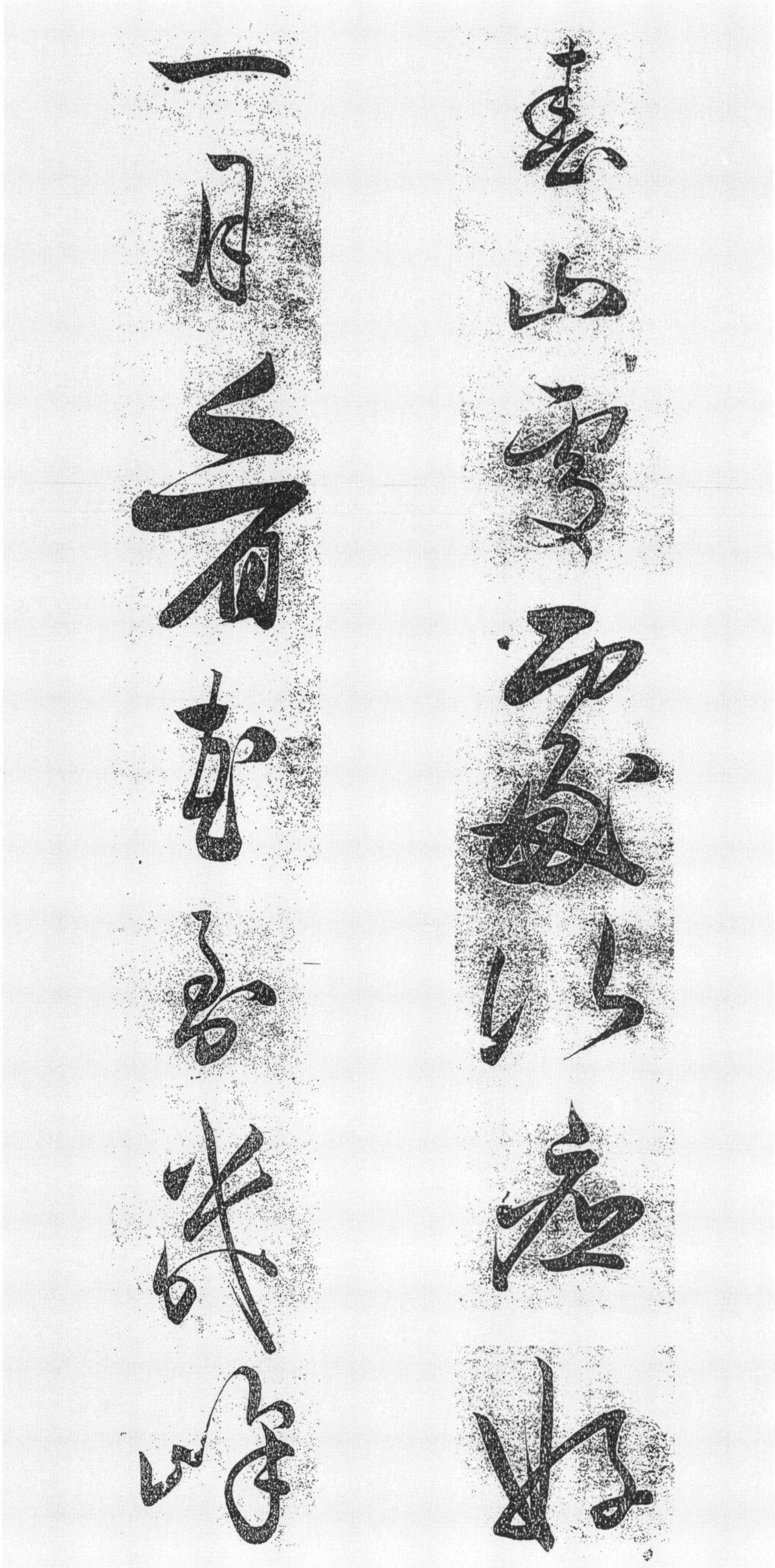

{16}

春山處處行應好　봄 산 곳곳마다 아름다운데
춘 산 처 처 행 응 호

一月看花到幾峯　한 달 동안 꽃 보러 몇 봉이나 지났는가!
일 월 간 화 도 기 봉

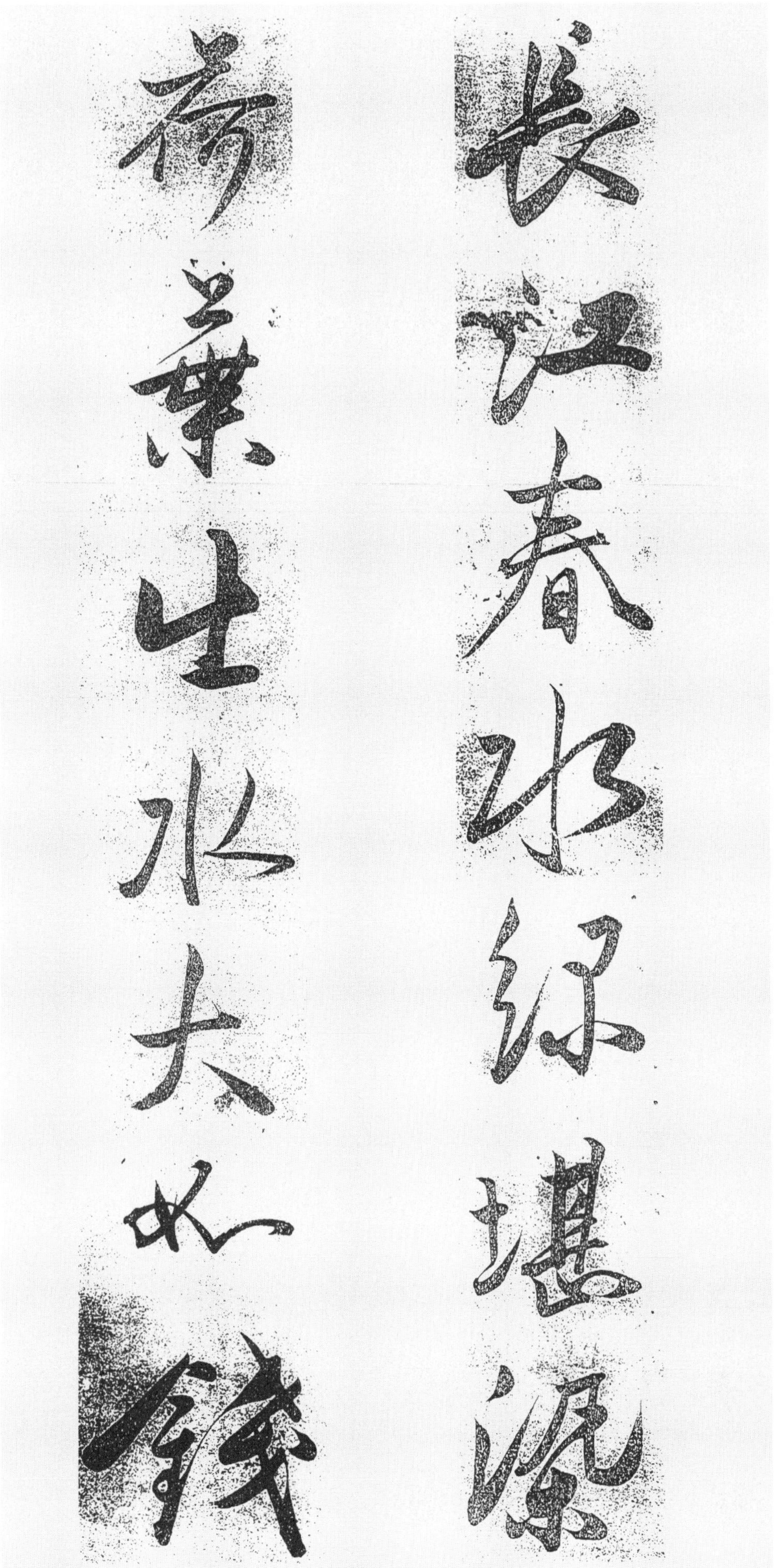
长江春水绿堪染
蓮葉出水大如錢

춘별곡(春別曲) 장적(張籍)

{17}

長江春水綠堪染 봄의 장강물이 푸르게 물들었는데
장 강 춘 수 록 감 염

荷葉出水大如錢 못에서 나온 연잎이 동전만 하다네.
하 엽 출 수 대 여 전

江頭橘樹君自種
那不長繫木蘭船

{18}

江頭橘樹君自種　강가 귤나무는 그대가 심었는데
강 두 귤 수 군 자 종

那不長繫木蘭船　어찌 오래도록 목란 배 매지 않는가!
나 불 장 계 목 란 선

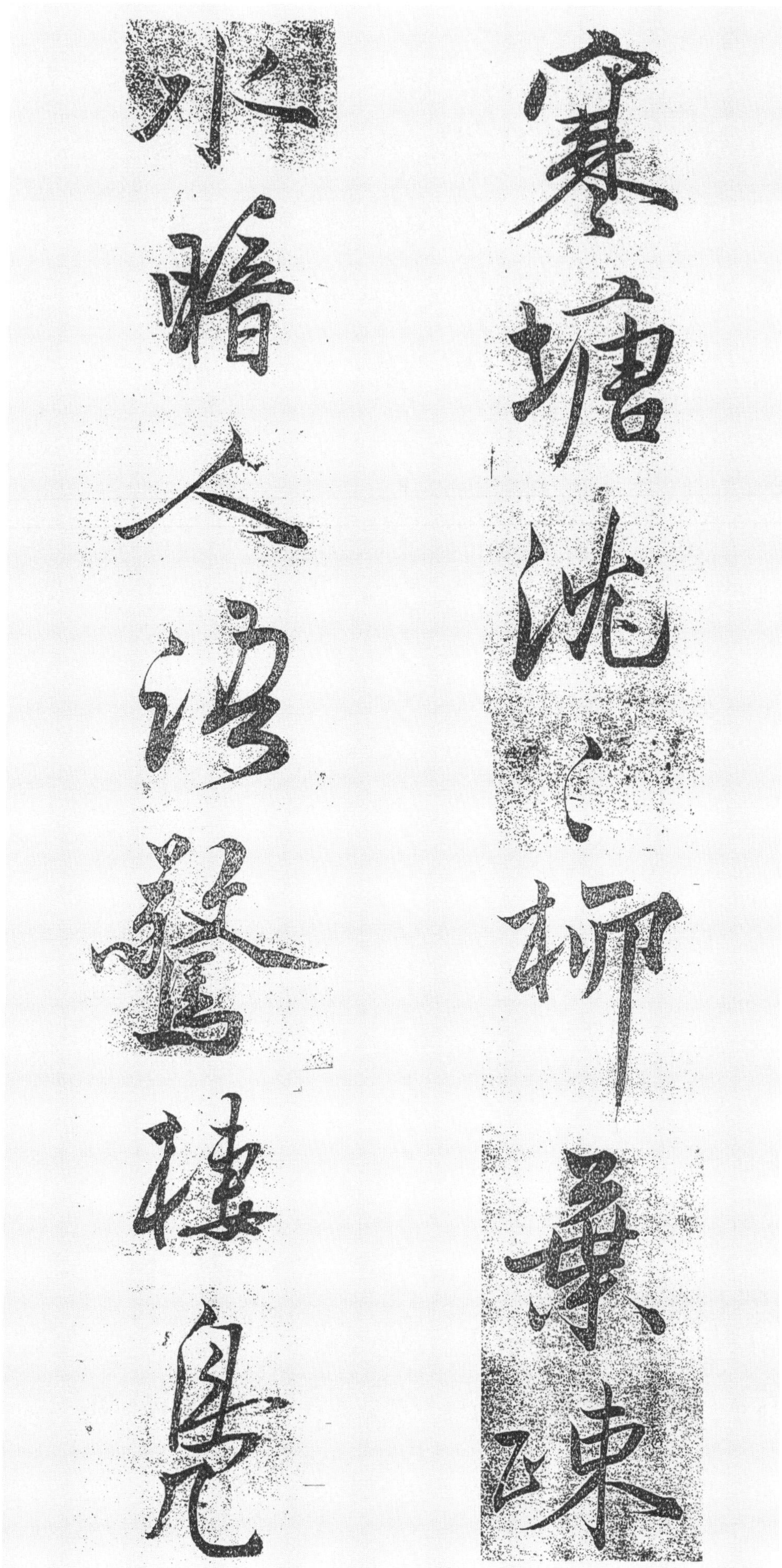
寒塘沈沈柳葉踈
水暗人語驚棲鳧

한당곡(寒塘曲) 장적(張籍)

{19}

寒塘沉沉柳葉疎 고요한 찬 연못 버들잎 성근데
한 당 침 침 류 엽 소

水暗人語驚栖鳧 어두운 물가 인기척에 오리들 놀라네.
수 암 인 어 경 서 부

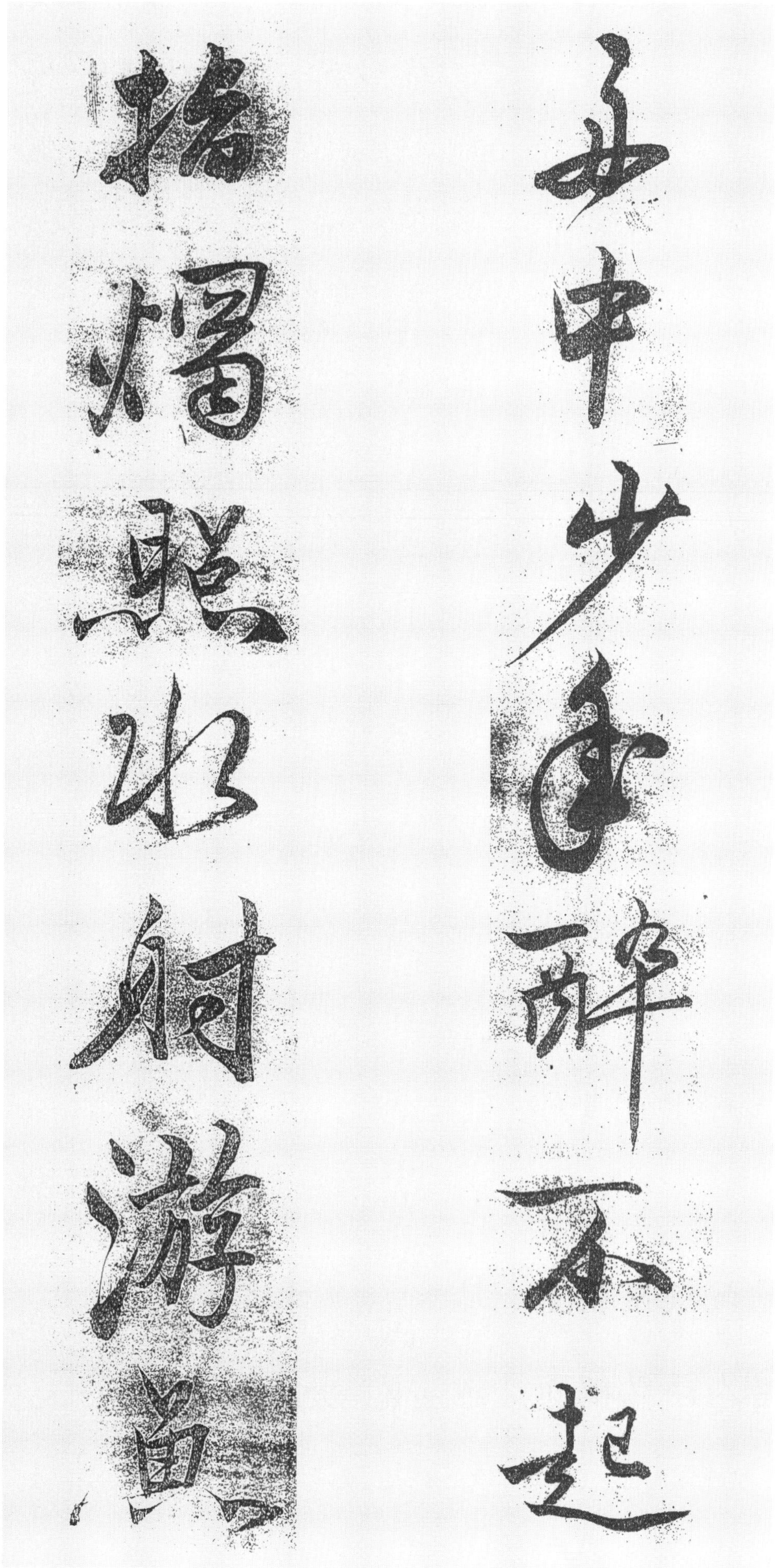

{20}

舟中少年醉不起 배 안 젊은이 취하여 일어나지 않는데
주 중 소 년 취 불 기

持燭照水射游魚 횃불로 물 비취며 유어(游魚) 잡는다네.
지 촉 조 수 사 유 어

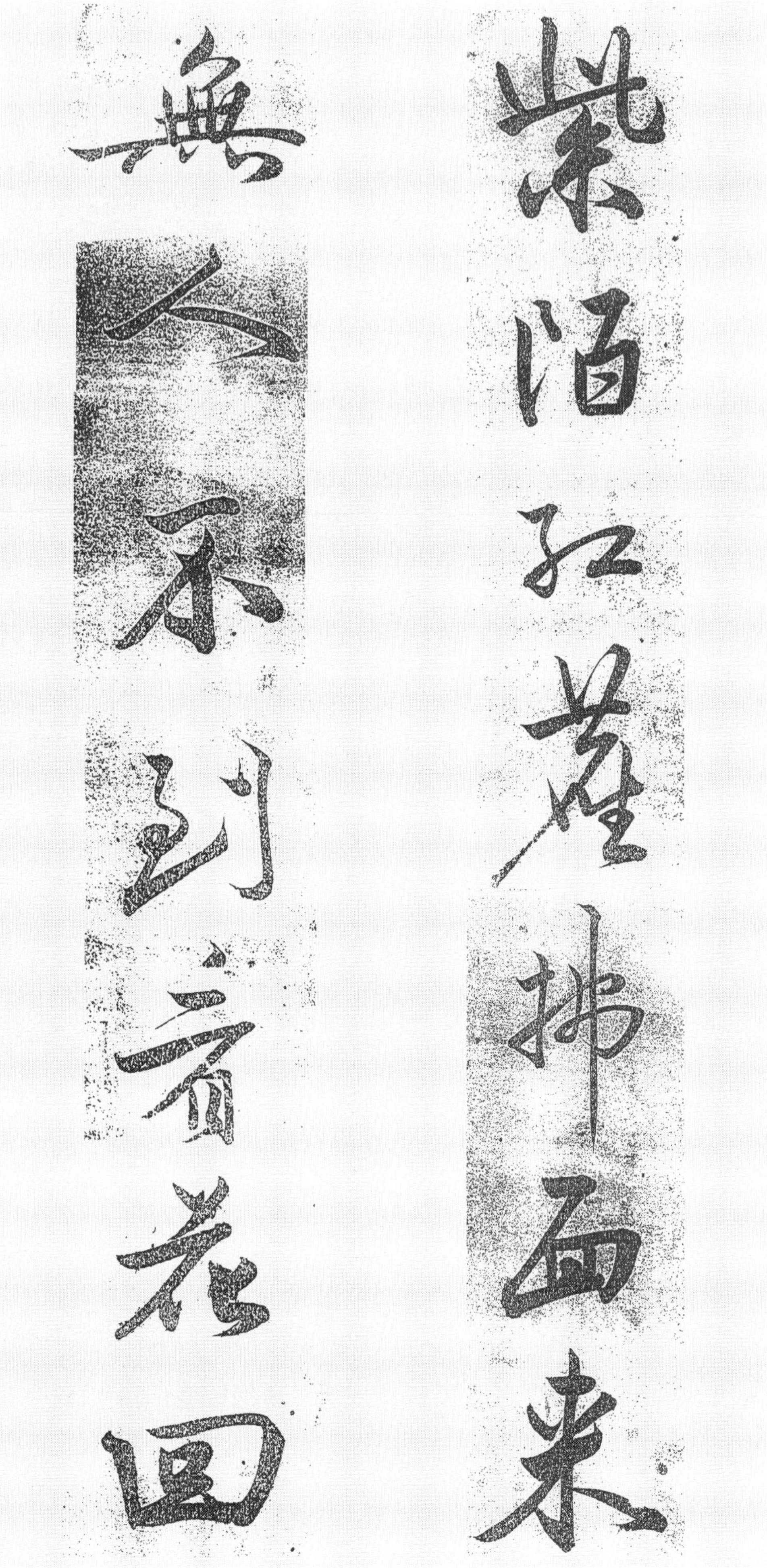
紫陌紅塵拂面來
無人不到看花回

낭주에서 서울에 와 장난삼아 여러 군자에게 드리다(自朗州至京戲贈看花諸君子) 유우석(劉禹錫)

{21}

紫陌紅塵拂面來 서울 거리 뿌연 먼지 얼굴을 스치는데,
자 맥 홍 진 불 면 래

無人不到看花回 사람들이 모두 꽃구경 갔다 온다 말하네.
무 인 부 도 간 화 회

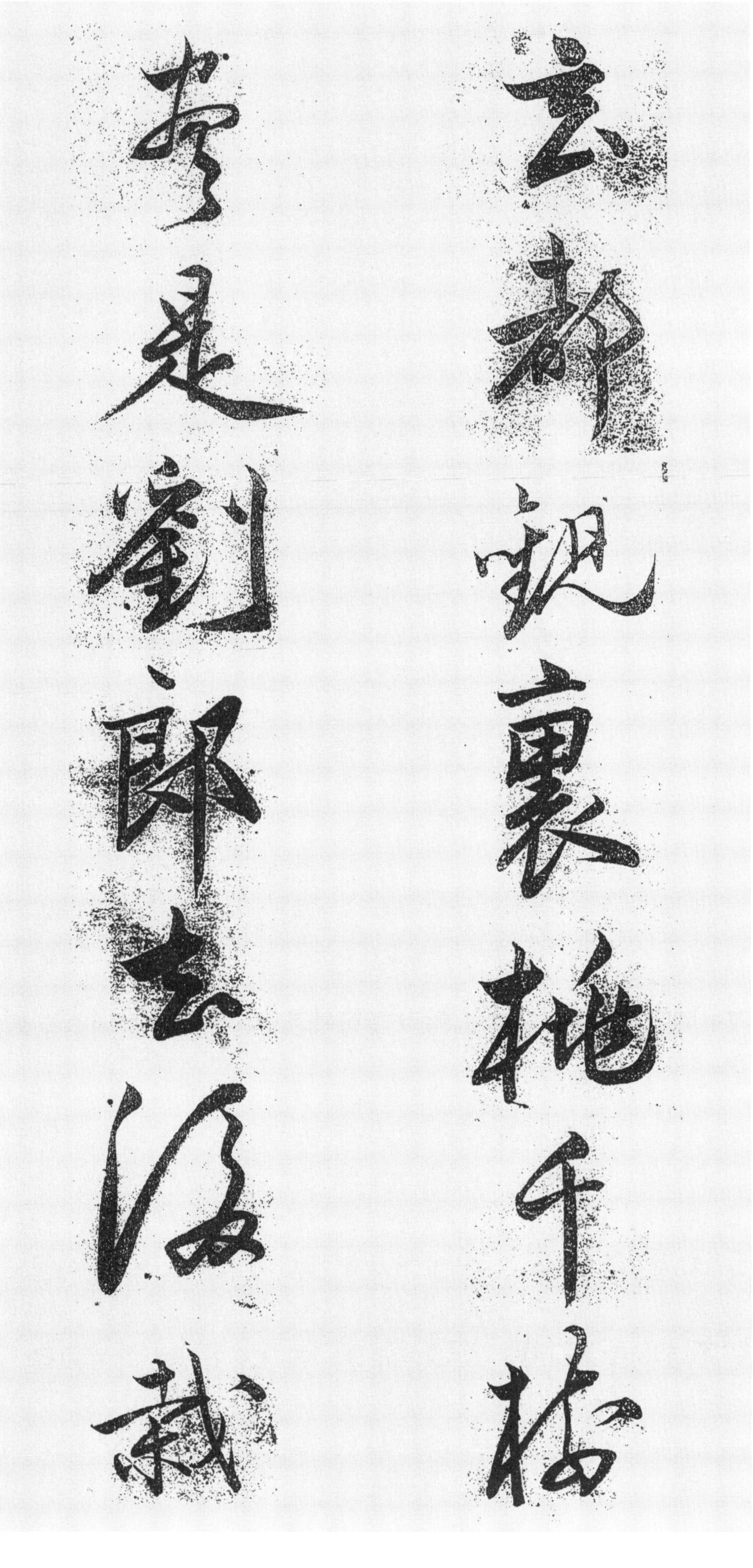
玄都觀裏桃千樹
盡是劉郎去後栽

{22}

玄都觀裏桃千樹 현도관 안에 있는 천 그루 복숭아나무는,
현 도 관 리 도 천 수

盡是劉郎去後栽 모두가 이 유랑이 떠난 뒤에 심은 거라오.
진 시 류 랑 거 후 재

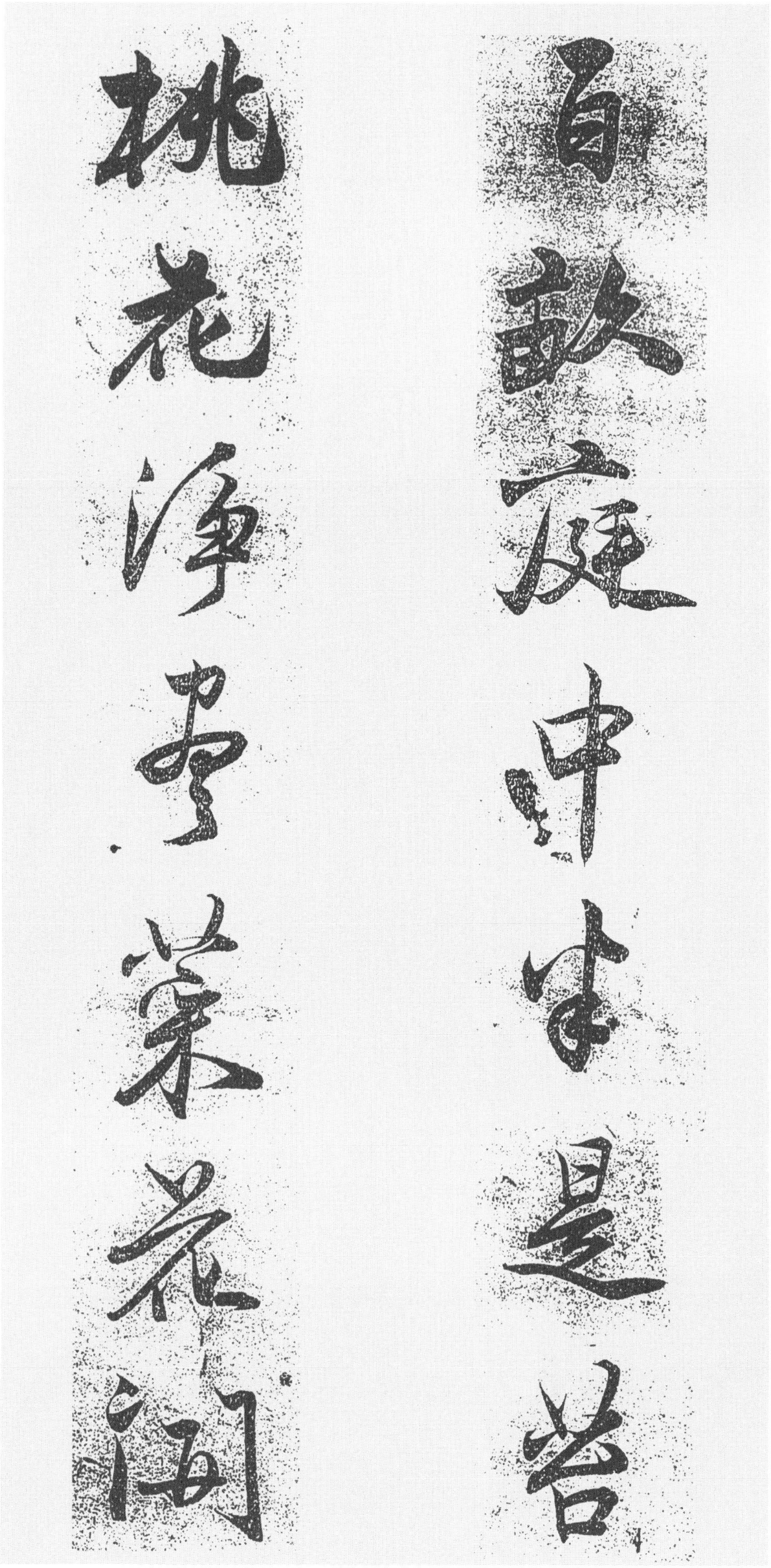
百畝庭中半是苔
桃花淨盡菜花開

다시 현도관을 유람하다(再遊玄都觀) 유우석(劉禹錫)

{23}

百畝庭中半是苔 백묘정 안이 절반은 푸른 이끼로 덮였고,
백 무 정 중 반 시 태

桃花淨盡菜花開 복사꽃은 씻은 듯 사라지고 유채꽃만 피었네.
도 화 정 진 채 화 개

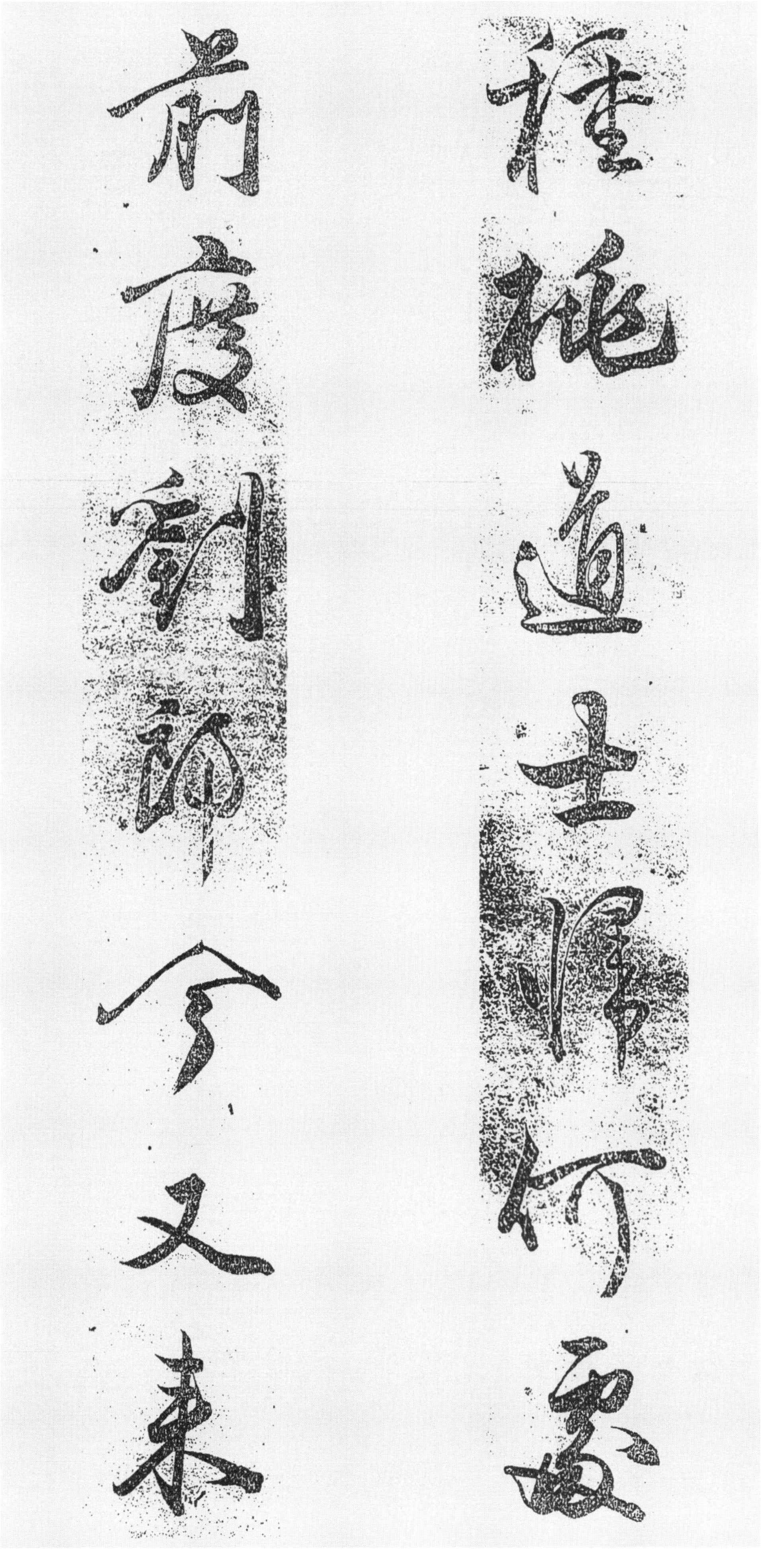
種桃道士歸何處
前度劉郎今又來

{24}

種桃道士歸何處 복숭아나무 심은 도사 어디로 갔는가!
종 도 도 사 귀 하 처

前度劉郎又獨來 전번에 왔던 유랑이 지금 다시 왔노라.
전 도 류 랑 우 독 래

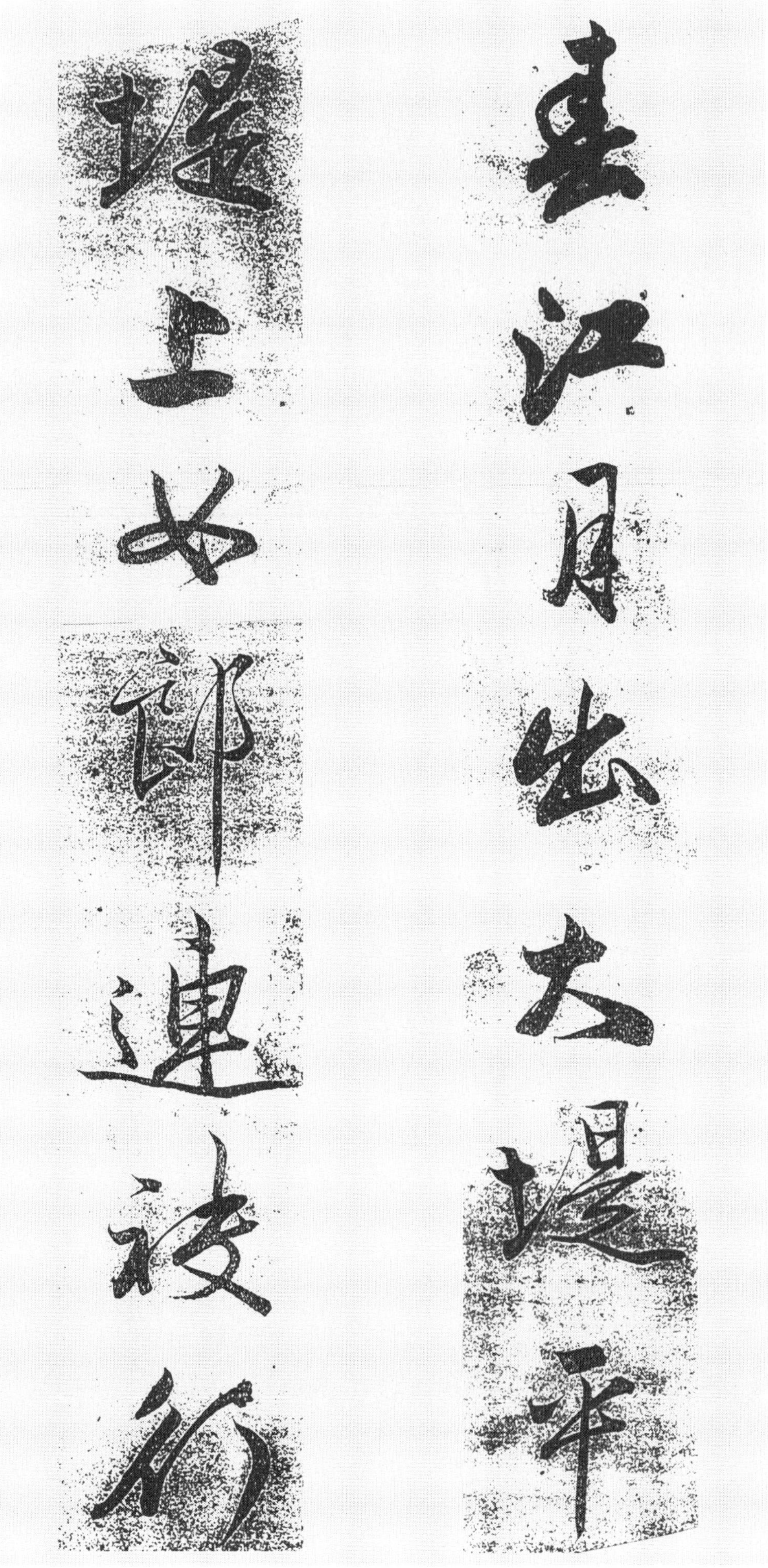
春江月出大堤平
堤上女郎連袂行

답가사(踏歌詞) 유우석(劉禹錫)

{25}

春江月出大隄平 춘강에 달 뜨고 큰 둑은 평평한데
춘 강 월 출 대 제 평

隄上女郎連袂行 둑 위 여인들 손잡고 걸어가네.
제 상 녀 랑 련 메 행

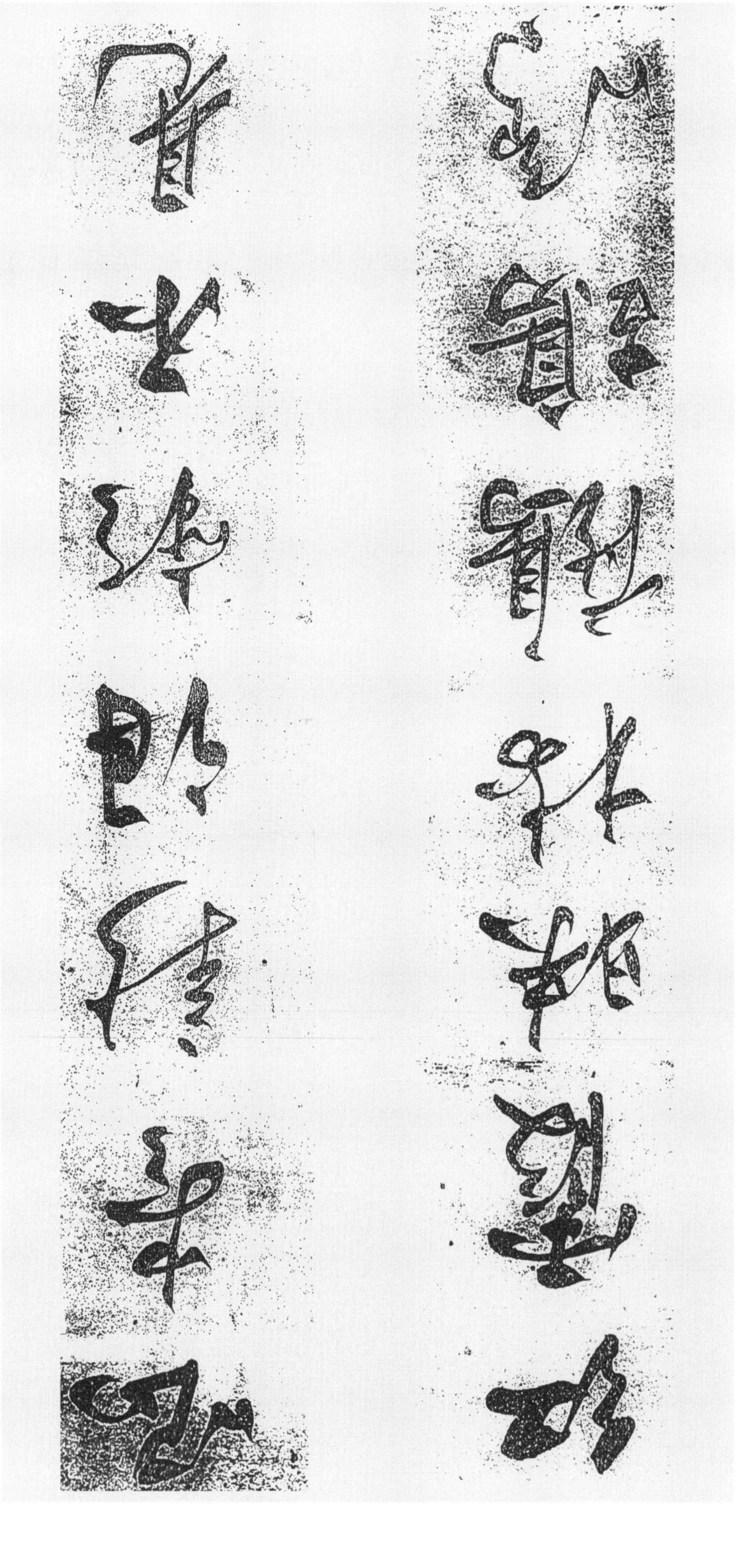

{26}

唱盡新詞歡不見 새로운 노래 다 부르도록 님은 보이지 않는데
창 진 신 사 환 불 견

紅霞映樹鷓鴣鳴 붉은 노을 나무에 비칠 때 자고새 우노라.
홍 하 영 수 자 고 명

山桃紅花滿上頭
蜀江春水拍山流

죽지사 2(竹枝詞 2) 유우석(劉禹錫)

{27}

山桃紅花滿上頭 산 복숭아 붉은 꽃 위쪽에 가득한데
산 도 홍 화 만 상 두

蜀江春水拍山流 촉강의 봄물은 산을 치며 흐르네.
촉 강 춘 수 박 산 류

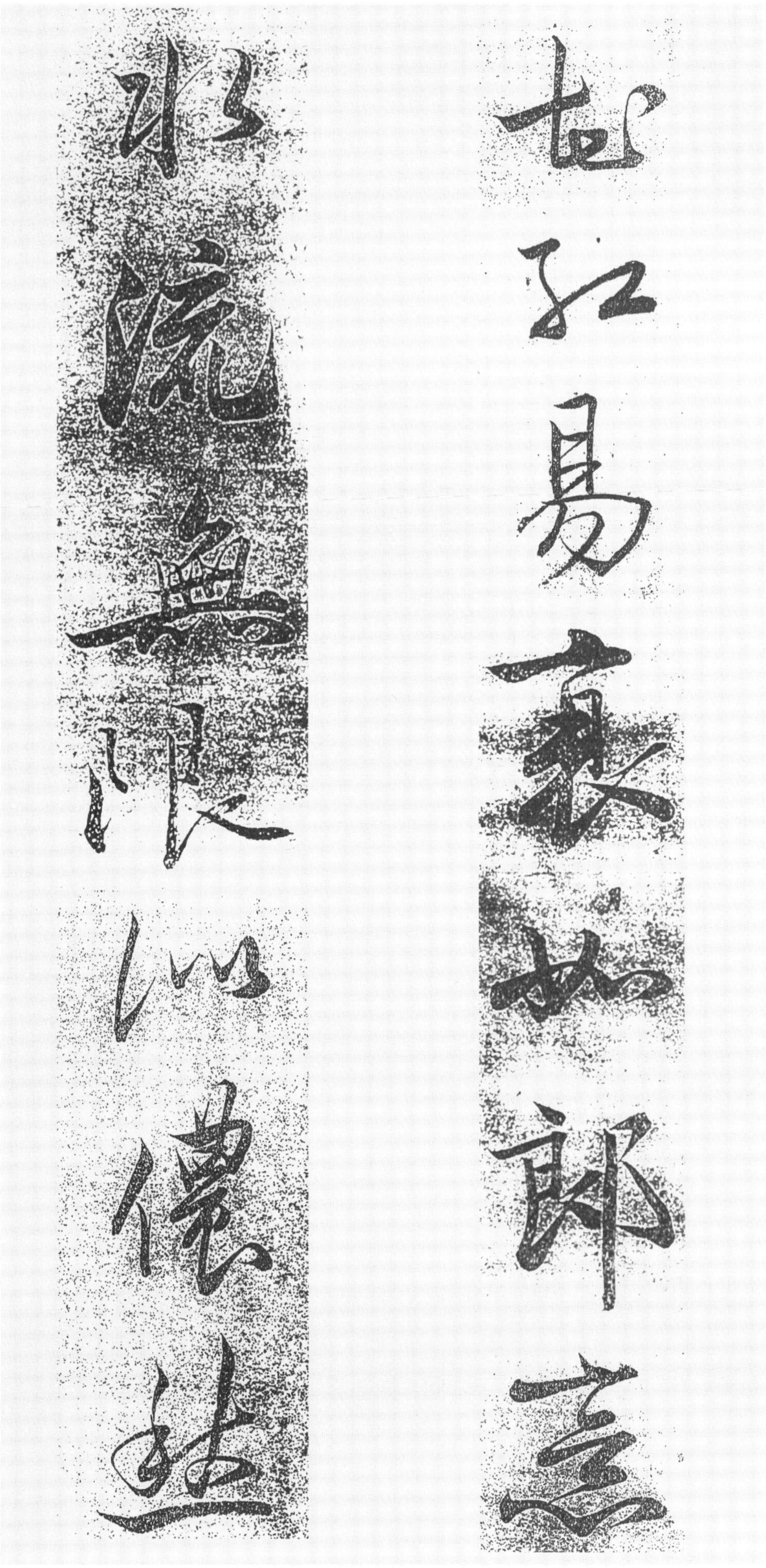
花紅易衰如郎意
水流無限似儂愁

{28}

花紅易衰似郎意 붉은 꽃 쉬 시듦은 사내 마음 같은데
화 홍 이 쇠 사 랑 의

水流無限似儂愁 끝없이 흐르는 물은 나의 수심과 같구나!
수 류 무 한 사 농 수

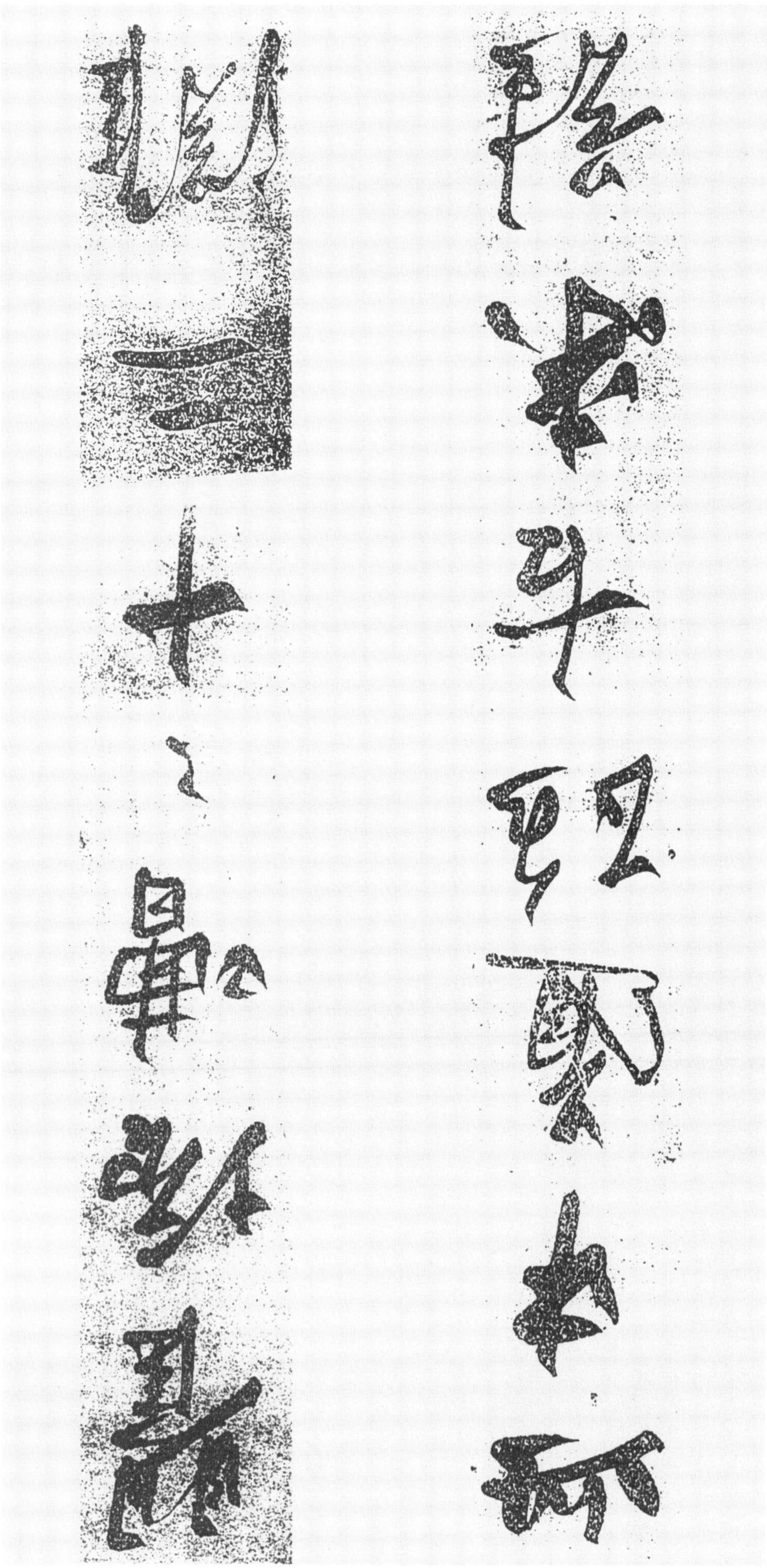

죽지사(竹枝詞) 유우석(劉禹錫)

{29}

瞿唐嘈嘈十二灘 구당의 열두 여울 굽이굽이 흐르는데
구 당 조 조 십 이 탄

此中道路古來難 이곳 도로는 예부터 지나기 힘들다네.
차 중 도 로 고 래 난

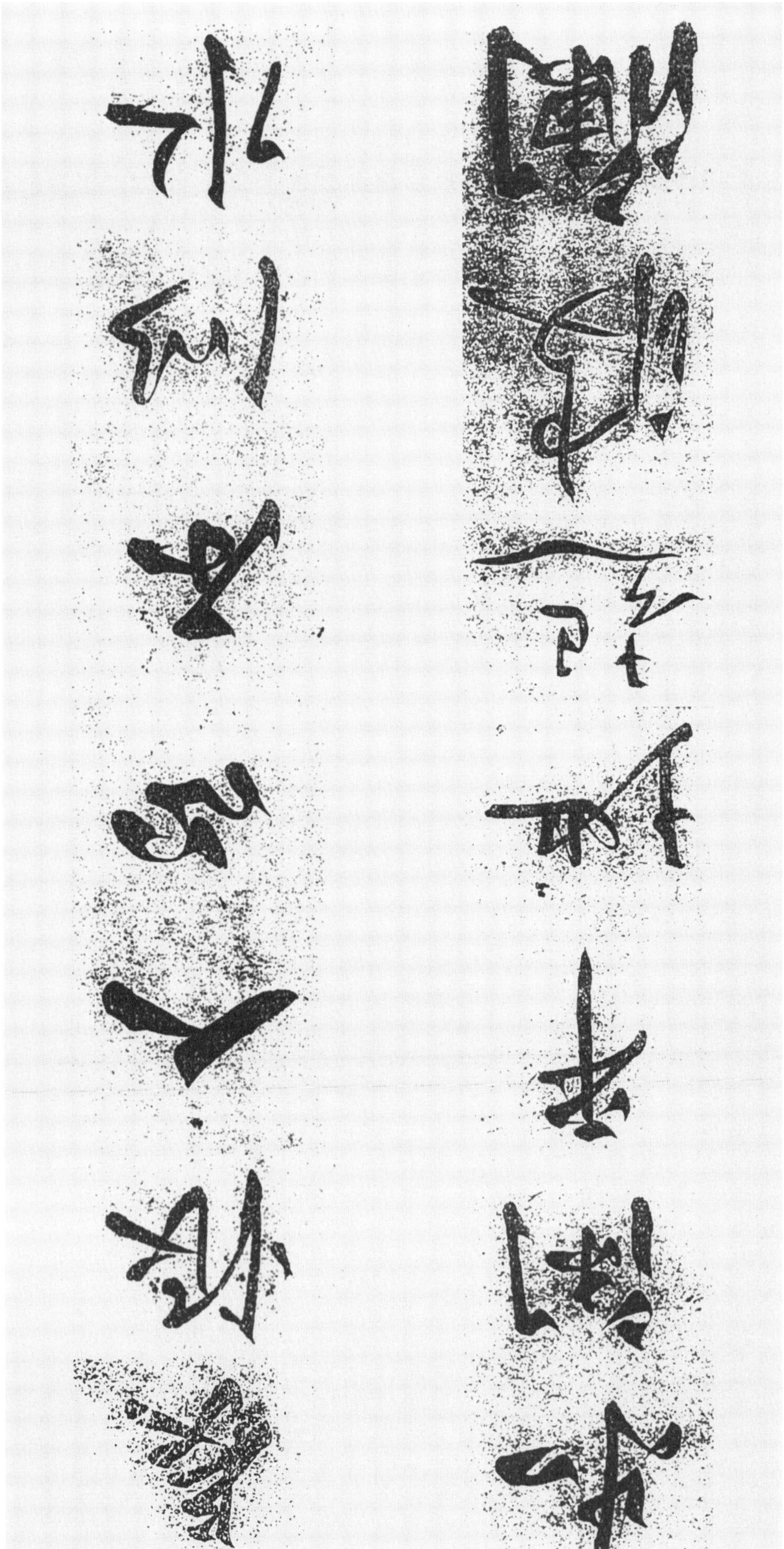

{30}

長恨人心不如水 사람 마음 물 같지 않음을 한탄하나니
장 한 인 심 불 여 수

等閒平地起波瀾 평평한 평지에 파도 일어나네.
등 한 평 지 기 파 란

銀燭秋光冷畫屏
輕羅小扇撲流螢

추석(秋夕) 두목(杜牧)

{31}

銀燭秋光冷畫屛 촛불이 가을의 그림병풍에 차가운데
은 촉 추 광 랭 화 병

輕羅小扇撲流螢 가벼운 비단부채로 반딧불을 쫓는다네.
경 라 소 선 박 류 형

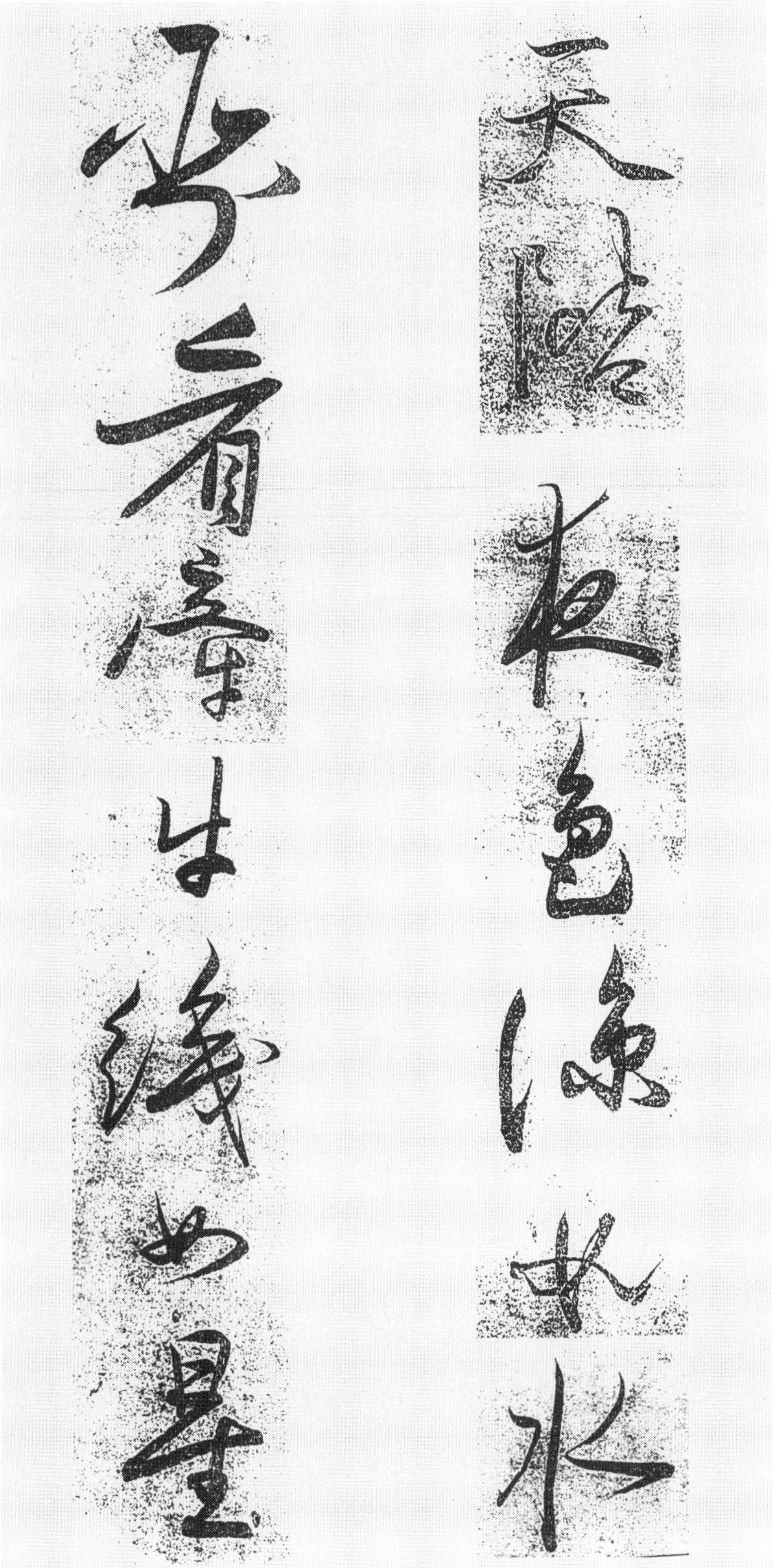

{32}

天階夜色凉如水 물처럼 서늘한 장안의 밤인데
천 계 야 색 량 여 수

臥看牽牛織女星 앉아서 견우 직녀성 바라본다네.
와 간 견 우 직 녀 성

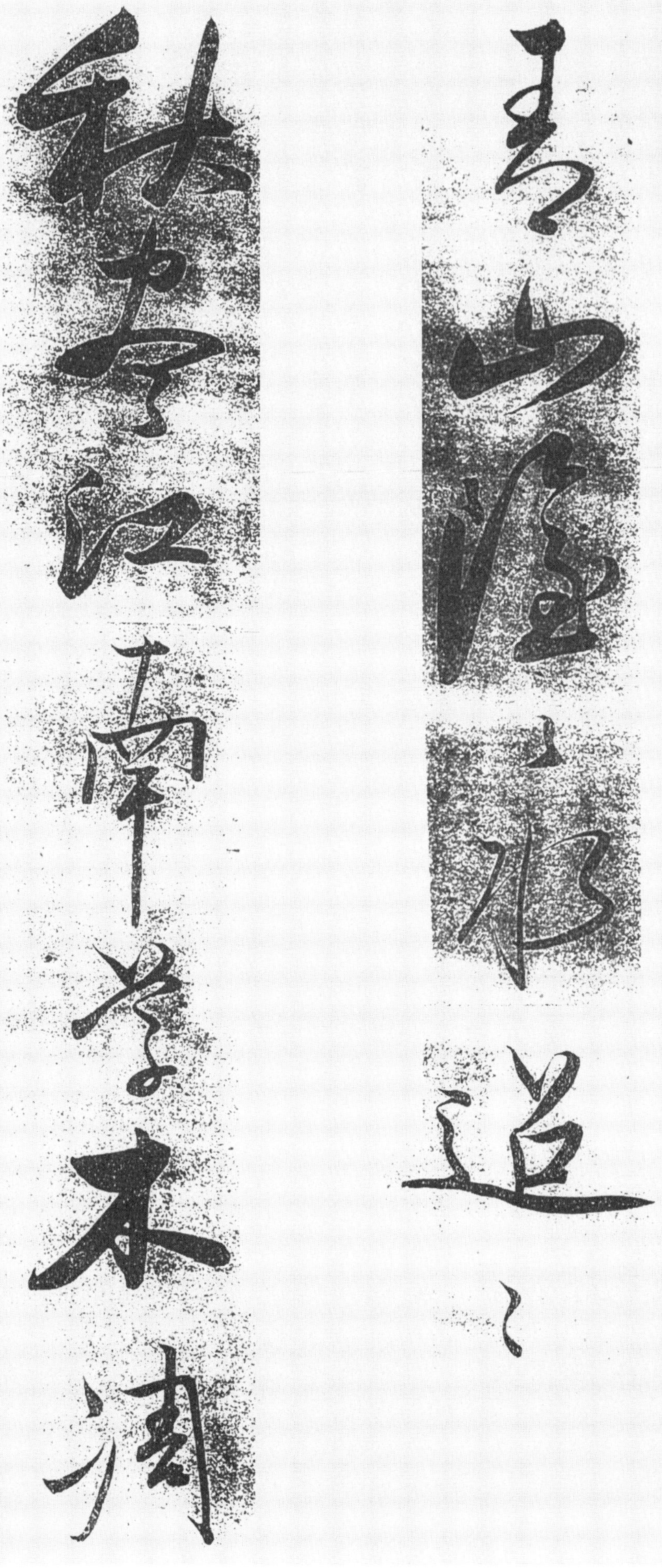
青山隱隱水迢迢
秋盡江南草未凋

양주 한탁판관에게 부치다(寄揚州韓綽判官) 두목(杜牧)

{33}

青山隐隐水迢迢 청산은 흐릿하고 물은 멀리 흘러가는데
청 산 은 은 수 초 초

秋盡江南草木凋 가을 다 가도 강남의 초목은 떨어지지 않는다네.
추 진 강 남 초 목 조

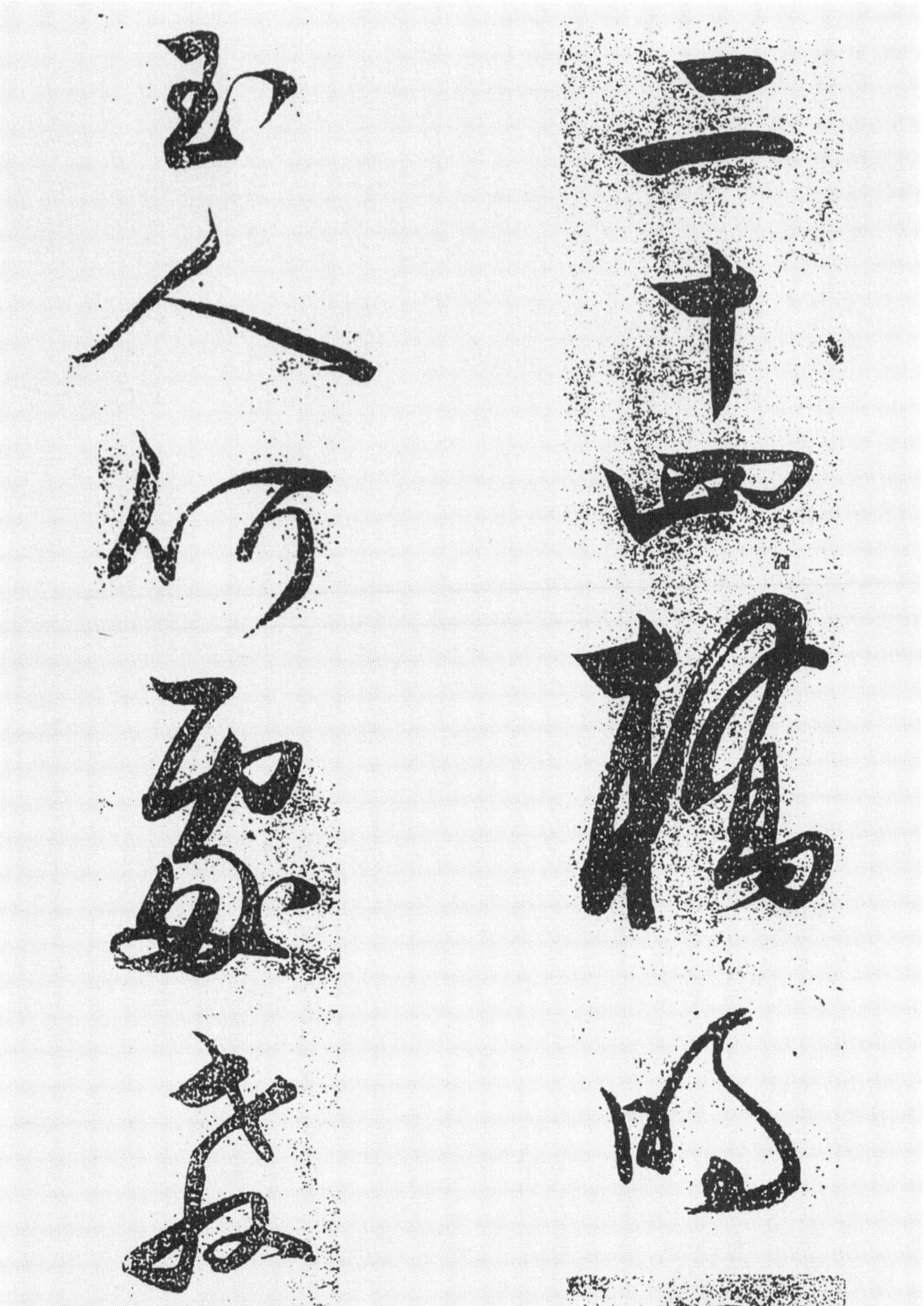
二十四橋明月夜
玉人何處教吹簫

{34}

二十四橋明月夜　스물넷 다리에 달빛 밝은 밤인데
이 십 사 교 명 월 야

玉人何處敎吹簫　어디서 옥인에게 퉁소를 불게 할 것인가!
옥 인 하 처 교 취 소

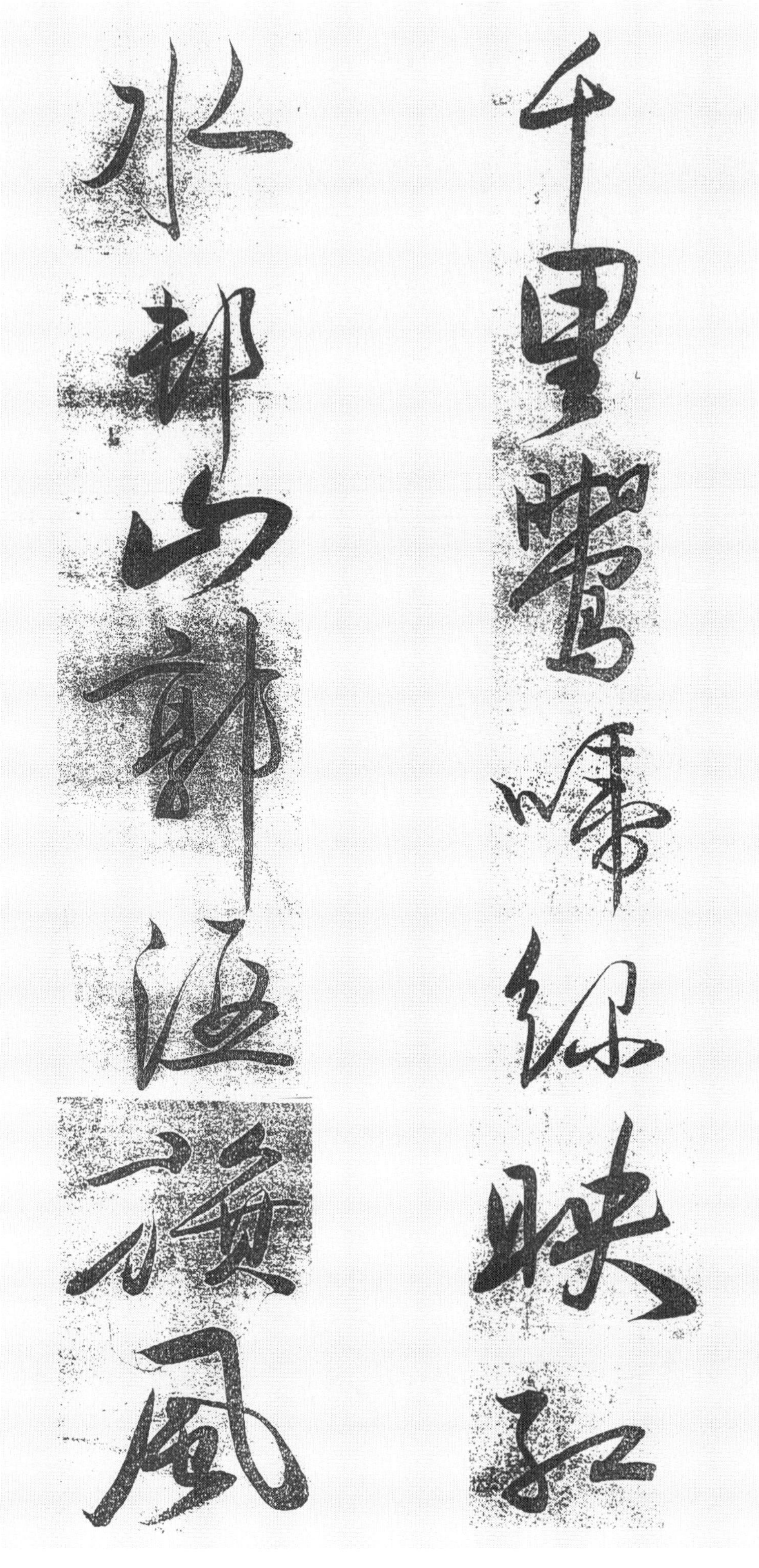
千里鶯啼綠映紅
水村山郭酒旗風

강남춘(江南春) 두목(杜牧)

{35}

千里鶯啼綠映紅 천리에 꾀꼬리 울고 꽃과 방초는 서로 비취는데,
천 리 앵 제 록 영 홍

水邨山郭酒旗風 수촌과 산곽에는 술집 깃발이 펄럭인다네.
수 촌 산 곽 주 기 풍

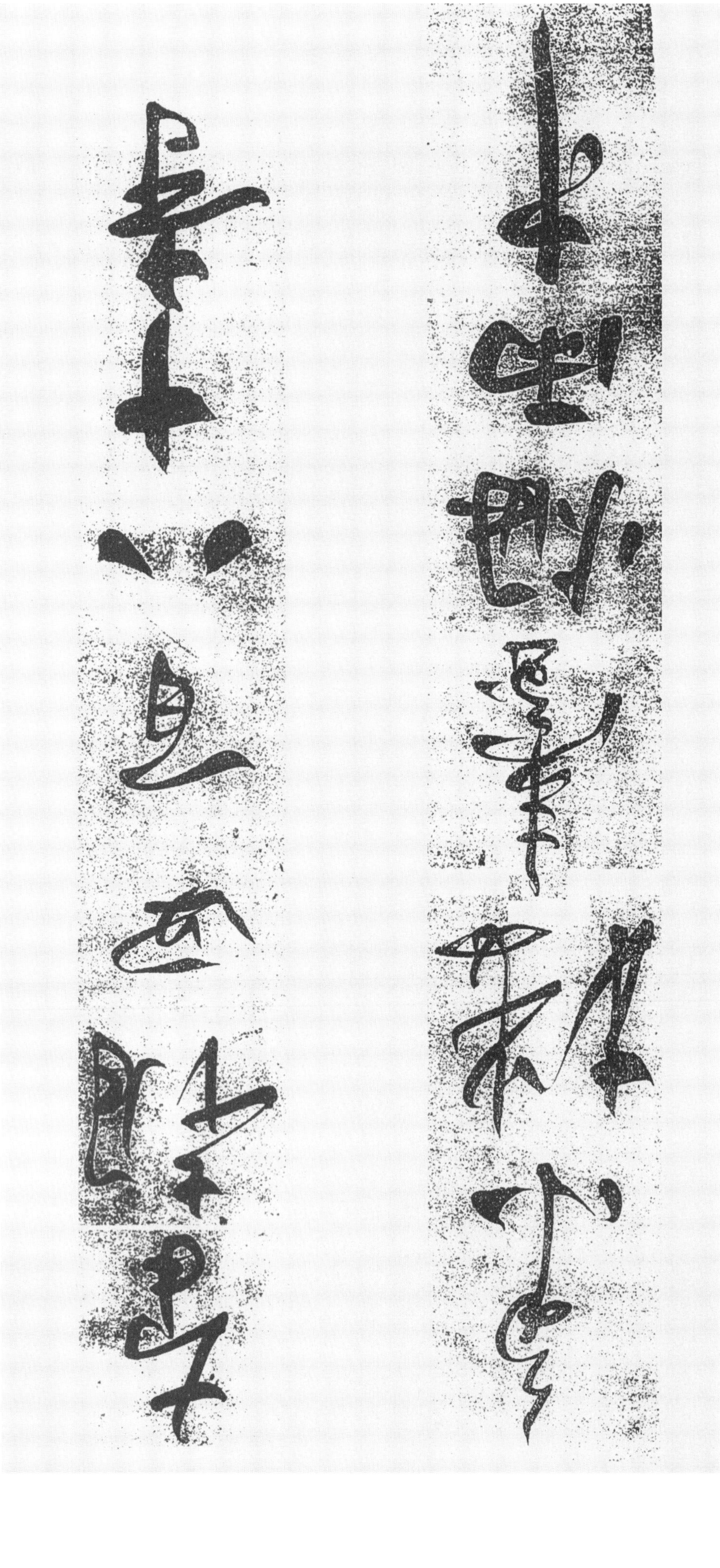

{36}

南朝四百八十寺 남조 때에 창건한 사백여든 개의 사원은,
남 조 사 백 팔 십 사

多少樓臺烟雨中 많은 누대들이 이슬비 속에 아스라하네.
다 소 루 대 연 우 중

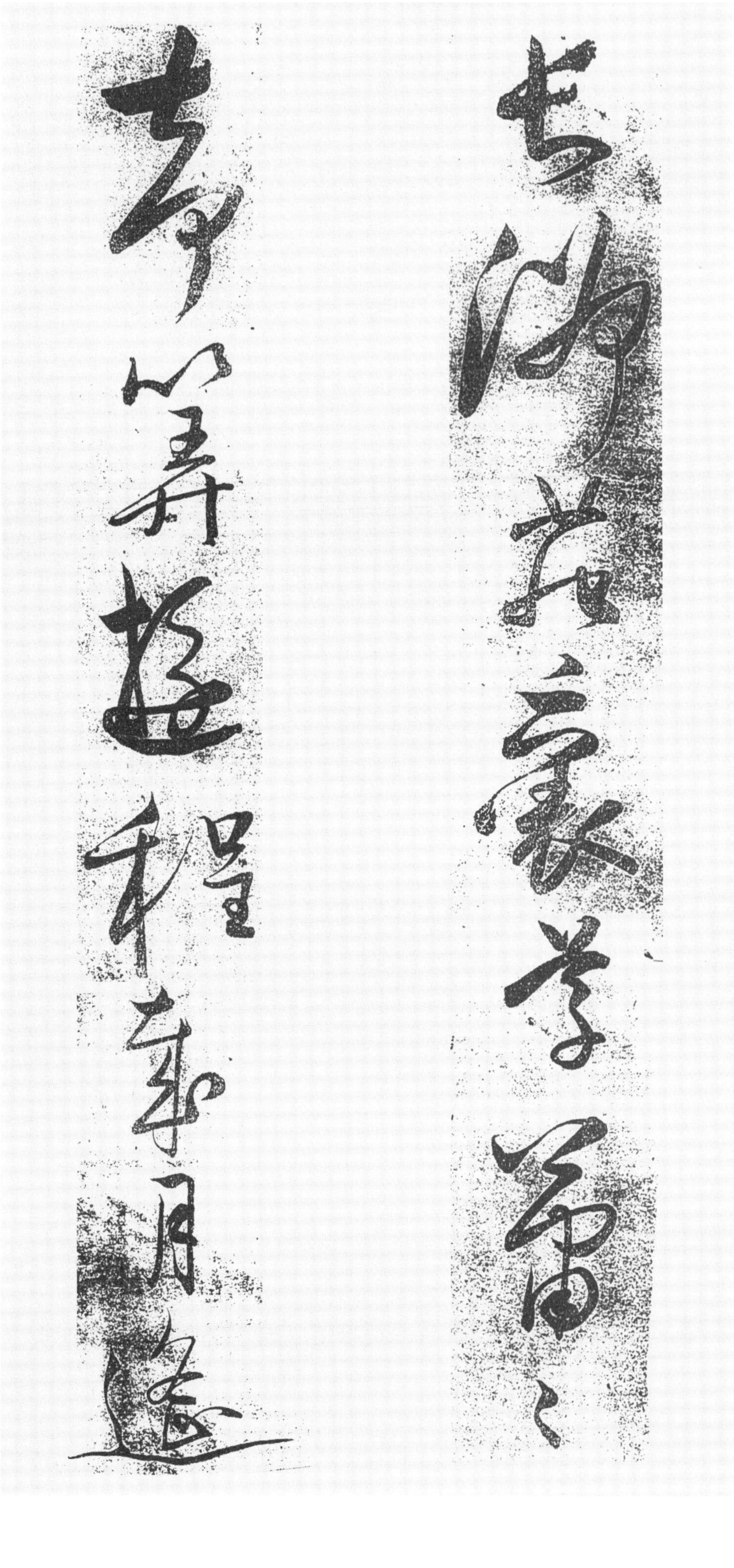

오중의 풍수재를 회상하다(懷吳中馮秀才) 두목(杜牧)

{37}

長洲苑裏草蕭蕭 장주원 안에 풀은 쓸쓸한데
장 주 원 이 초 소 소

却算遊程歲月遙 문득 노닌 길 헤아리니 세월이 기네.
각 산 유 정 세 월 요

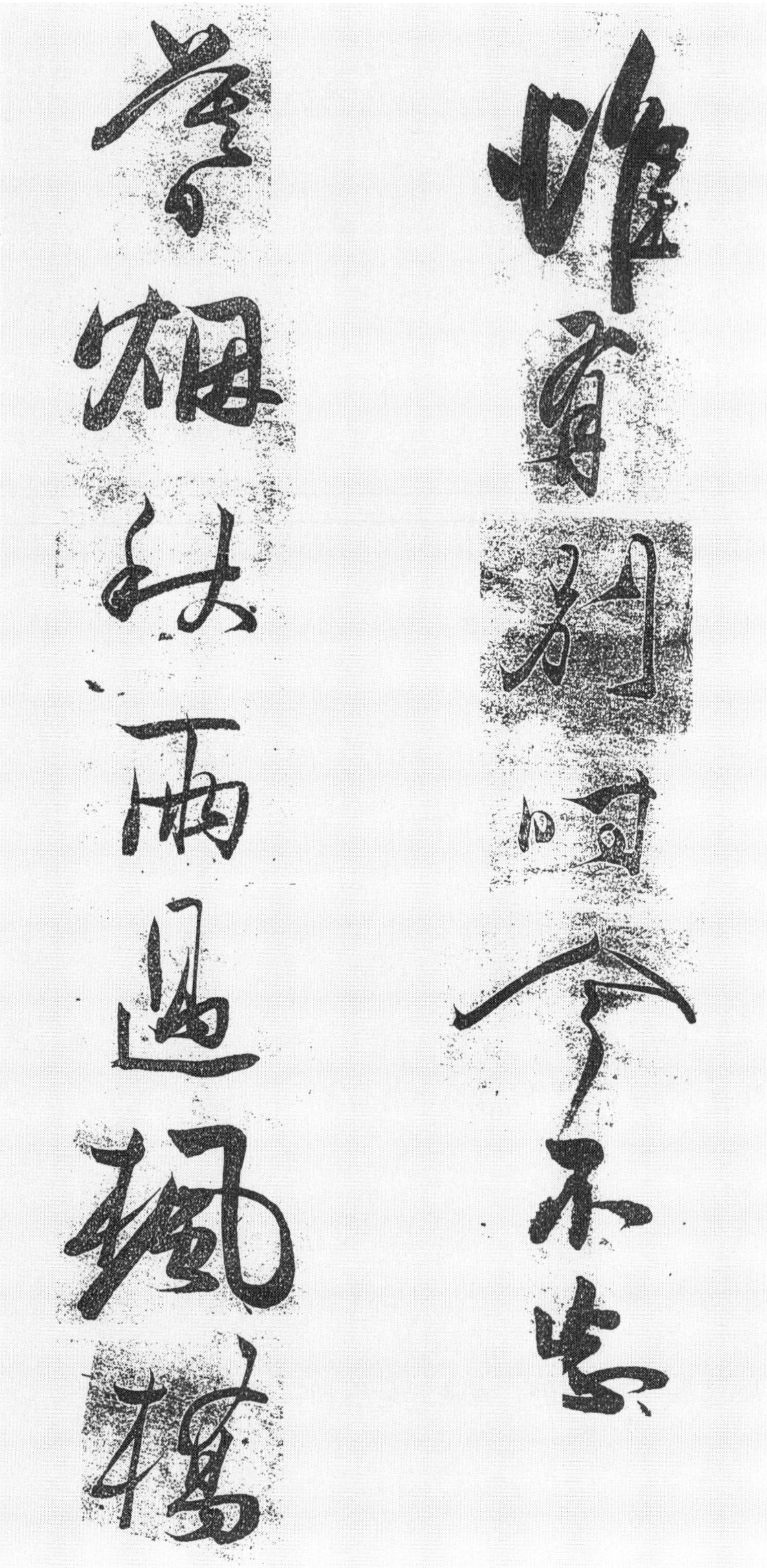
唯有别时今不忘
暮烟秋雨过枫桥

{38}

惟有別時今不忘　단지 이별할 때를 지금도 잊지 못하는데
유 유 별 시 금 불 망

暮烟秋雨過楓橋　저물녘 가을비 내리는데 풍교를 지난다네.
모 연 추 우 과 풍 교

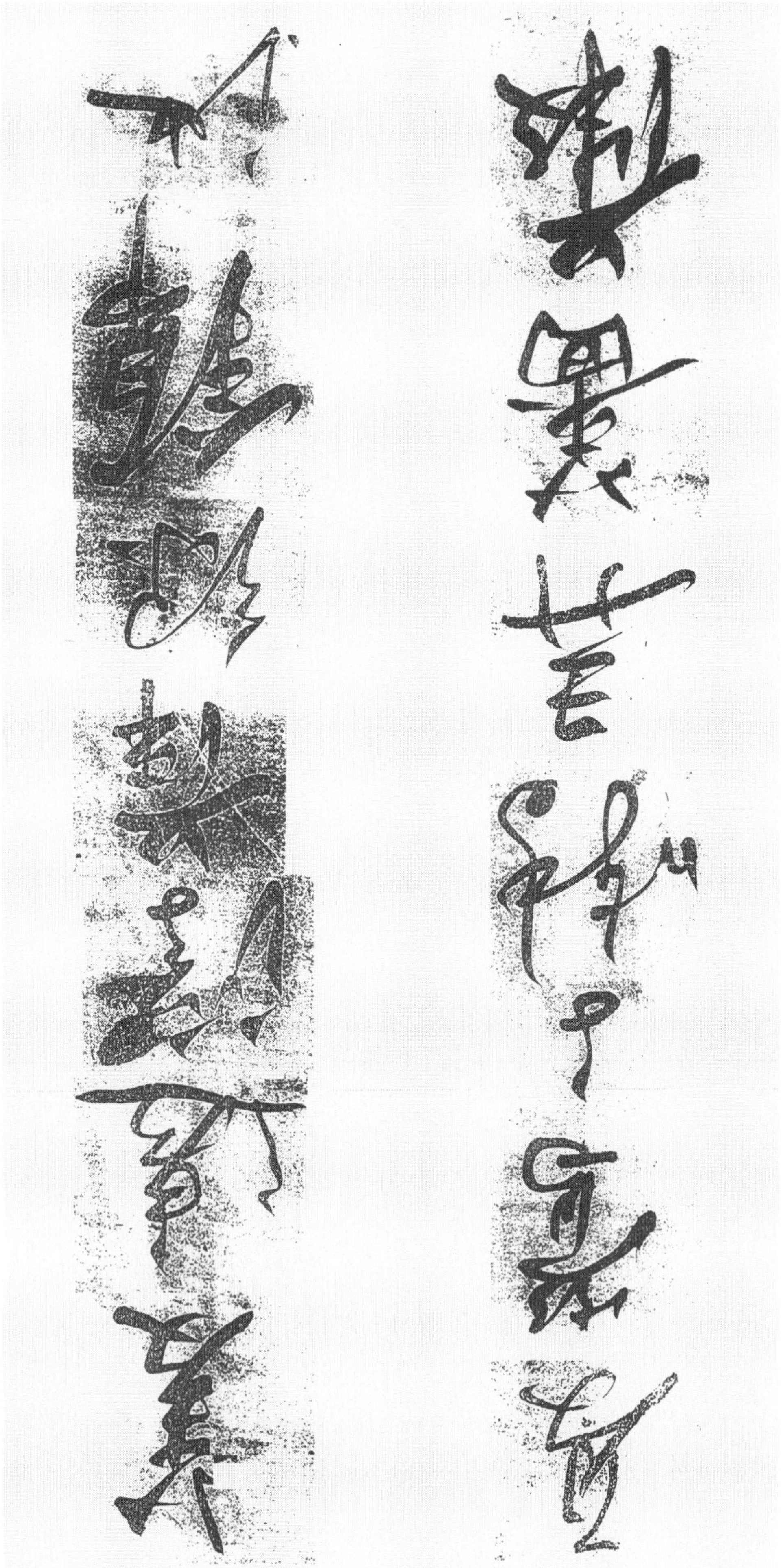

제안군후지(齊安郡後池) 두목(杜牧)

{39}

菱透浮萍綠錦池 마름이 부평초를 뚫고 나온 푸른 연못에
릉 투 부 평 록 금 지

夏鶯千囀弄薔薇 여름 꾀꼬리 울어대며 장미를 희롱한다네.
하 앵 천 전 롱 장 미

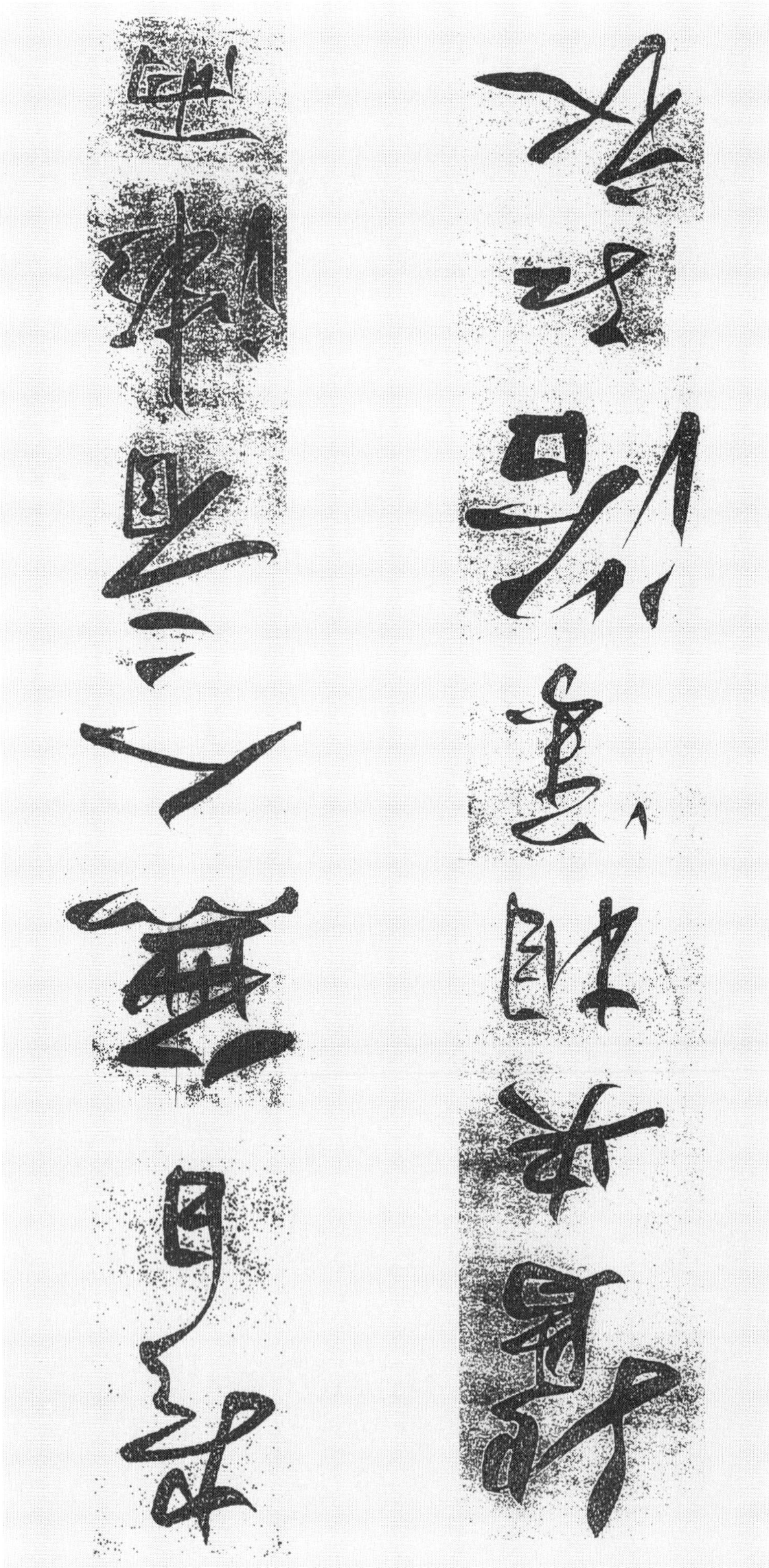

{40}

盡日無人看微雨 온종일 사람 없는 곳 가랑비 쳐다보는데
진 일 무 인 간 미 우

鴛鴦相對浴紅衣 원앙이 마주보며 붉은 날개 씻는구나!
원 앙 상 대 욕 홍 의

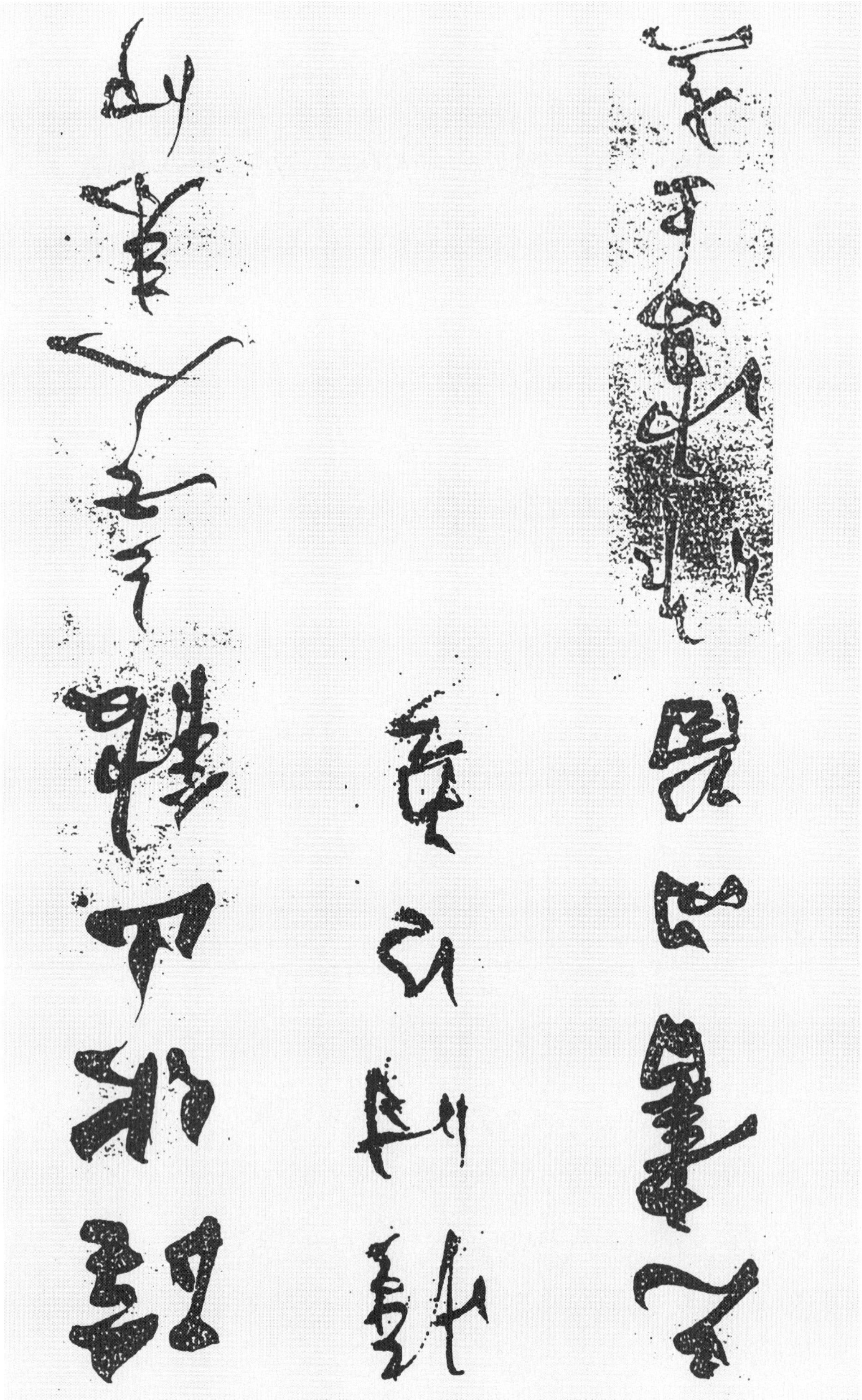

{41}

跧伏山館 無人來叩 惟時得吾兄書問 留作案上眞
전복산관 무인래고 유시득오형서문 유작안상진

전복산 관사(館舍)에는 찾아오는 사람 없고 오직 형의 안부편지만이 책상 위에 남아있는 보물입니다.

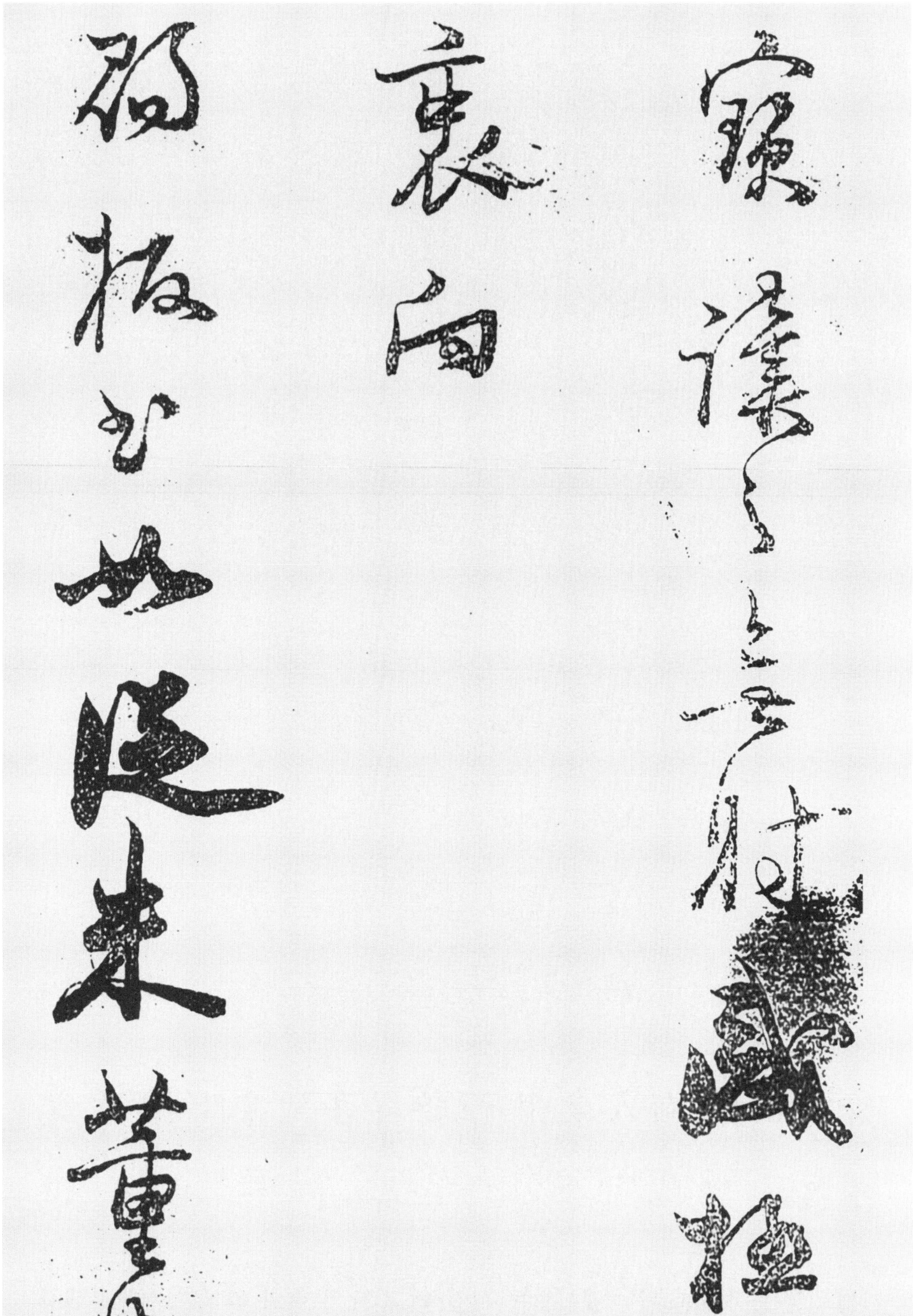

{42}

寶 讀之無射 感極于衷 向賜板書 如從未董中
보 독지무사 감극우충 향사판서 여종미동중

읽어도 싫지 않아 감동이 마음속에 지극합니다. 지난번에 보내주신 현판글씨는 비록 골동 가운데서 나온 것은 아니지만

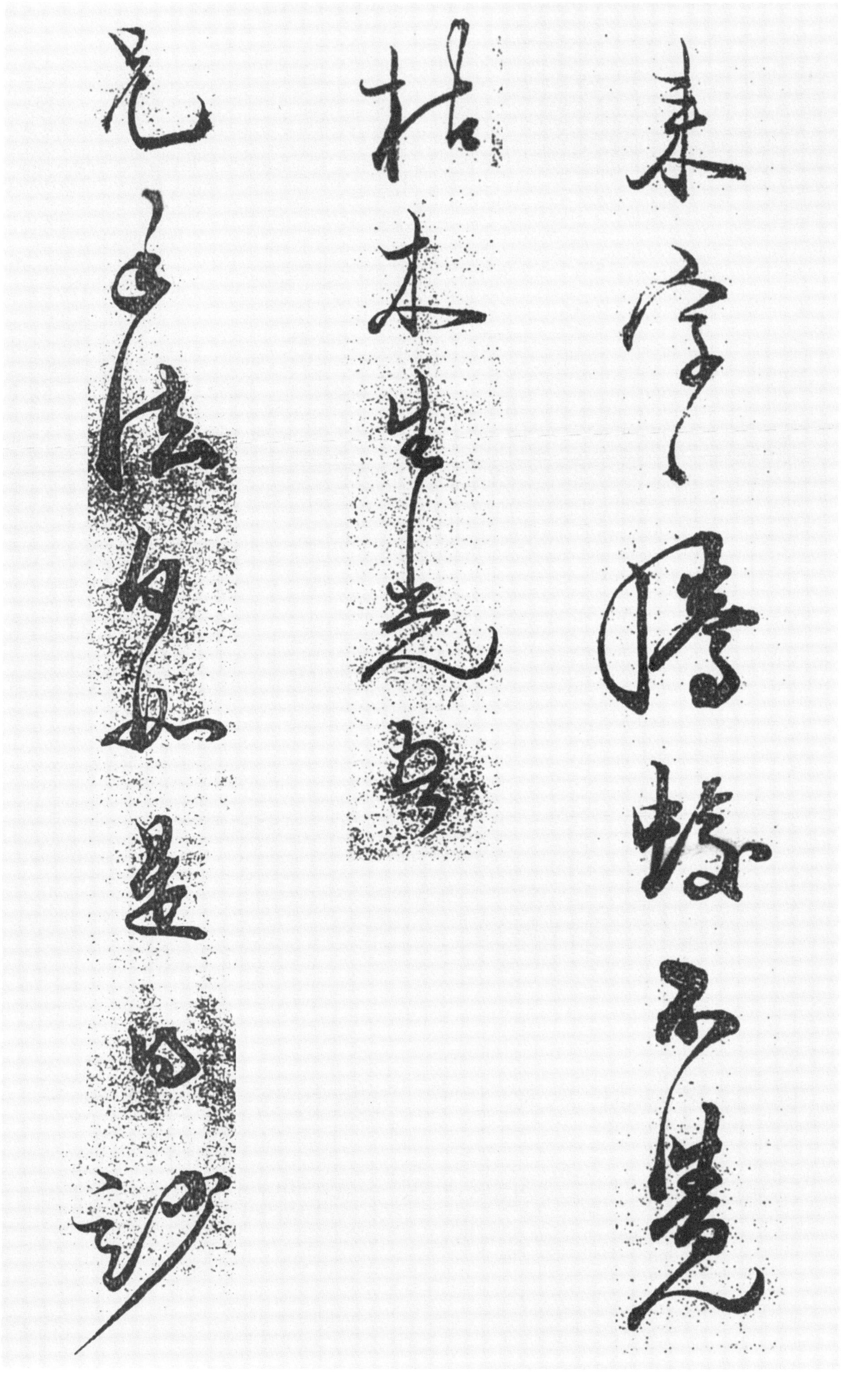

{43}

來 字字藤蛟 不覺枯木生光 吾兄手法 何如時
래 자자등교 불각고목생광 오형수법 하여시

得竗
득묘

글자가 용트림하여 나도 모르는 사이에 고목에서 빛이 나는 것 같습니다. 형은 어떻게 이런 오묘한 서법을 얻었습니까!

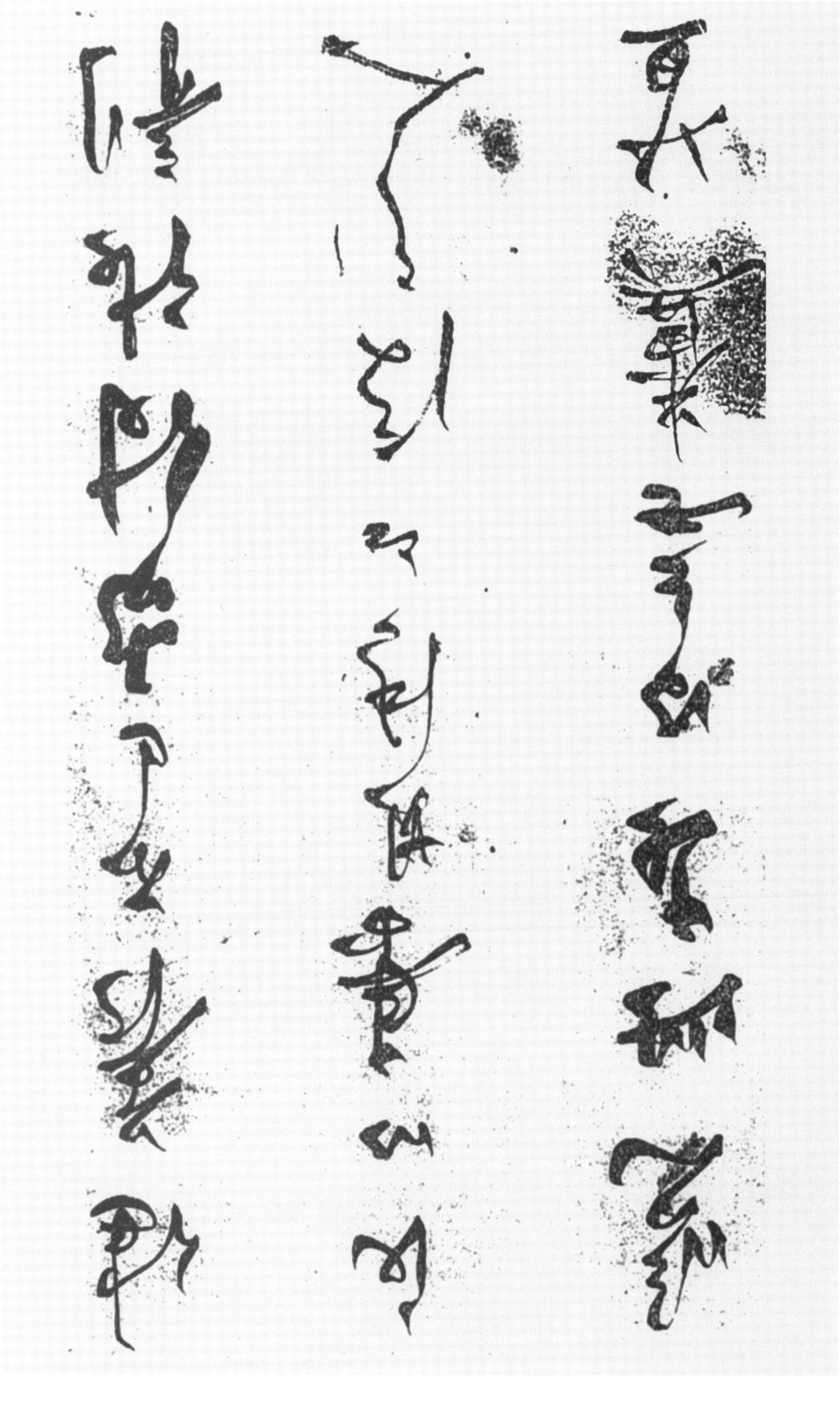

{44}

健羨不止 當府諸剞氏 以壽其傳 而後之人覽此
건선부지 당부제기씨 이수기전 이후지인람차

者 得無糞苴
자 득무분저

부러움을 그칠 수 없습니다. 당 부서(府署)에서 인쇄하여 오래도록 전하게 하여 후인들이 이를 보고 가치 없다고 여기지 않고

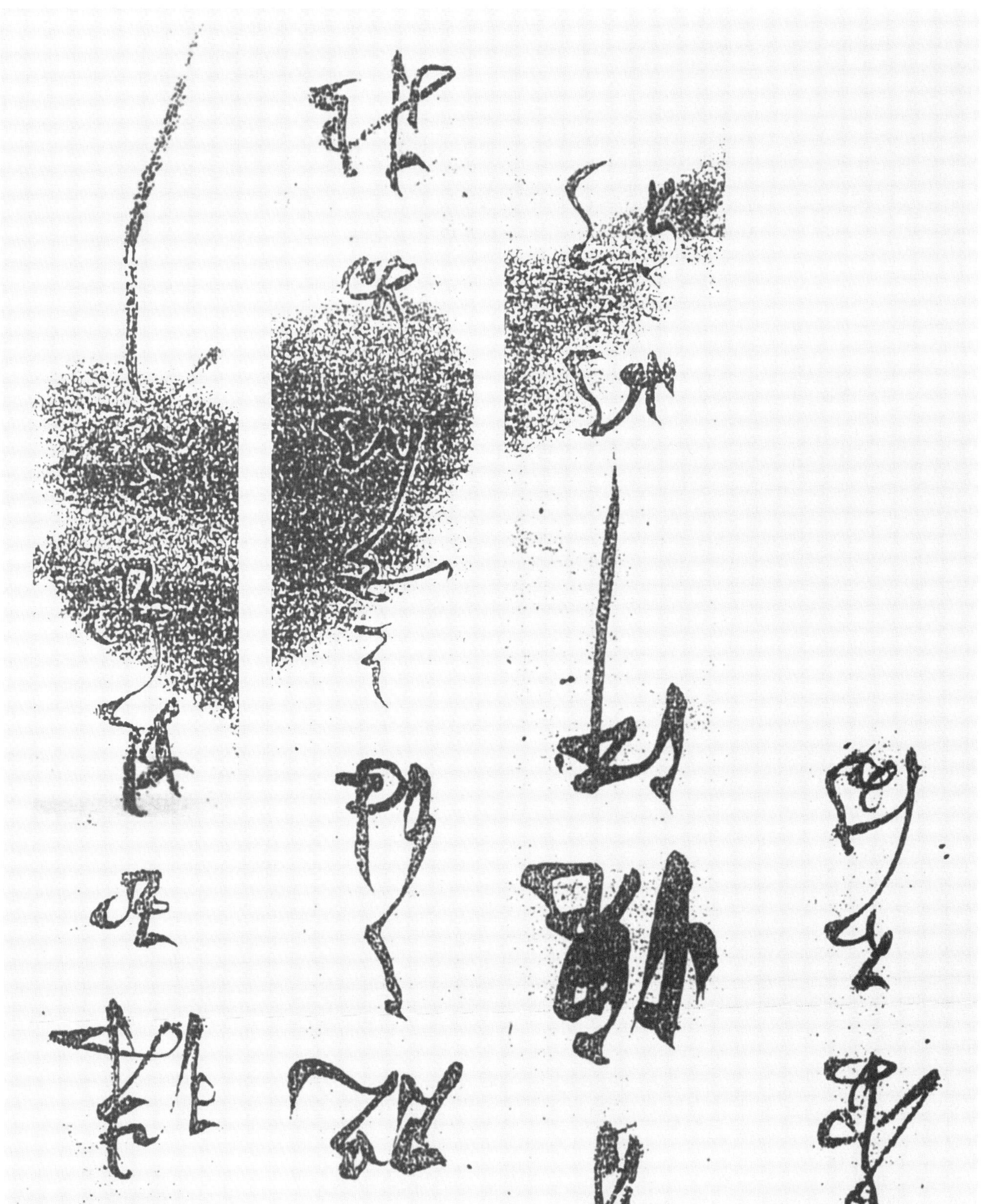

{45}

其文珠玉 其書□寵 貺之餘 無以爲報 祗有愧
기 문 주 옥 기 서 총 황 지 여 무 이 위 보 지 유 괴

汗 惟祈衾晏不備
한 유 기 금 안 불 비

그 글이 주옥같다 할 것입니다. 아끼는 것을 주시니 보답할 바를 모르겠고, 단지 부끄러워 땀만 납니다. 편안하시길 빌고 이만 줄입니다.

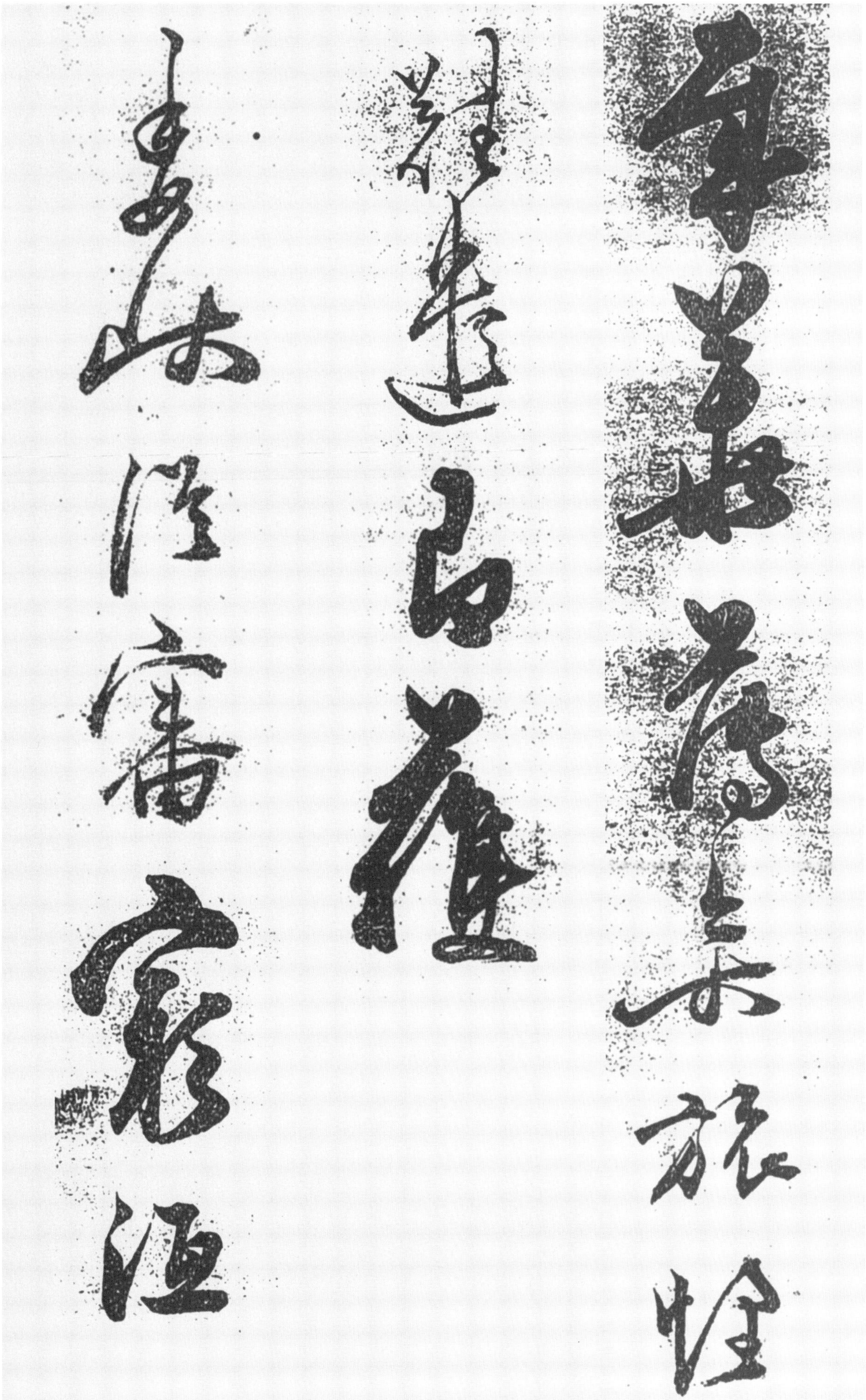

{46}

歲華薄矣 旅懷難遣 卽獲委狀 從審窮沍
세화박의 여회난견 즉획위장 종심궁호

세월이 얼마 남지 않았으니 객지에서의 생활 보내기 어렵습니다. 보내온 편지를 받았습니다. 심한 추위에

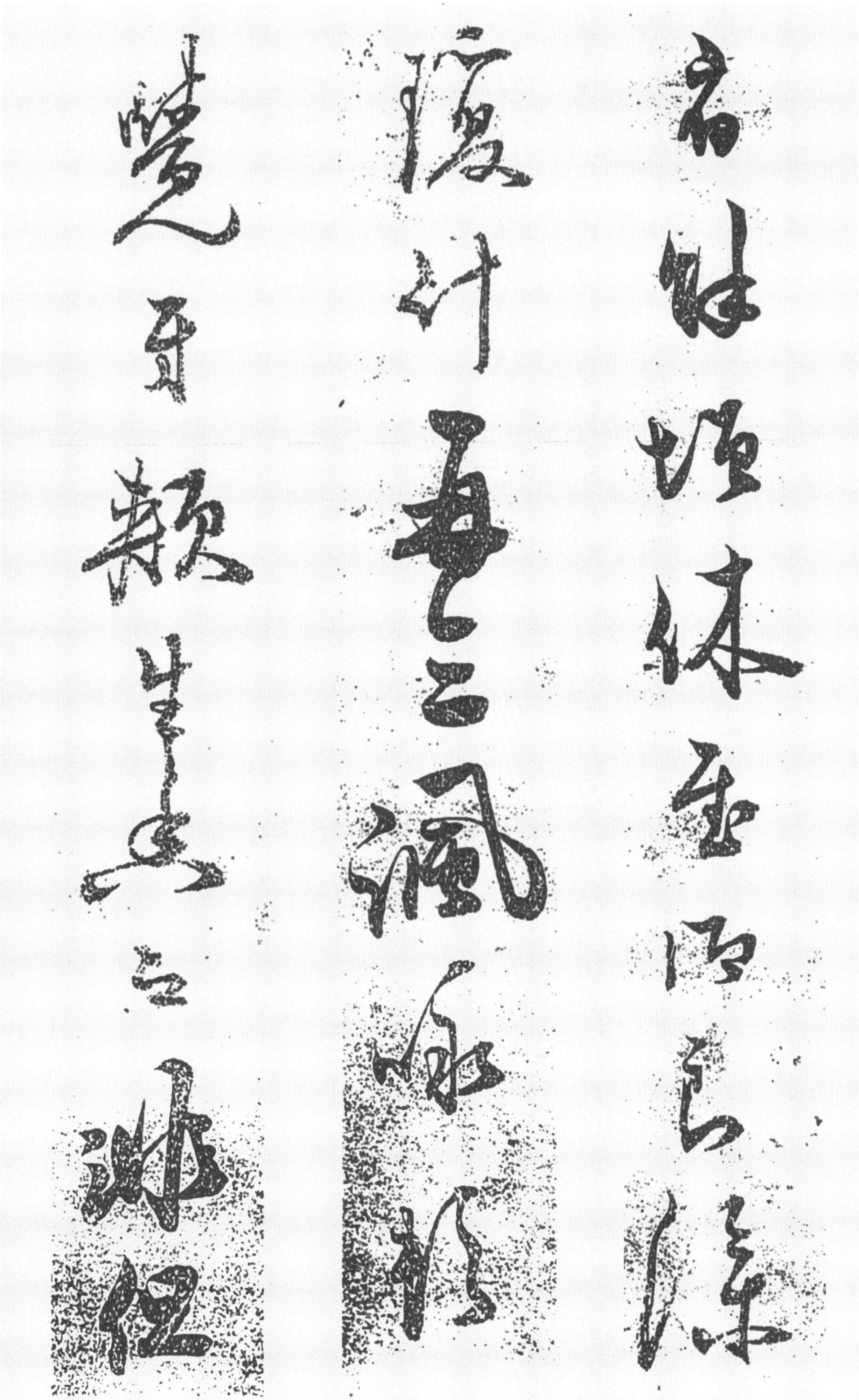

{47}

省餘增休 慰仰良深瓊計 再三諷詠 頓覺牙頰生
성여증휴 위앙양심경계 재삼풍영 돈각아협생

香 而非但
향 이비단

부모님 모시고 사는 생활이 아름답다고 하니, 위로가 되고 그리고 좋은 계책과 두세 번 읊은 시는 갑자기 입안에서 향기가 남을 알았습니다. 비록

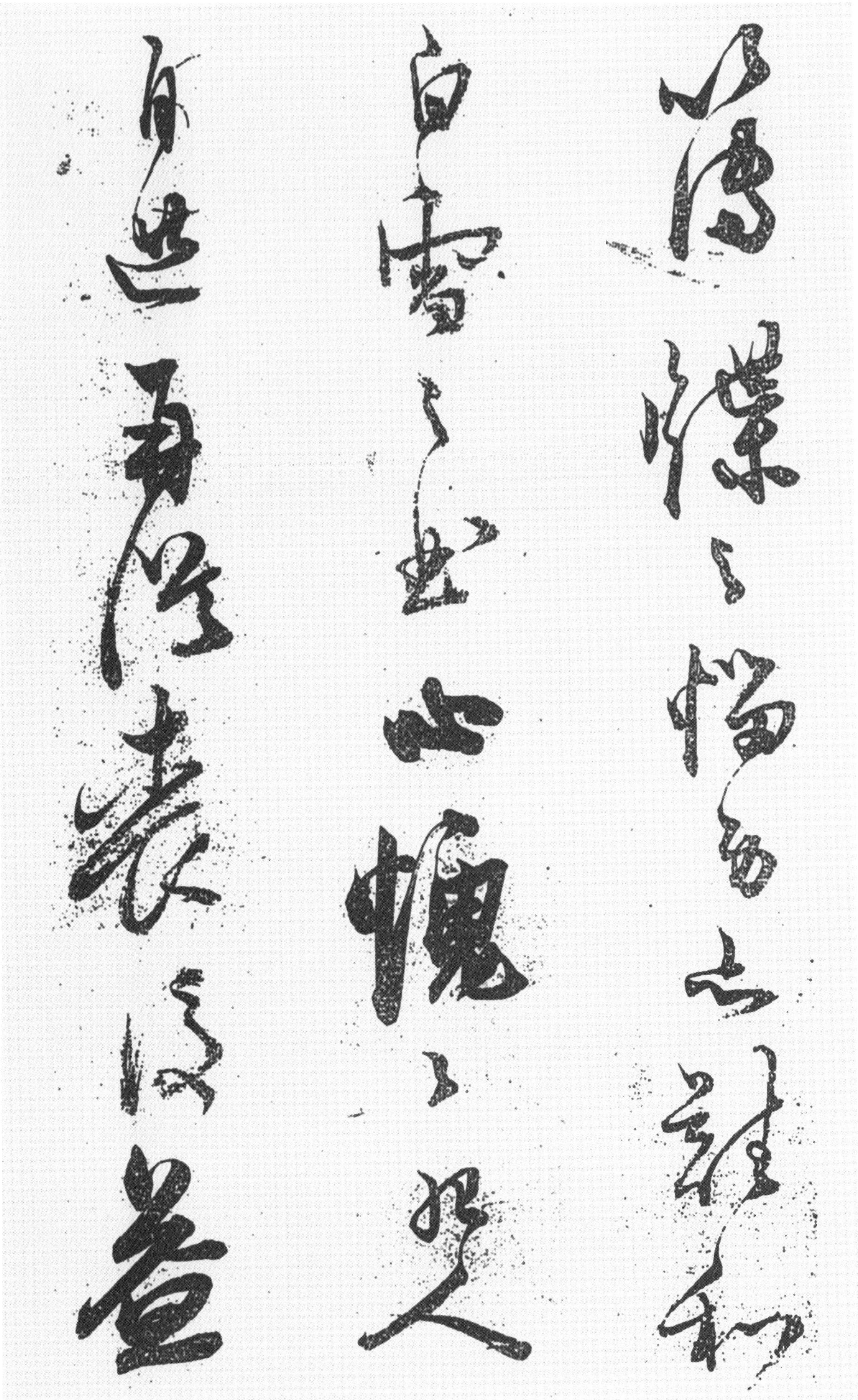

{48}

簿牒之惱 身亦難和白雪之曲 心愧心愧 服人
부잡지뇌 신역난화백설지곡 심괴심괴 복인

自遭再從喪後 益
자조재종상후 익

장부를 만지는 관리의 고뇌는 아니지만 몸 또한 백설(白雪)의 곡조에 화합하기 어려우니 부끄러울 뿐입니다. 복인(服人)은 재종의 상(喪)을 만난 뒤에 더욱

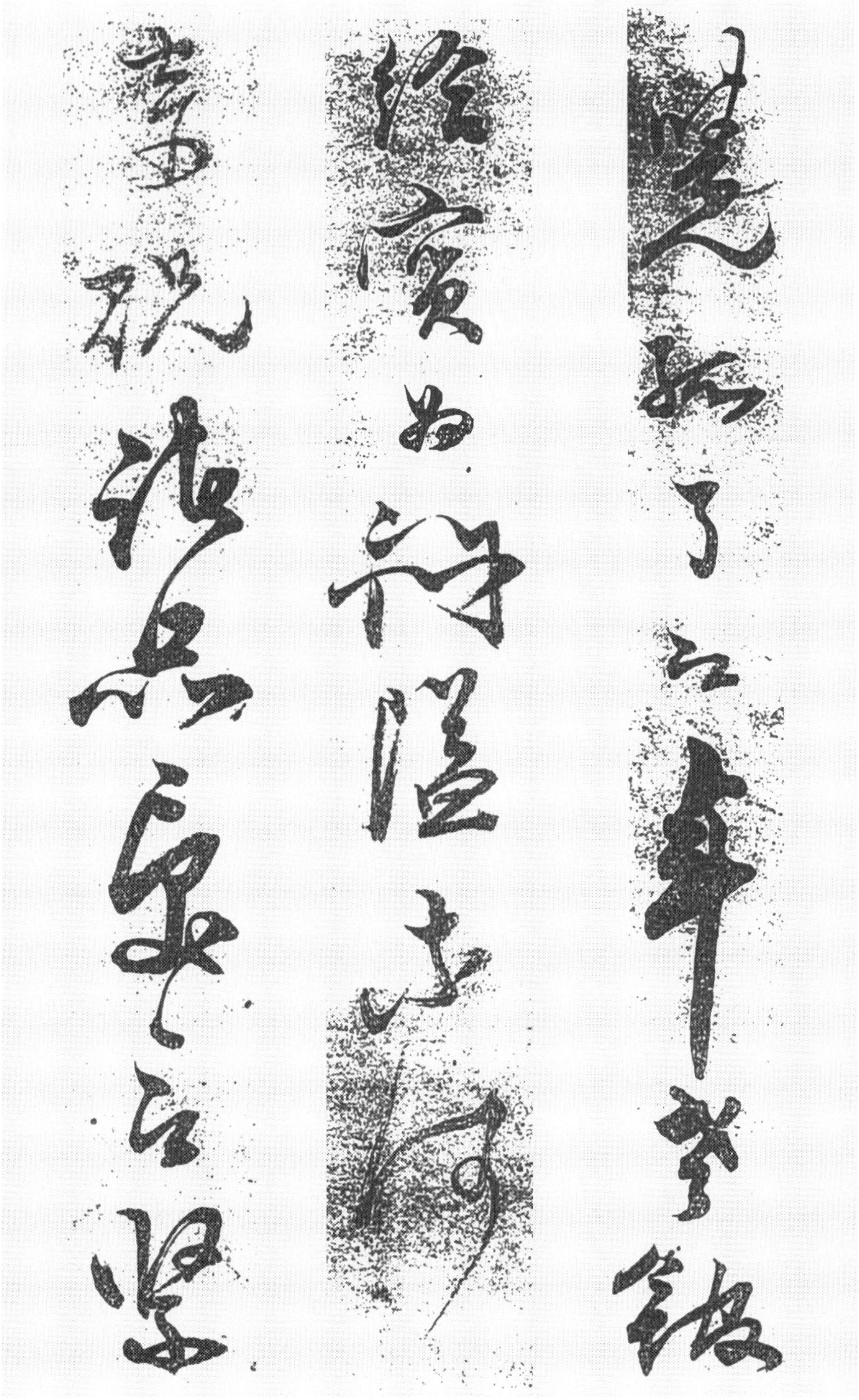

{49}

覺孤了 而年老館給 實爲悶隘奈何 寄貺諸品受
각고료 이년로관급 실위민애내하 기황제품수

言緊
언긴

외로움을 느끼고 늙은 몸 객지의 생활은 고민도 되고 애로가 많으니 어찌합니까! 보내주신 여러 가지 물건과 말씀은 감사하지만

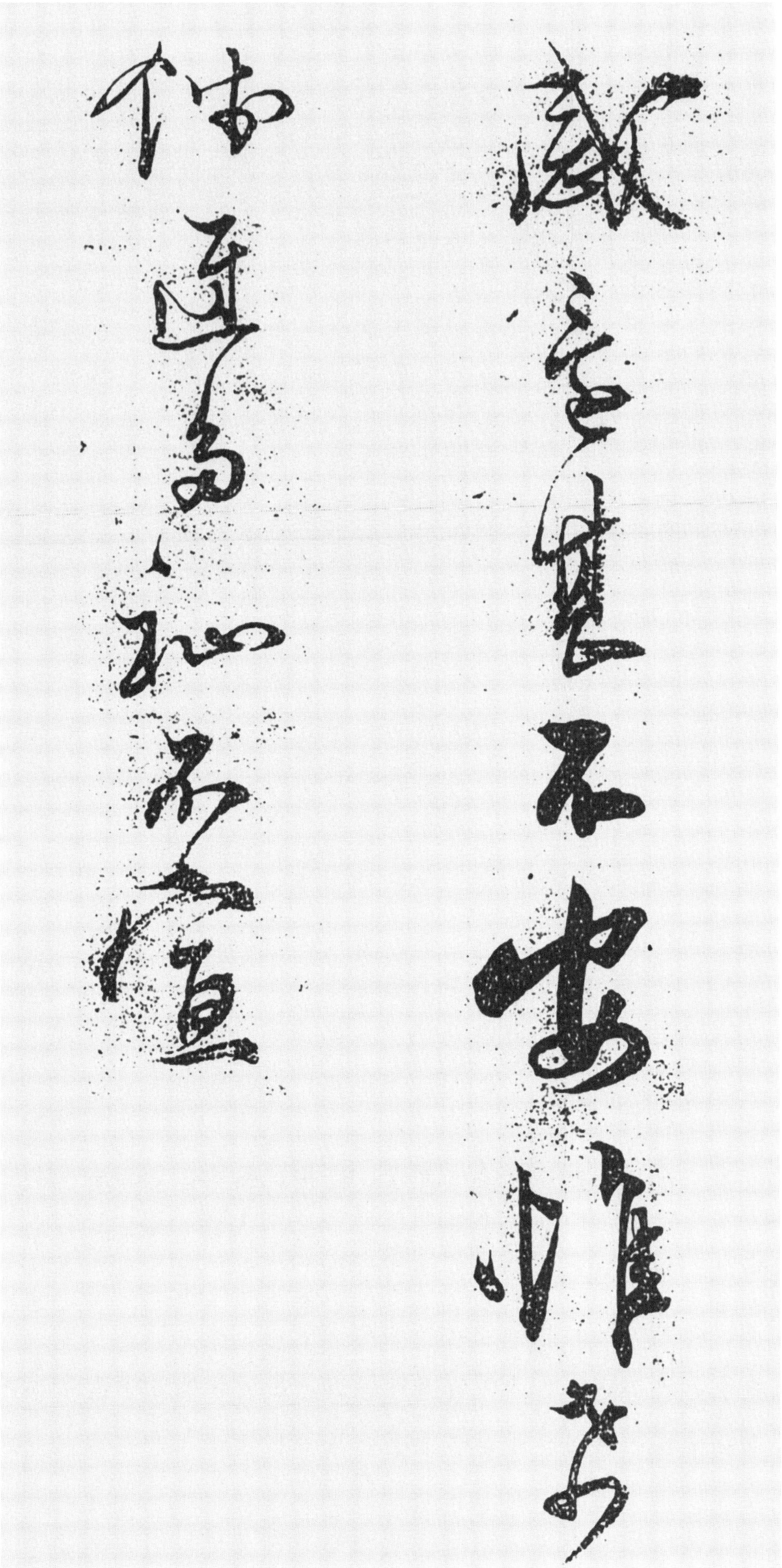

{50}

感 還甚不安 惟希餞迓多祉 不宣
감 환심불안 유희전아다지 불선

마음은 편하지 않습니다. 새해를 맞이하여 많은 복 받으시기 바라고 이만 줄입니다.

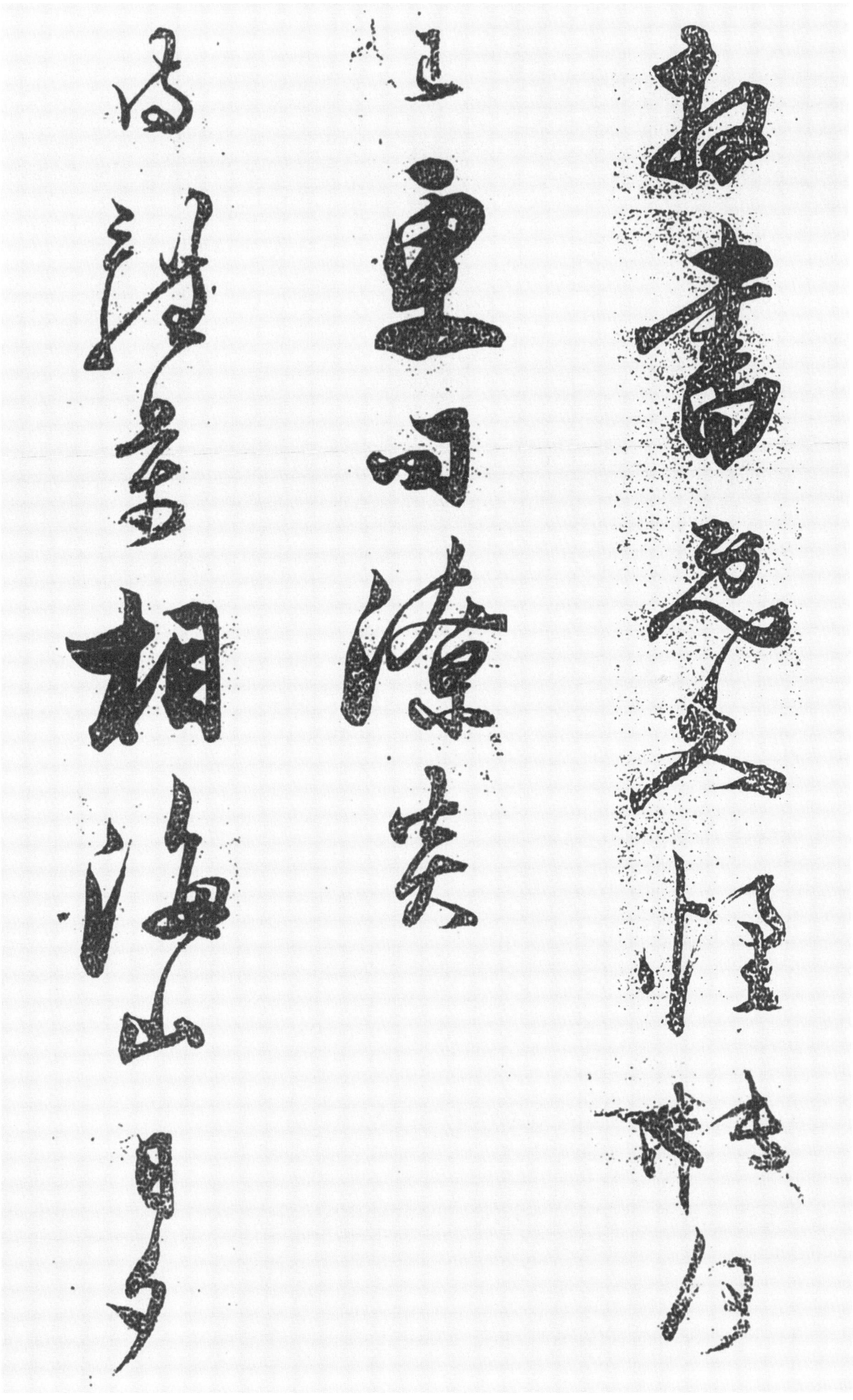

{51}

拜書旣久 懷悵何已 更問潦炎 侍體萬相 海山日夕
배서기구 회창하이 경문료염 시체만상 해산일석

보내주신 편지 받은 지 오래되었으니, 서글픈 마음이 어찌 그치겠습니까! 장마와 더위에 부모님 모시고 잘 계신지요. 바다와 산에서 밤낮으로

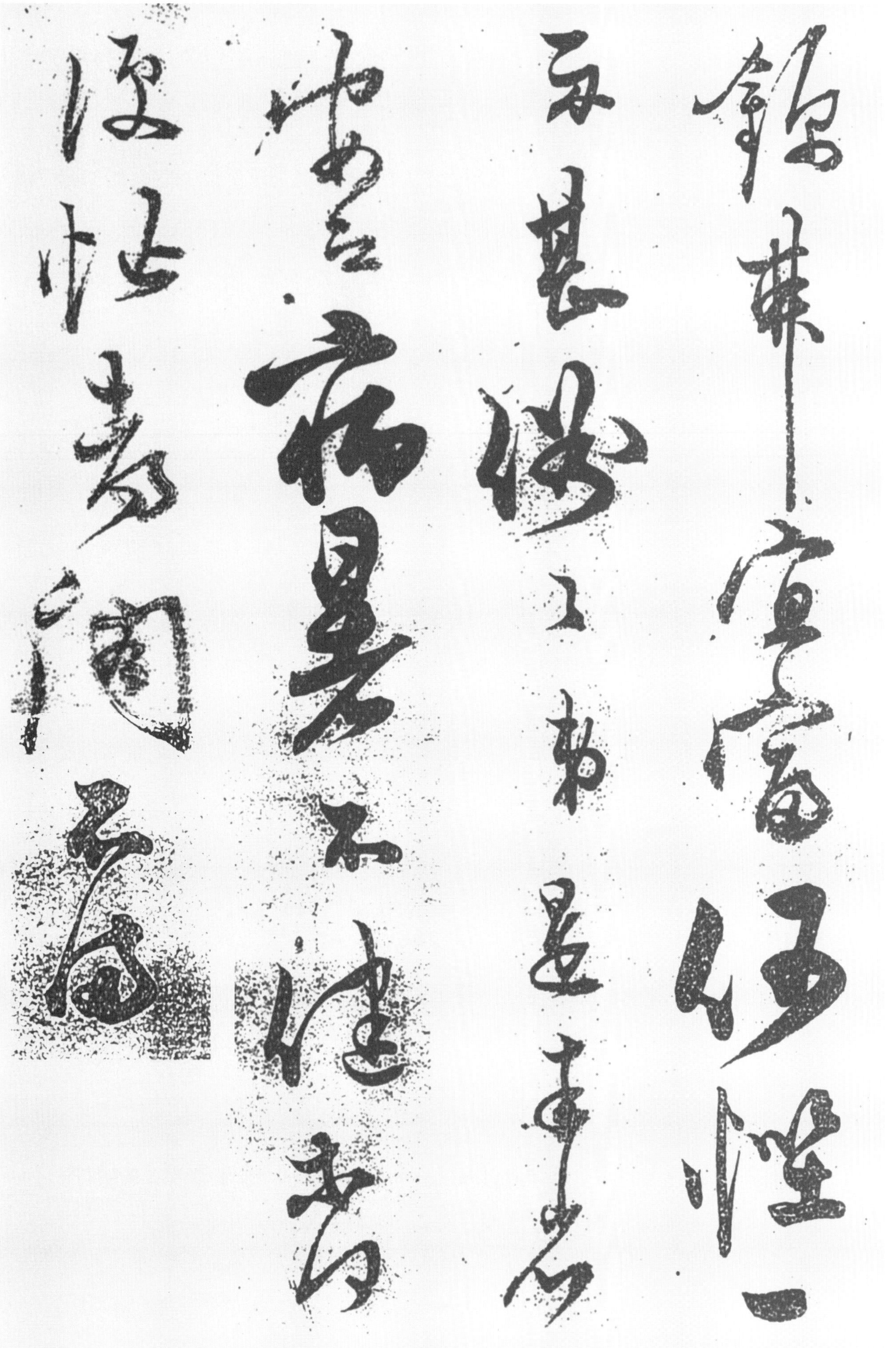

{52}

錦囊宜寢 何慳一示 心俗心俗 弟是幸省安 而
금낭의침 하간일시 심속심속 제시행성안 이

病暑不健奈何 便忙都閣 不備
병서불건내하 편망도각 불비

비단 주머니를 베고 자면서 어찌 한 번의 보임이 아깝겠습니까! 속된 마음입니다. 아우는 다행히 부모님 모시고 편안하지만 질병과 더위에 건강이 좋지 않으니 어찌합니까! 인편이 바빠서 모든 것은 집에서 말씀드리겠습니다. 형식을 갖추지 못하였습니다.

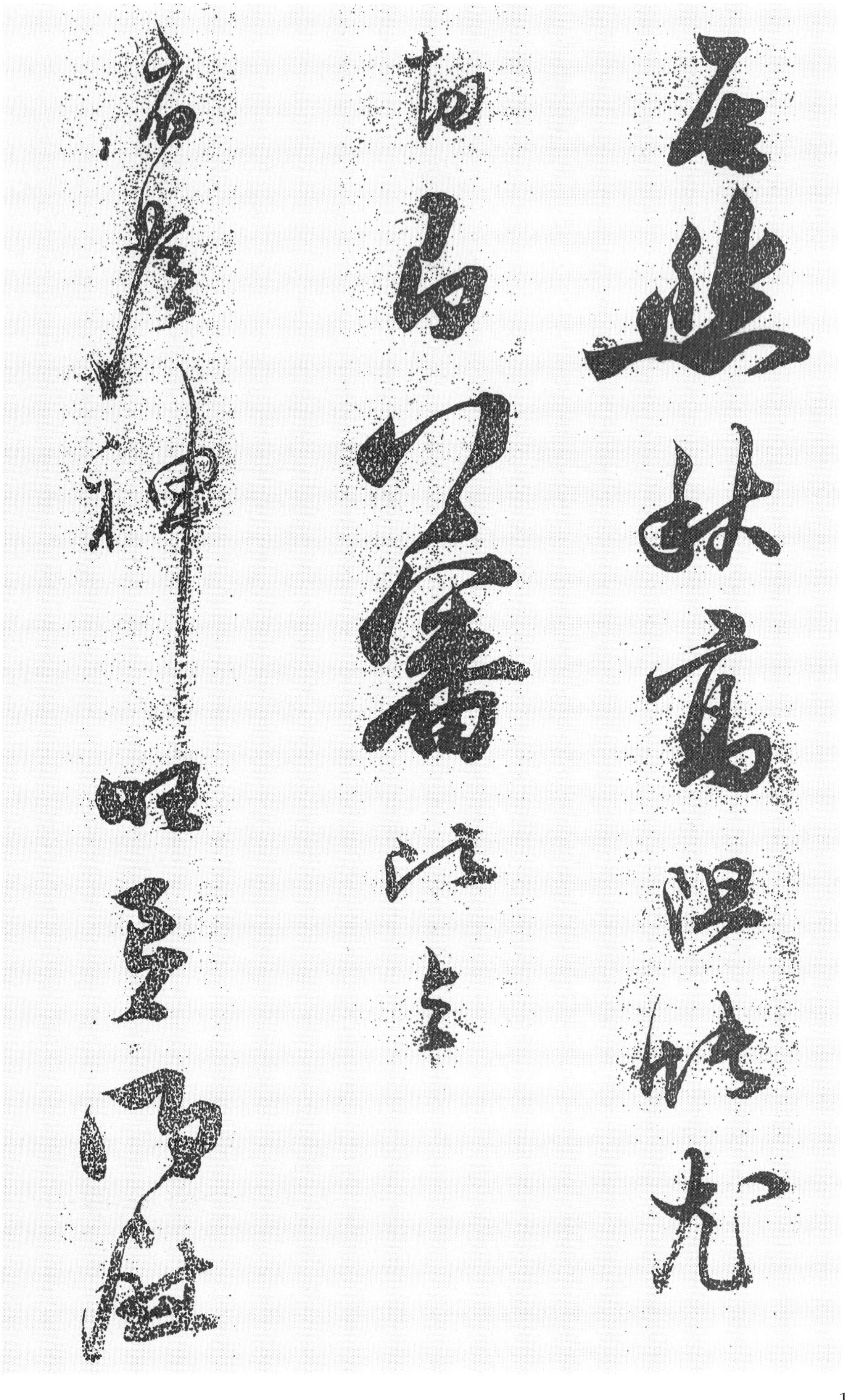

{53}

居然秋高 阻悵尤切 卽拜審此令 省候神旺 區
거 연 추 고　조 창 우 절　즉 배 심 차 령　성 후 신 왕　구

區仰慰
구 앙 위

어느덧 가을이 깊었는데 격조한 슬픔이 더욱 간절합니다. 편지를 받아본 이 계절에 부모님 모시고 잘 계시다니 위로가 됩니다.

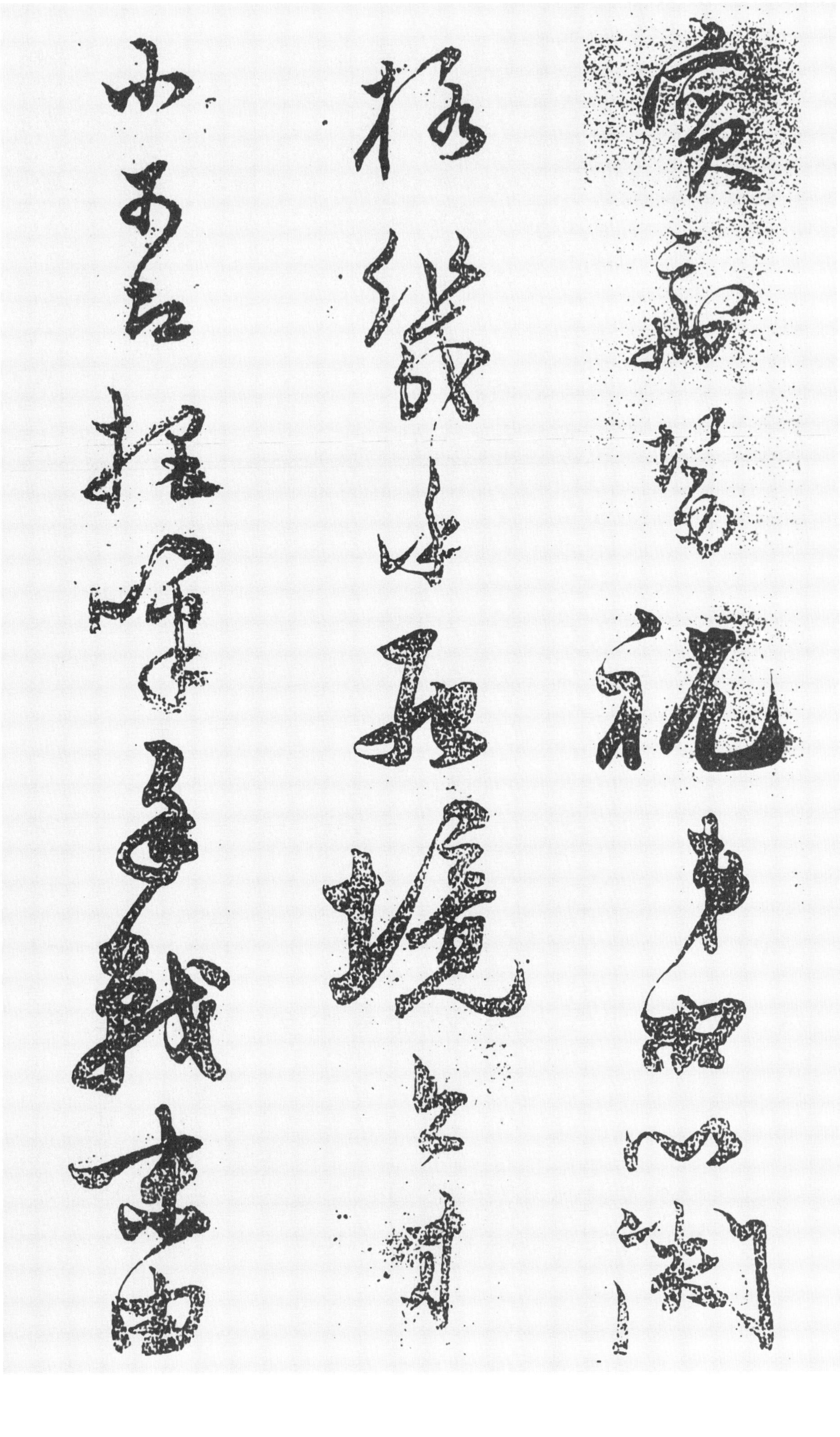

{54}

實副勞祝 弟間以關格 幾乎死境 今才小可 而
실 부 노 축 제 간 이 관 격 기 호 사 경 금 재 소 가 이

把筆手戰 末由
파 필 수 전 말 유

이는 모두 힘들게 축원하신 것에 부응한 것입니다. 저는 요즘 급체하여 거의 사경을 헤매었는데 지금 겨우 조금 나았으나, 붓을 잡으면 손이 떨려서

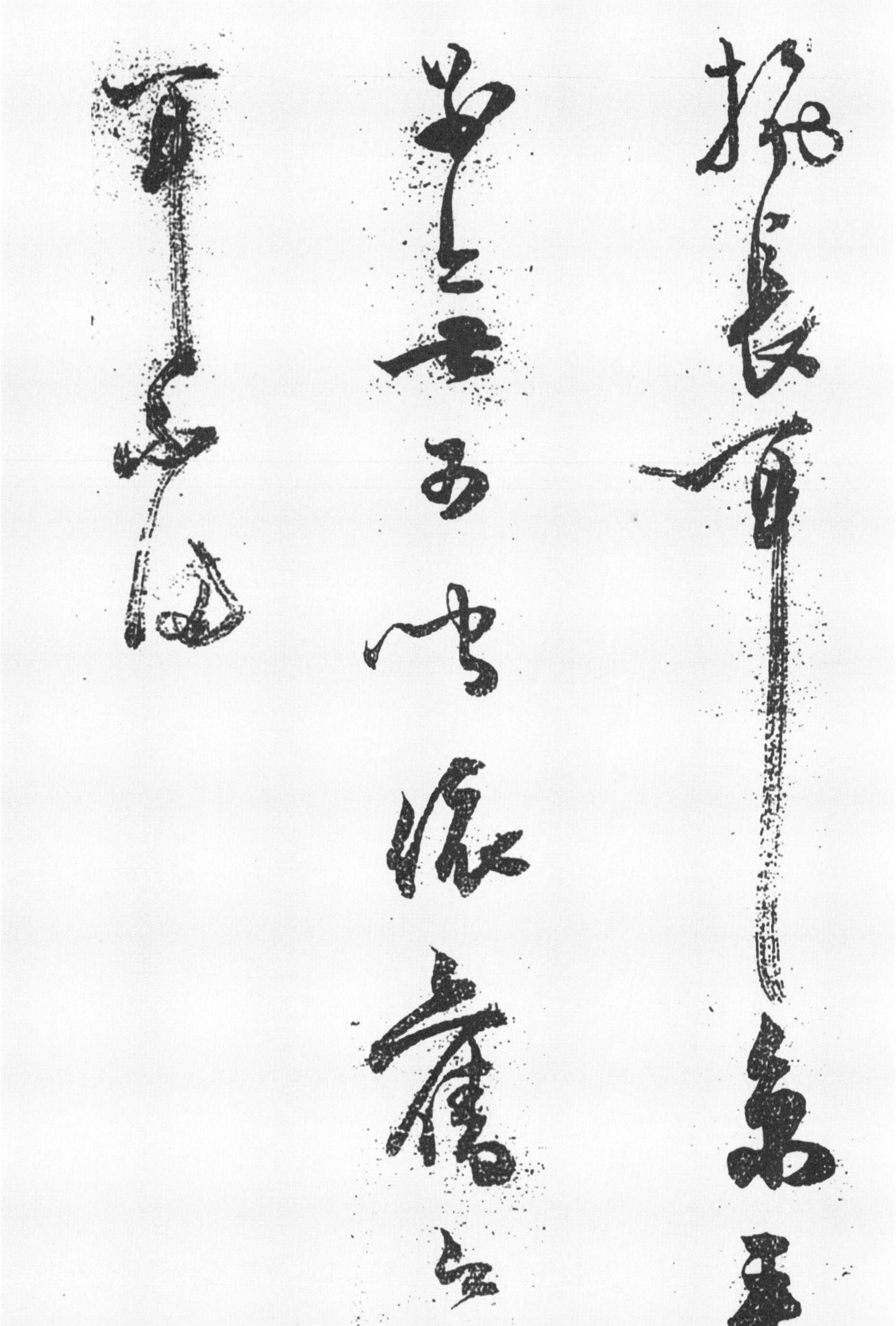

{55}

施長耳 京毛別無可聞 依舊而止耳 不備
시 장 이 경 모 별 무 가 문 의 구 이 지 이 불 비

길게 쓰지는 못합니다. 성루의 소식은 별로 들을만한 것이 없고 예전을 의지해서 이만 씁니다. 예를 갖추지 못하였습니다.

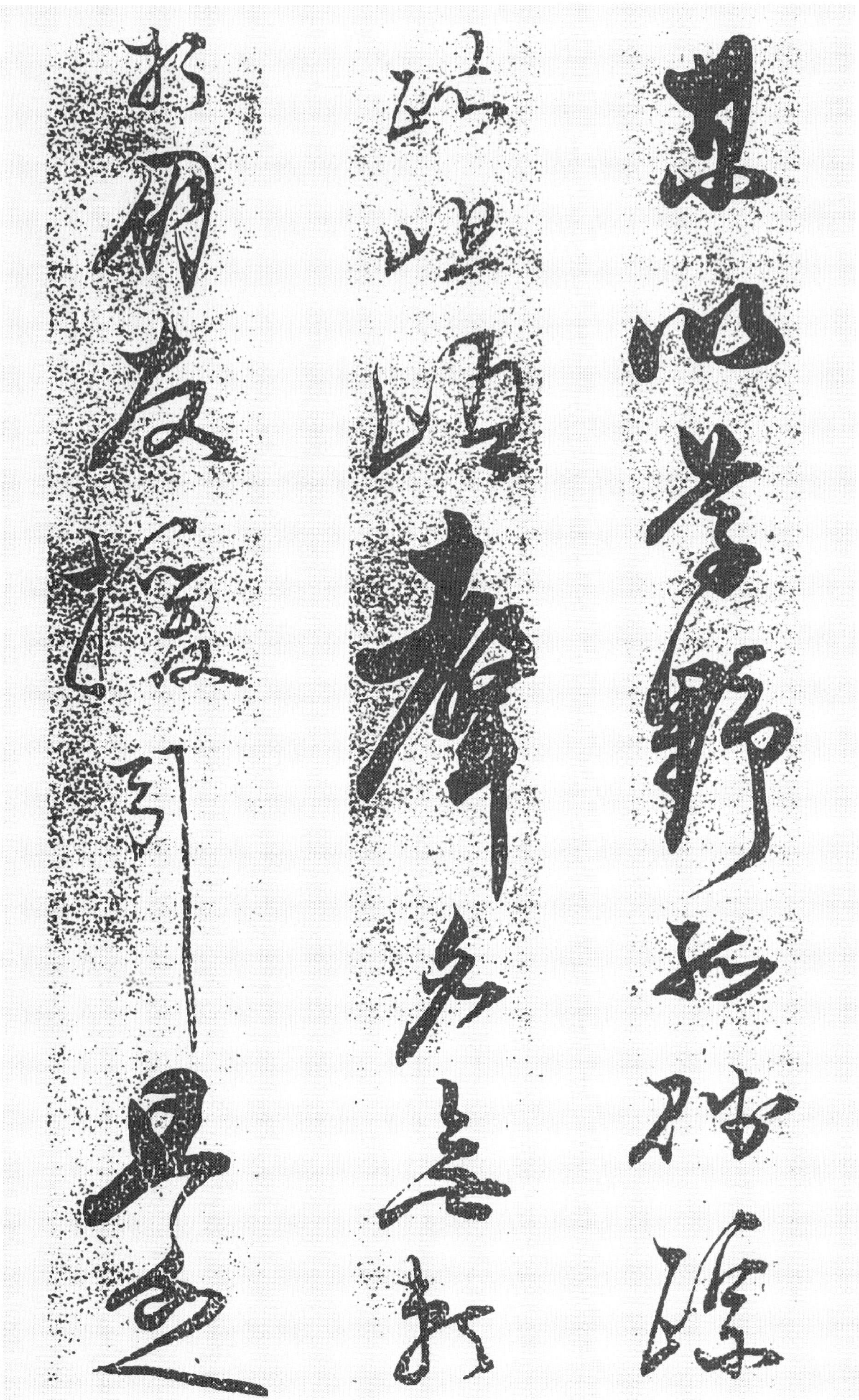

{56}

某以草野孤賤踪跡 齟齬聲名 無賴於朋友援引
모 이 초 야 고 천 종 적 저 어 성 명 무 뢰 어 붕 우 원 인

且乏
차 핍

저는 초야에서 신분과 이력이 외롭고 낮았으며 명성(名聲)이 어긋나서 벗들의 도움도 없었습니다. 또한

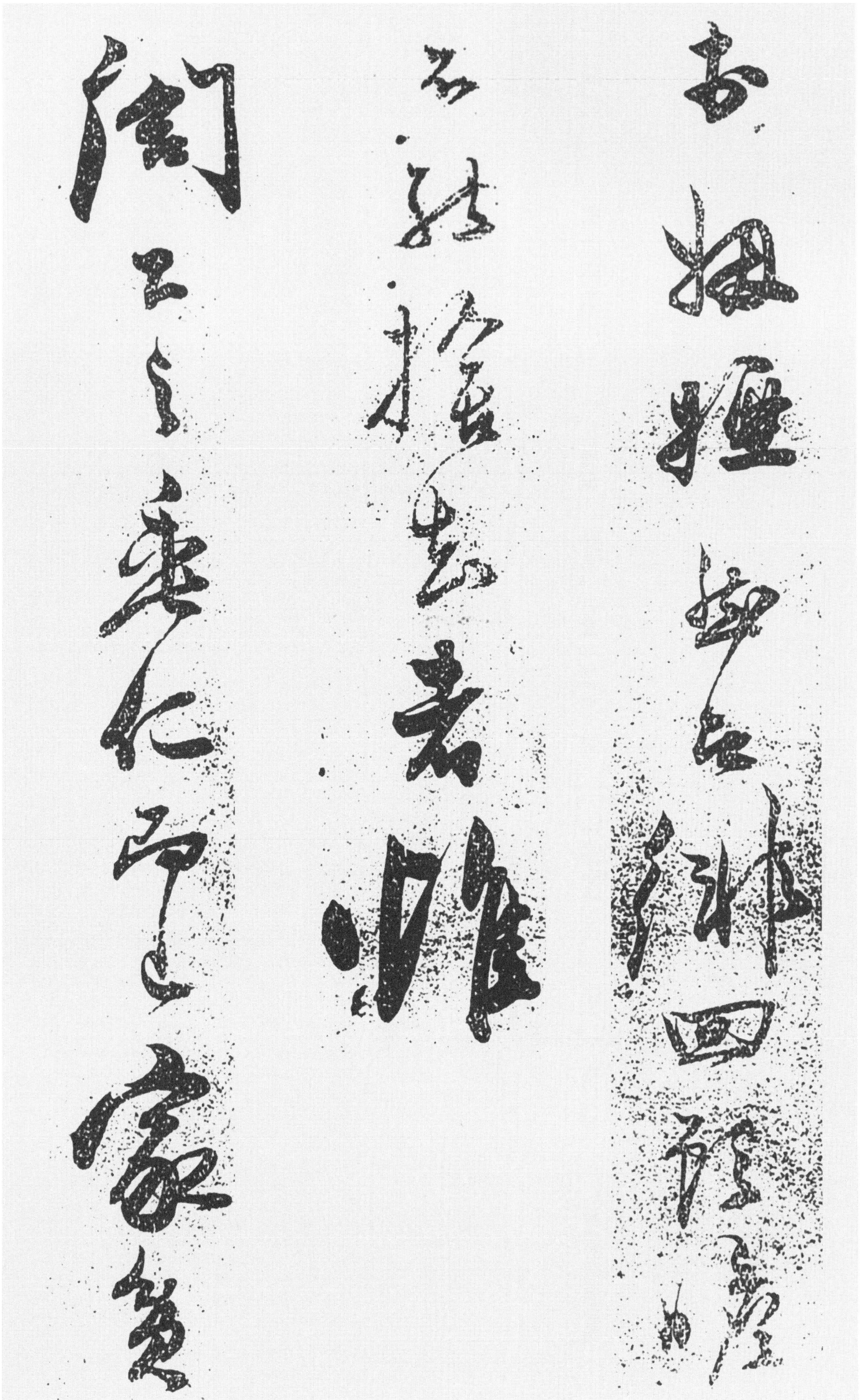

{57}

於姻嫌然 而徘徊顧瞻不能捨去者 惟閤下之垂
어 인 혐 연 이 배 회 고 첨 불 능 사 거 자 유 합 하 지 수

仁而已 家貧
인 이 이 가 빈

친척이 없어서 불만이었지만 배회하며 두루 돌아보면 버리고 떠날 수가 없으니, 오직 합하께서 은혜를 베풀어주시기 바랍니다. 집이 가난하여

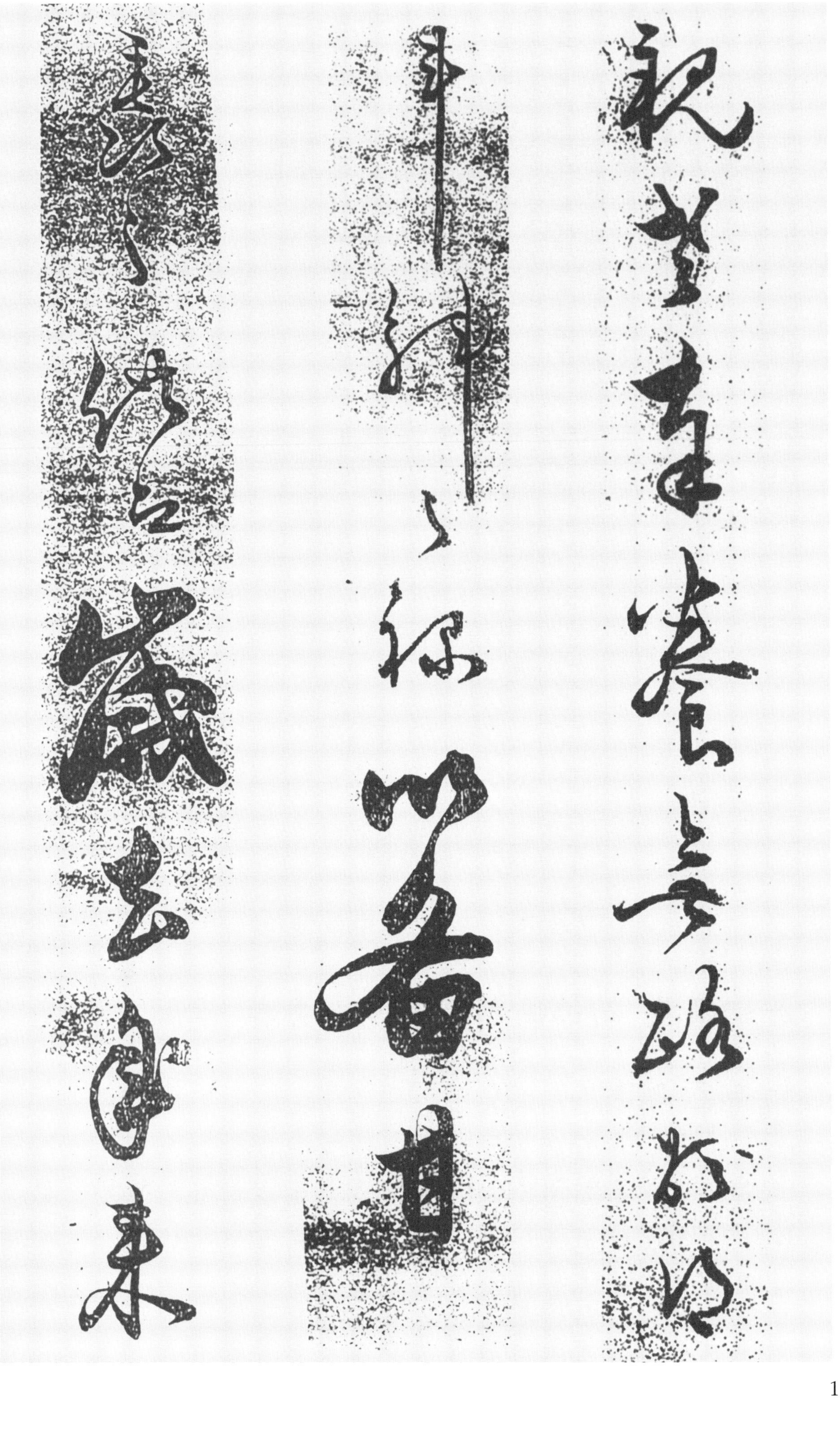

{58}

親老奉養無路 欲得斗斛之祿以備 甘羨之供 而
친 로 봉 양 무 로 욕 득 두 곡 지 록 이 비 감 선 지 공 이

歲去年來
세 거 년 래

연로한 부모님을 봉양할 길이 없으며 적은 녹봉이라도 얻어서 흔쾌히 기여하려고 하나 세월이 흘러서

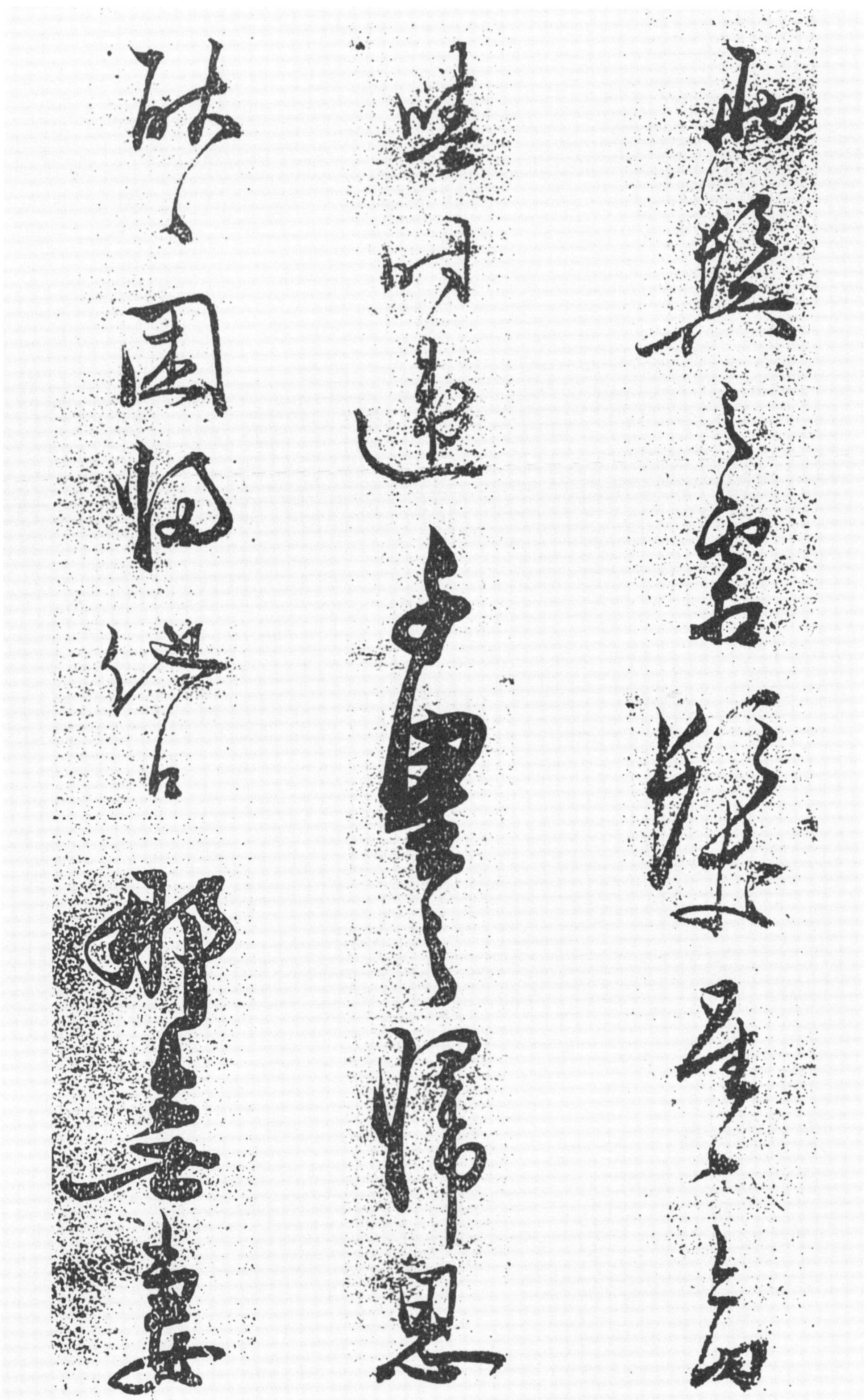

{59}

兩鬢之霜髮星星 命與時違 千里之歸思耿耿 困
양 빈 지 상 발 성 성 명 여 시 위 천 리 지 귀 사 경 경 곤

歸他日那無妻
귀 타 일 나 무 처

두 귀밑머리의 백발이 성성해지고 명운과 시기가 어긋나기만 합니다. 천리 고향으로 돌아가고 싶은 마음에 근심하면서 곤궁한 채 돌아가도 다른 날에는 어찌

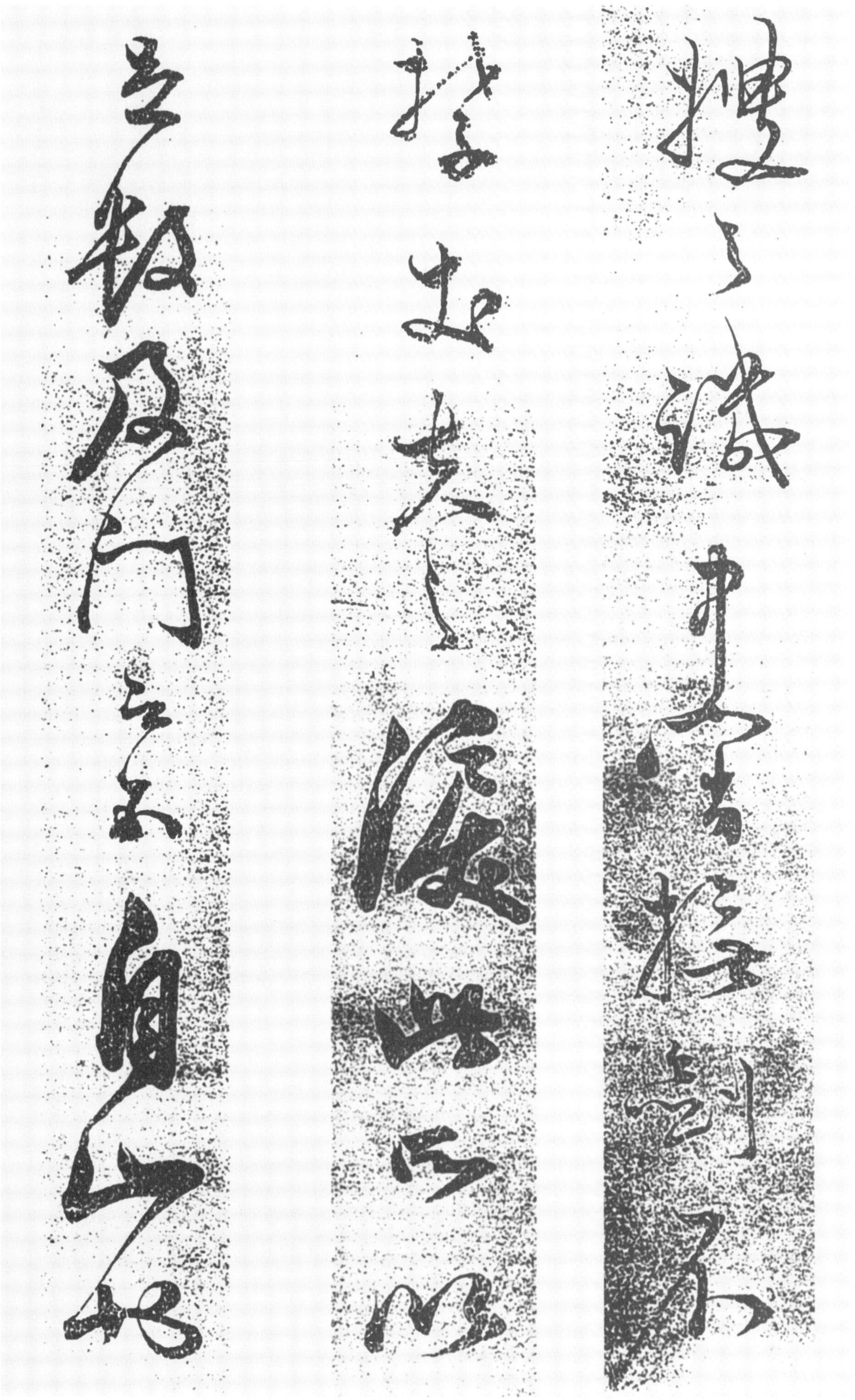

{60}

嫂之織 中宵撫劍 不禁丈夫之淚 此所以足數及
수지직 중소무검 불금장부지루 차소이족수급

門 而不自止也
문 이부자지야

베 짜는 아내와 형수가 없겠습니까! 한밤중에 검(劍)을 쓰다듬으며 대장부 눈물을 흘리지 않을 수 없습니다. 이와 같은 처지이므로 여러 번 댁의 문까지 발걸음 하는 것을 그칠 수가 없습니다.

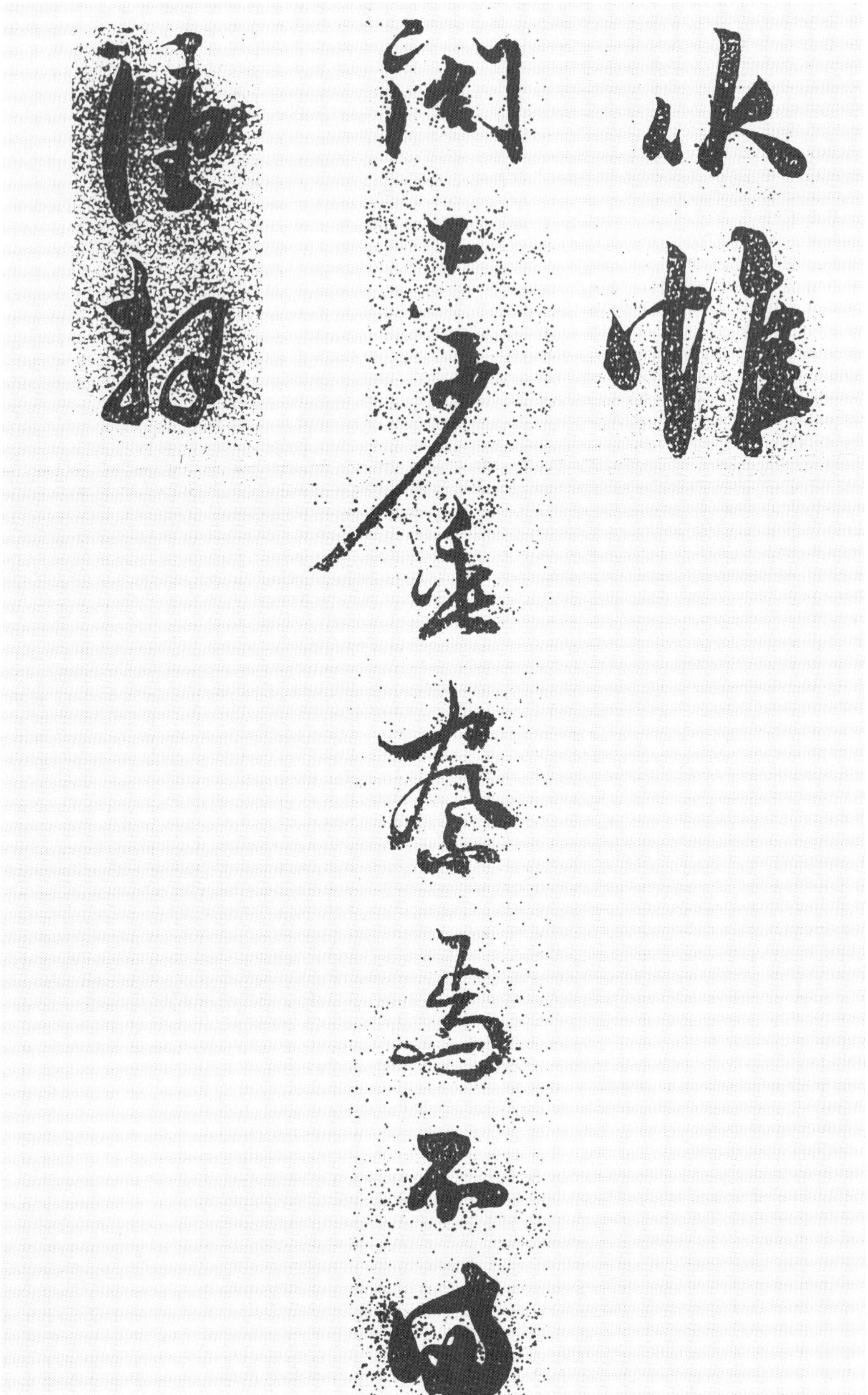

{61}

伏惟閤下少垂察焉 不備謹拜
복 유 합 하 소 수 찰 언 불 비 근 배

삼가 생각하면 합하께서 조금이라도 살펴주시기 바랍니다. 이만 줄이며 삼가 절합니다.

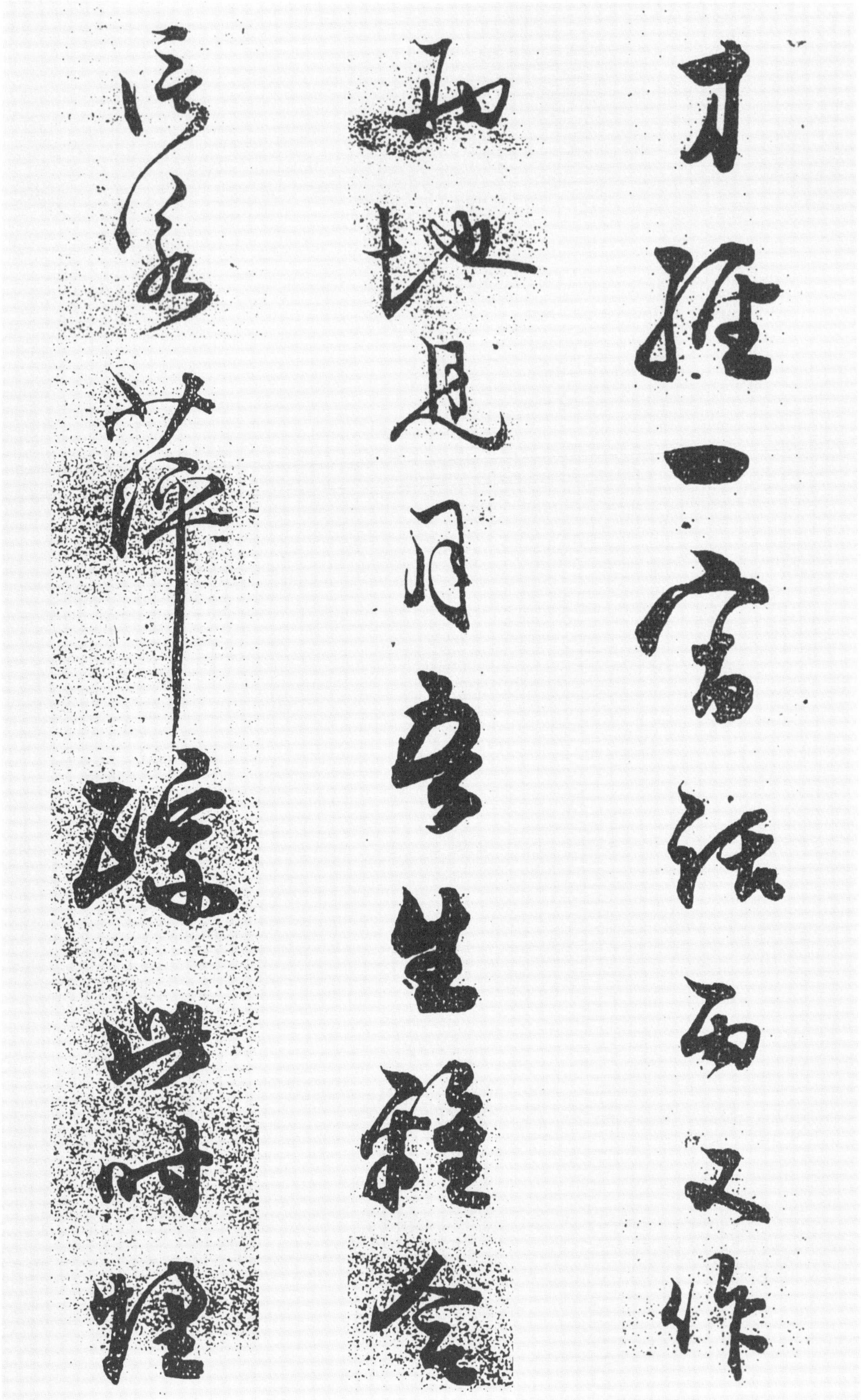

{62}

才經一宵話雨又作雨 地見月 吾生離合 信若萍
재경일소화우우작우 지견월 오생이합 신약평

踪 此時懷
종 차시회

하룻밤을 지새우면서 비 이야기를 하니 비가 옵니다. 땅에서 달을 보니 우리들의 만나고 헤어짐이 진실로 부평초의 자취와 같습니다. 지금 생각하면

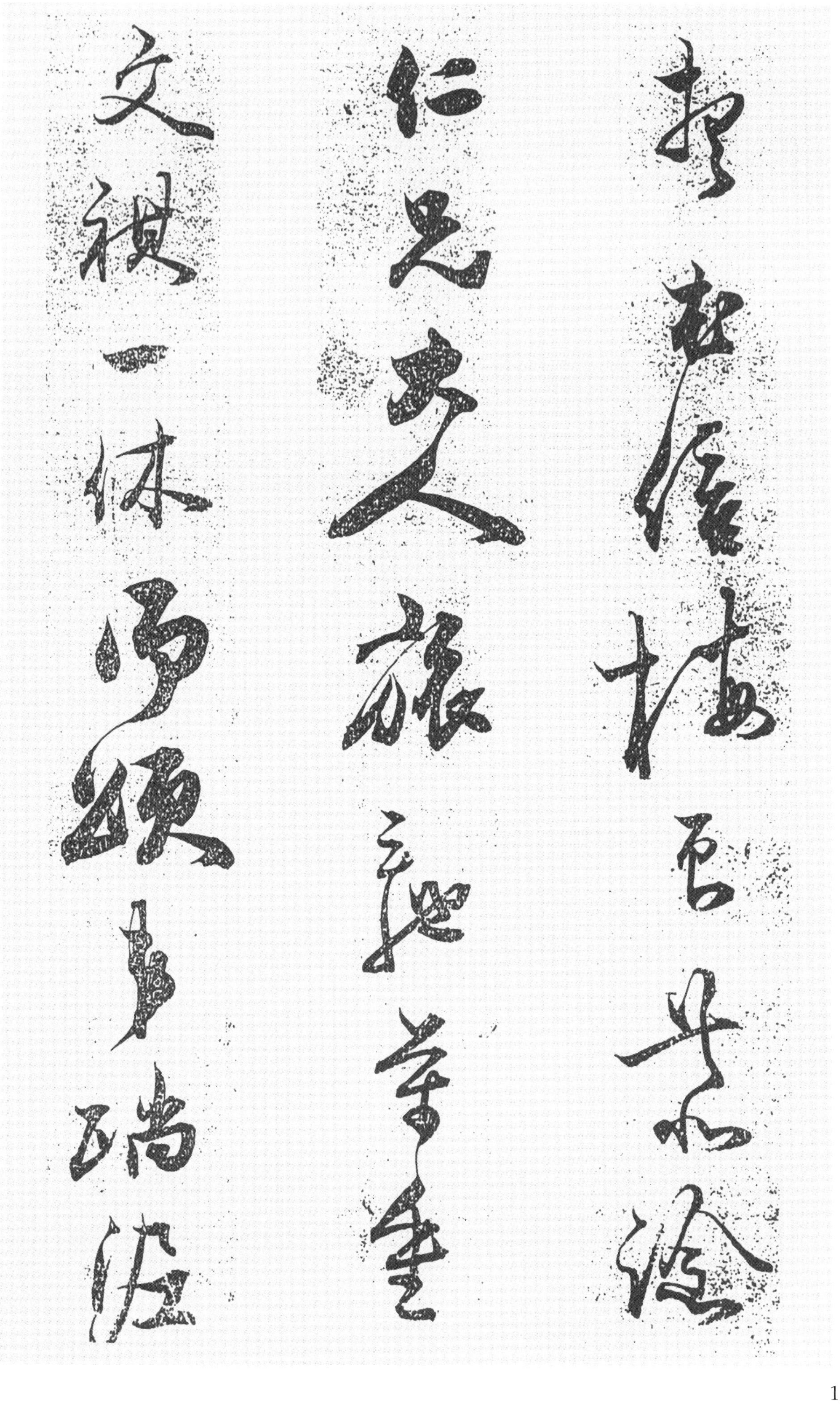

{63}

想 尤倍梅辰恭諗 仁兄大人旅體萬重 文祺一休
상 우배매신공심 인형대인여체만중 문기일휴

仰頌 弟踏泥
앙송 제답니

매화 피는 계절에 그리움이 배가 됨을 삼가 알립니다. 인형(仁兄) 대인께서는 객지 생활이 평안하시고 글 쓰시는 복이 왕성하시기를 우러러 축원합니다. 저는 진흙을 밟으며

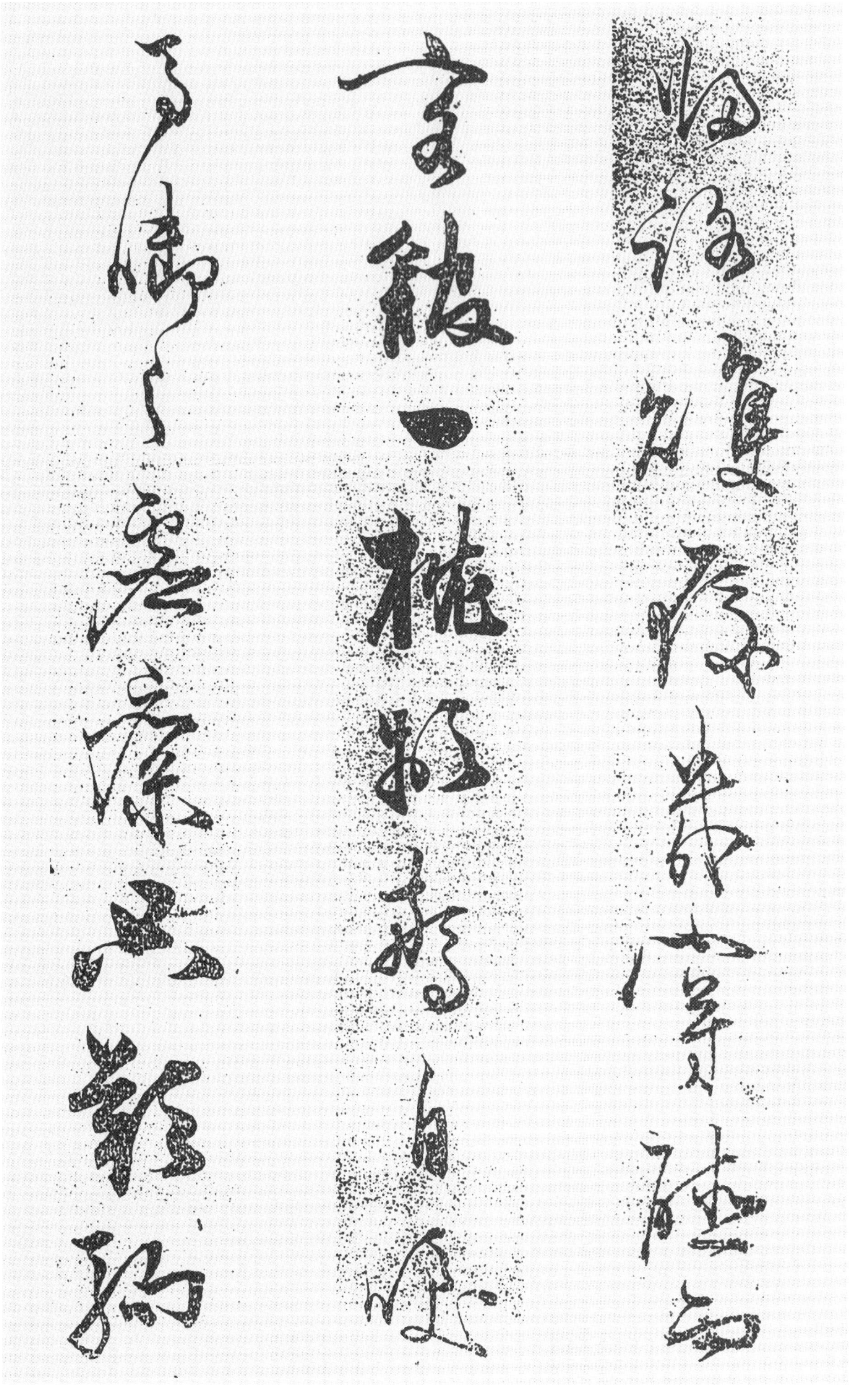

{64}

歸路 雙履幾穿 聽雨客館 一枕頻驚 自笑馬銜
귀로 쌍리기천 청우객관 일침빈경 자소마함

之虛 縻只難駒
지허 미지난구

돌아오는 길에 두 신발이 몇 번째 구멍이 났습니다. 객관(客館, 여관)에서 비 오는 소리를 들으며 자다가 자주 놀라면서 말에 재갈을 물린 것이 허망하여 스스로 웃었는데, 큰 사슴이 말보다 앞서는 것이 어렵듯

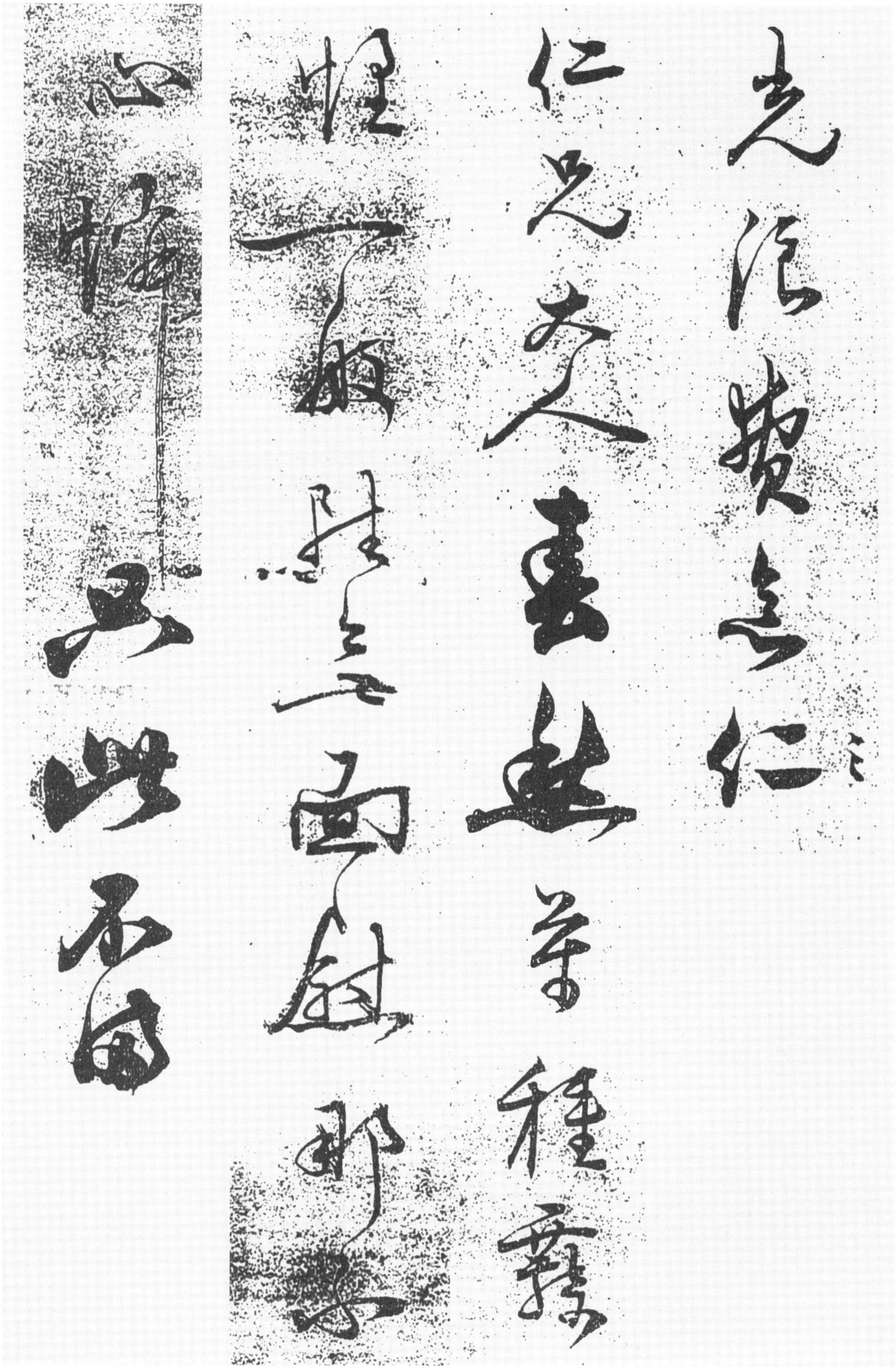

{65}

先 浪費念 仁兄大人春愁萬種 羈懷一般 雖無
선 낭비염 인형대인춘수만종 기회일반 수무

面慰 那不心憐 只此不備
면위 나불심련 지차불비

헛되게 마음을 썼습니다. 인형대인 봄 근심이 많으시죠. 나그네 회포도 이와 같아서 비록 만나서 위로 드리지 못하니, 어찌 가엽지 않겠습니까! 이만 글을 줄입니다.

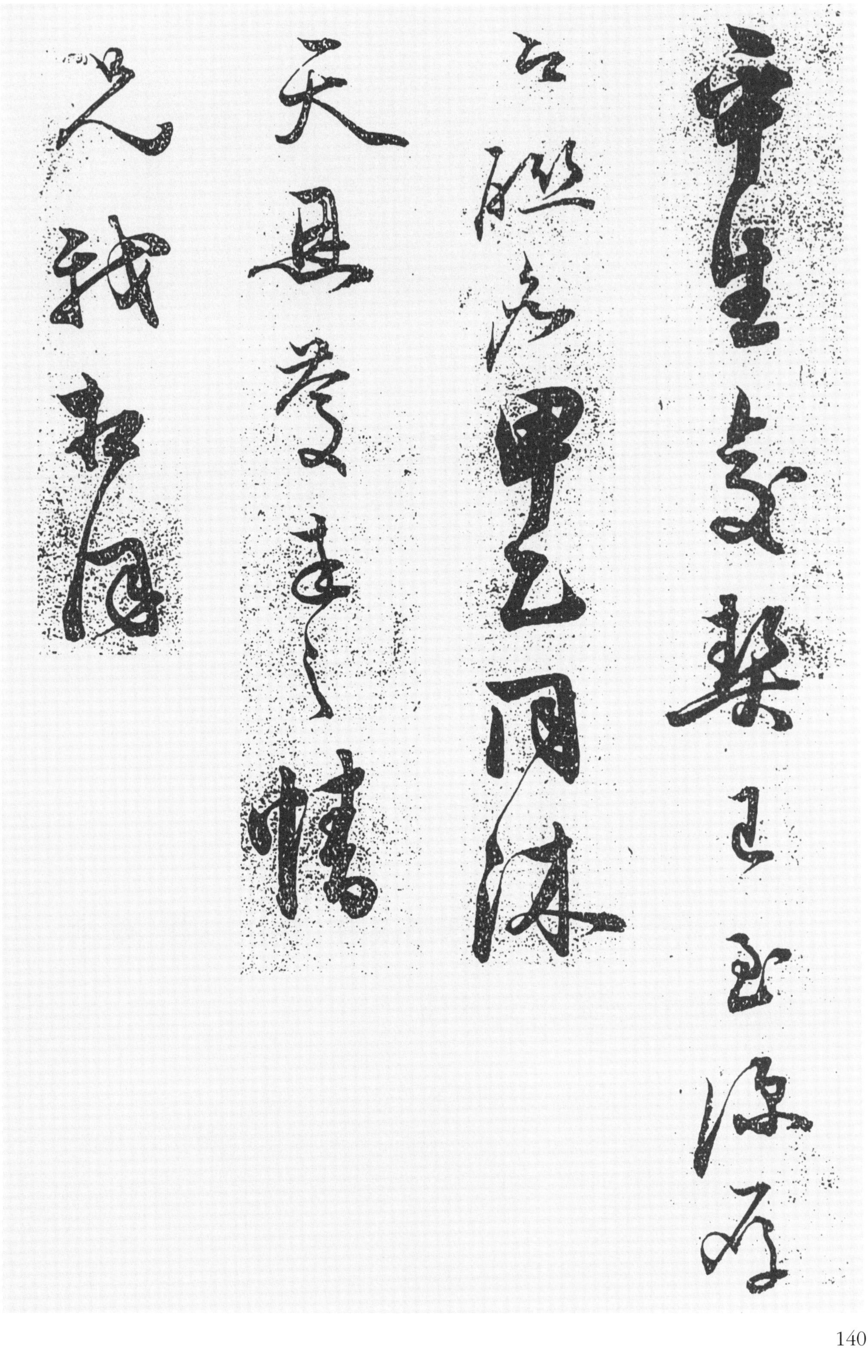

{66}

平生交契已至深厚 而聯名甲乙 同沐天恩 慶幸之情 兄我相同
평생교계이지심후 이연명갑을 동목천은 경행지정 형아상동

평생 동안 맺은 교유가 매우 깊고 두터우니 갑을이 연명(聯名)으로 함께 성은을 입은 은혜는 경사스럽고 다행한 정경으로 형과 내가 서로 같을 것입니다.

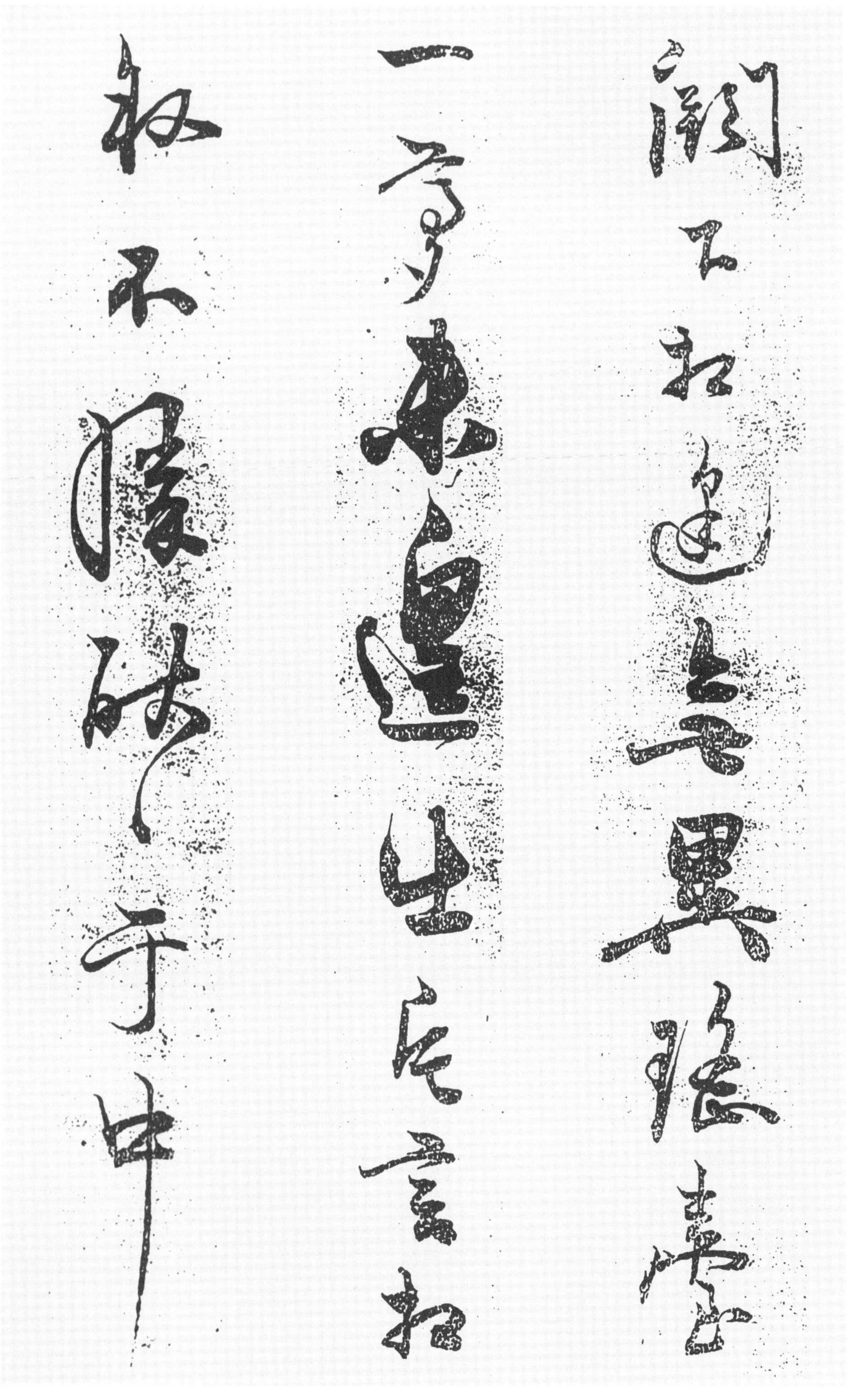

{67}

闕下相逢 無異瑤臺 一夢未遑出片言相敍 不勝
궐하상봉 무이요대 일몽미황출편언상서 불승

耿耿于中
경경우중

대궐에서의 만남은 요대(瑤臺)에서의 만남과 다르지 않은데, 하룻밤 꿈에서 바삐 나와서 서로 말 한 마디 던지지 못하여 마음속 그리움을 이기지 못합니다.

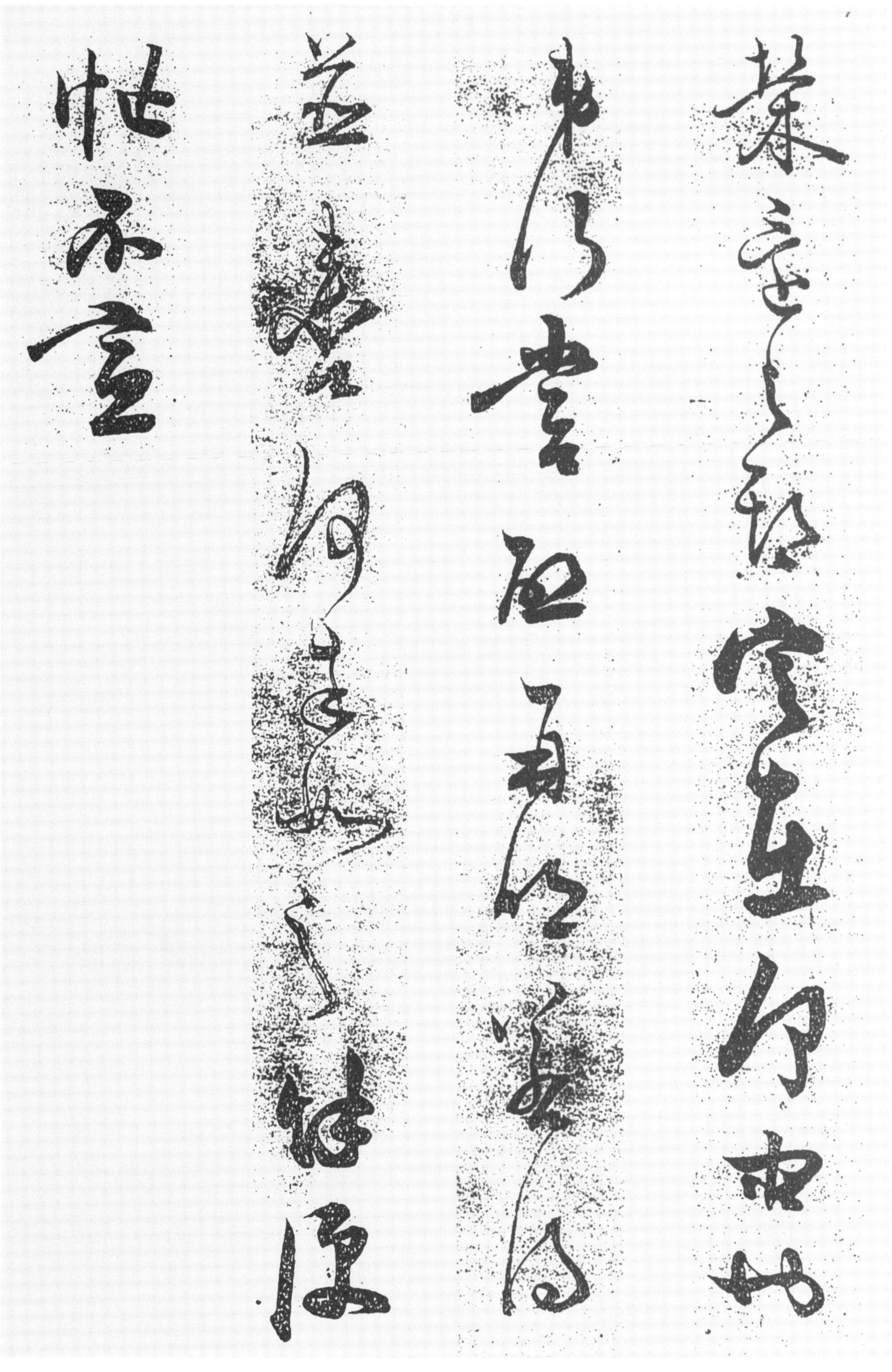

{68}

榮還之期 定在何間也 弟行當啓再明 若得幷轡
영환지기 정재하간야 제행당계재명 약득병비

何幸如之 餘便忙不宣
하행여지 여편망불선

영광스럽게 돌아올 시기는 언제인가요! 아우는 모레 출발하는데, 만약 고삐를 나란히 잡고 갈 수 있다면 다행이겠습니다. 나머지는 인편이 바빠서 이만 줄입니다.

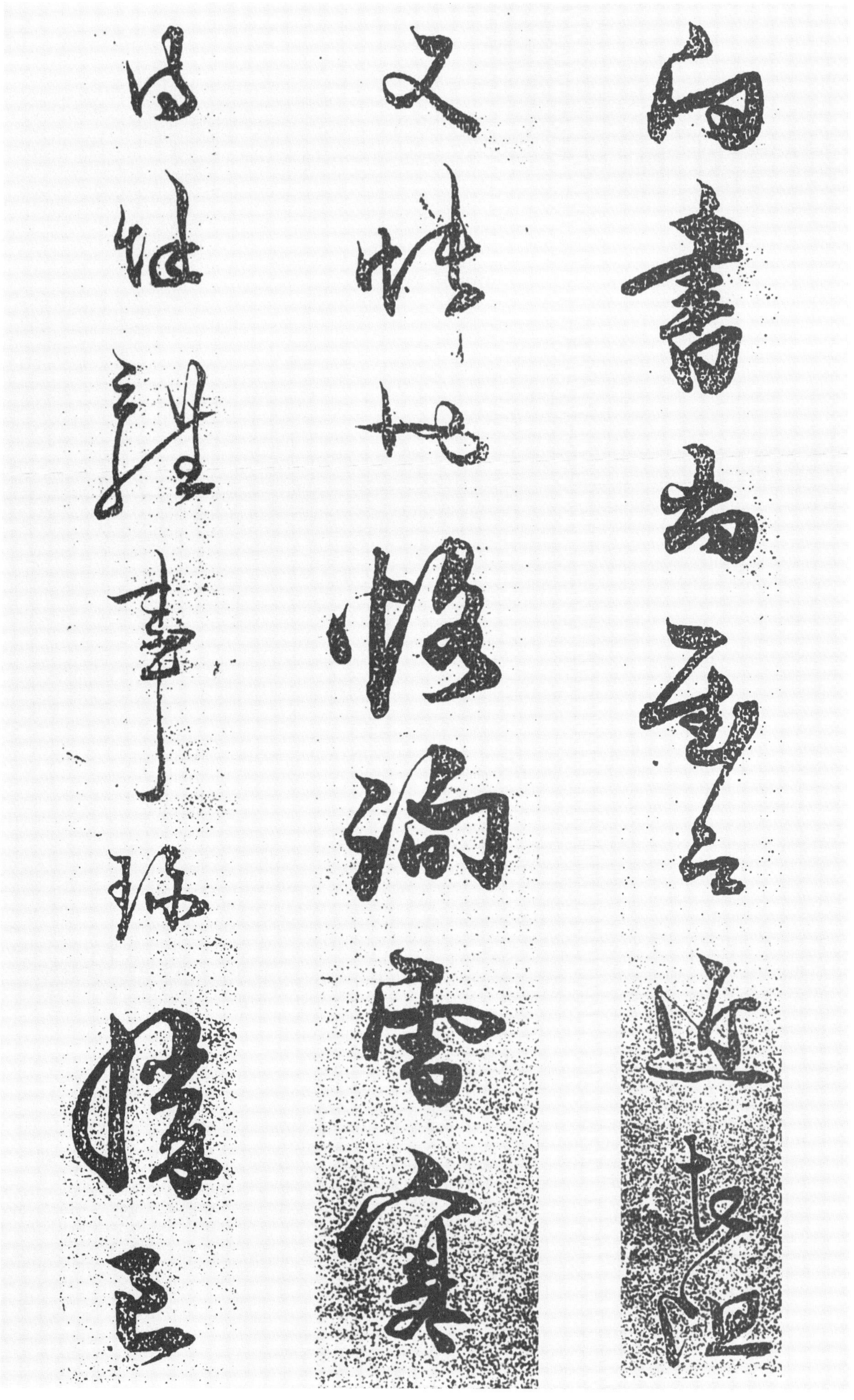

{69}

向書尚慰 而近者阻又悵也 恪詢雪寒 侍餘體事
향서상위 이근자조우창야 각순설한 시여체사

珍勝 區
진승 구

지난번 편지는 지금도 위로가 되지만 근래 격조하여 서운합니다. 삼가 묻노니 눈이 차가운데 부모님 모시고 건강하게 계신지

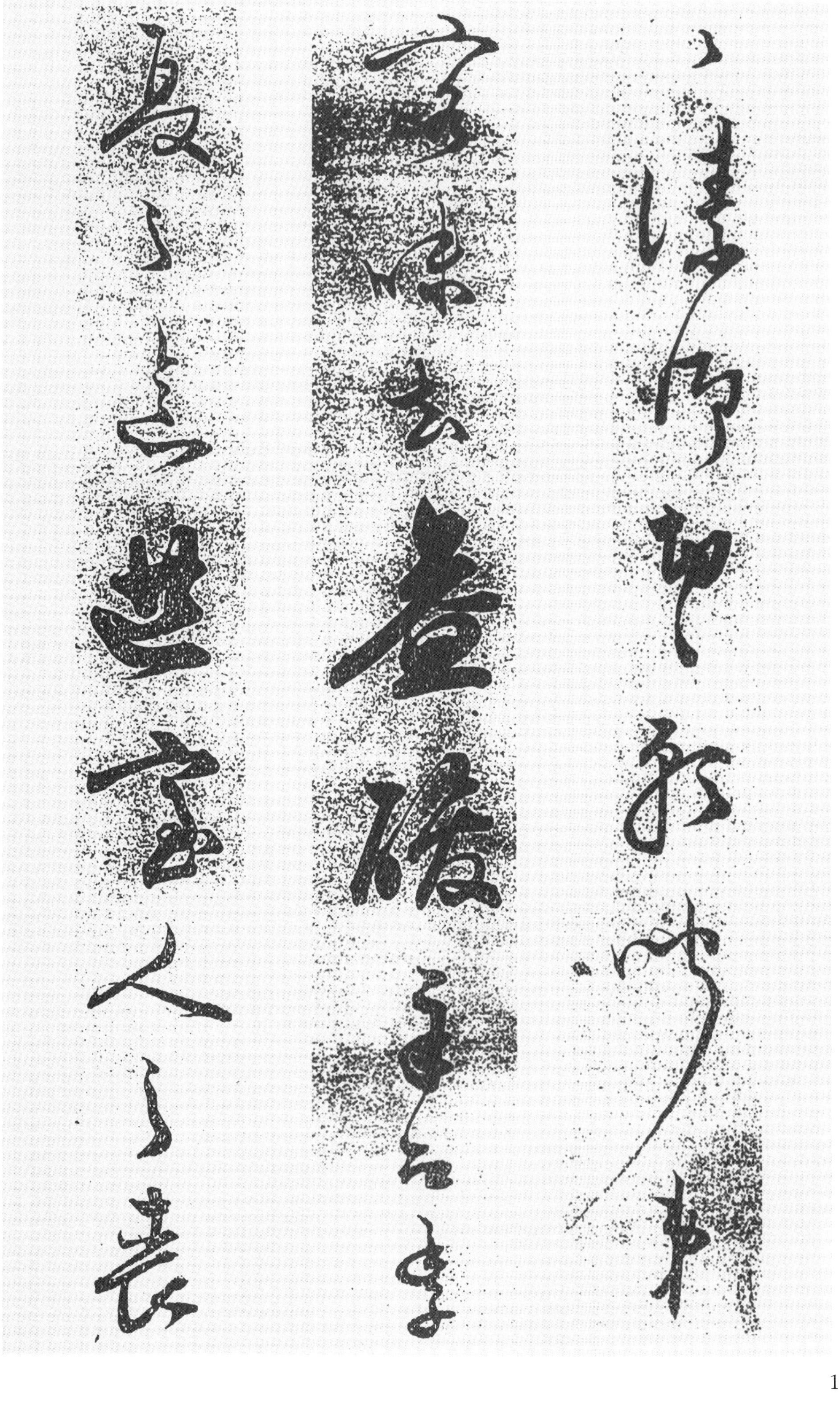

{70}

區溸仰 切切願聞 弟客味去益酸辛 而季夏之念
구 소 앙 절 절 원 문 제 객 미 거 익 산 신 이 계 하 지 념

遭室人之喪
조 실 인 지 상

소식 듣기를 간절히 그리워합니다. 아우는 객지 생활이 갈수록 고달프고 힘든데다 6월 20일 아내의 상을 당하였습니다.

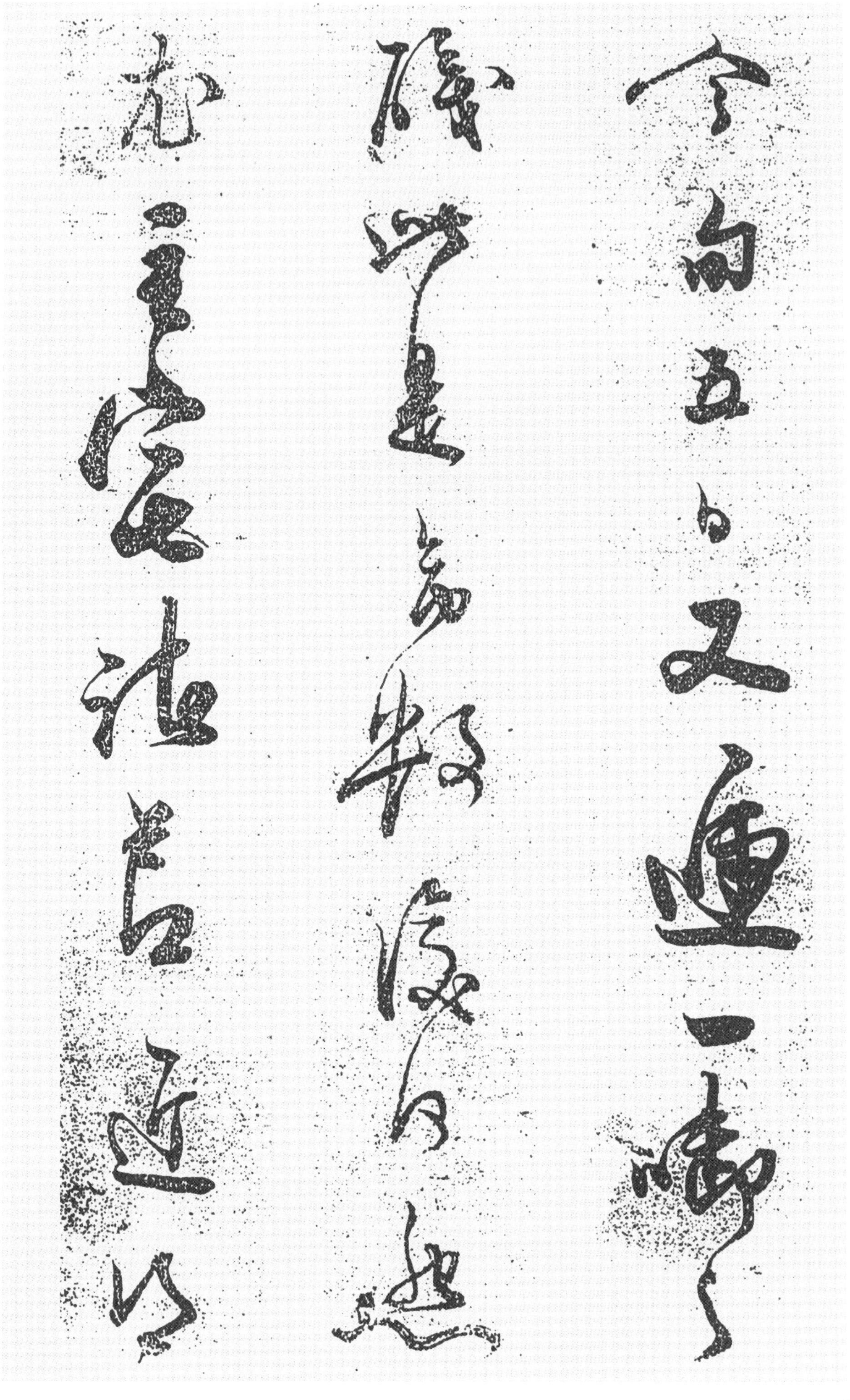

{71}

今旬五日 又遞一啣之職 此是命數復何悲 尤主
금순오일 우체일함지직 차시명수부하비 우주

宅諸節 近得
댁제절 근득

지금 15일 작은 벼슬을 다시 휴직하였는데, 이것이 바로 운명과 운수이니, 다시 슬퍼한들 무엇 하겠습니까! 그중에서도 본가(큰집)의 안부가 근래 좋다고 하고

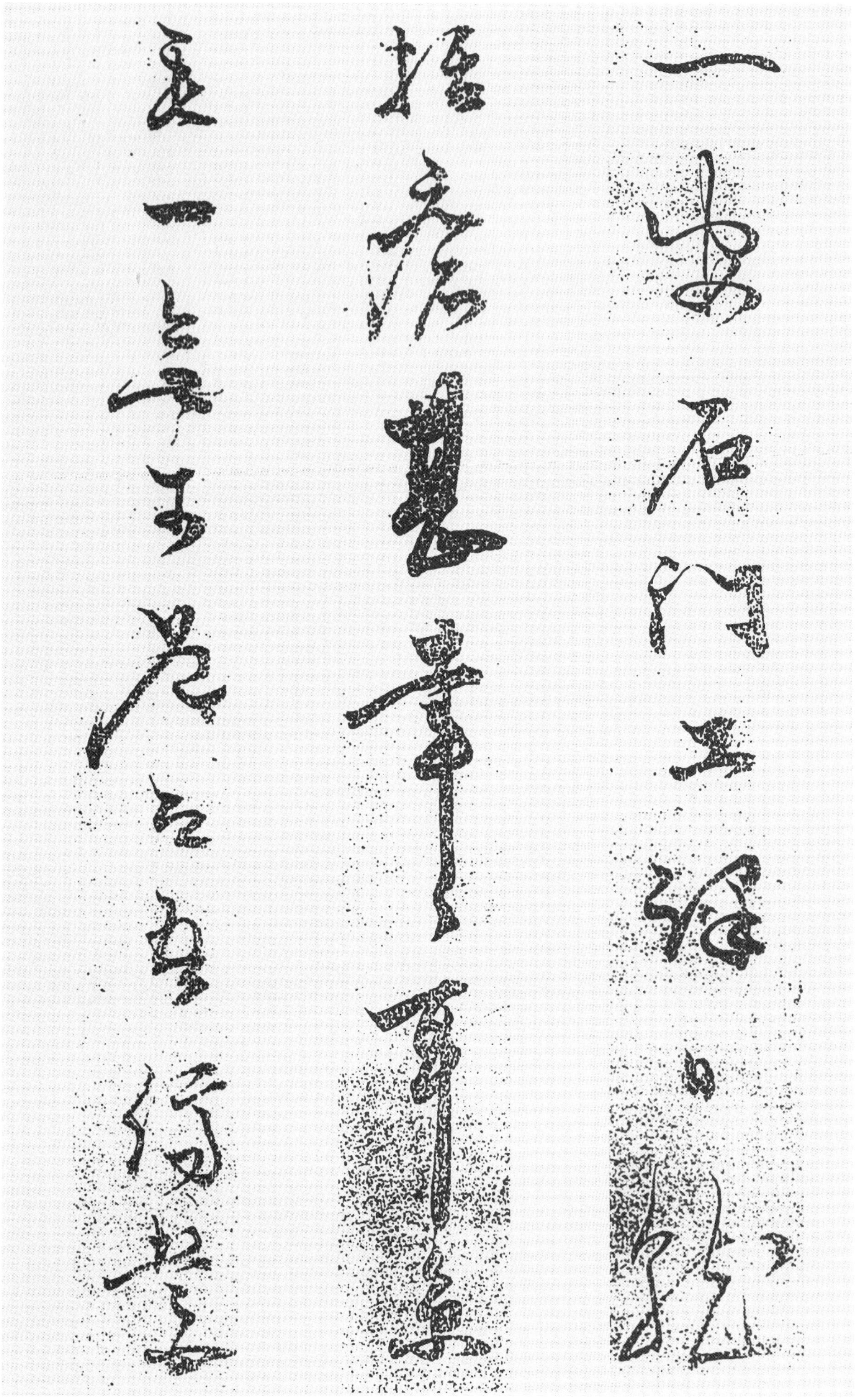

{72}

一安 石門工課日就 括磨甚幸耳 京耗一無可道
일안 석문공과일취 괄마심행이 경모일무가도

而吾儕營
이오제영

석문(호)이 공부에 진취가 있어 날마다 갈고 닦으니, 매우 다행스러운 일입니다. 서울 소식은 말씀드릴만한 것이 없습니다. 우리들은 일에 골몰하여

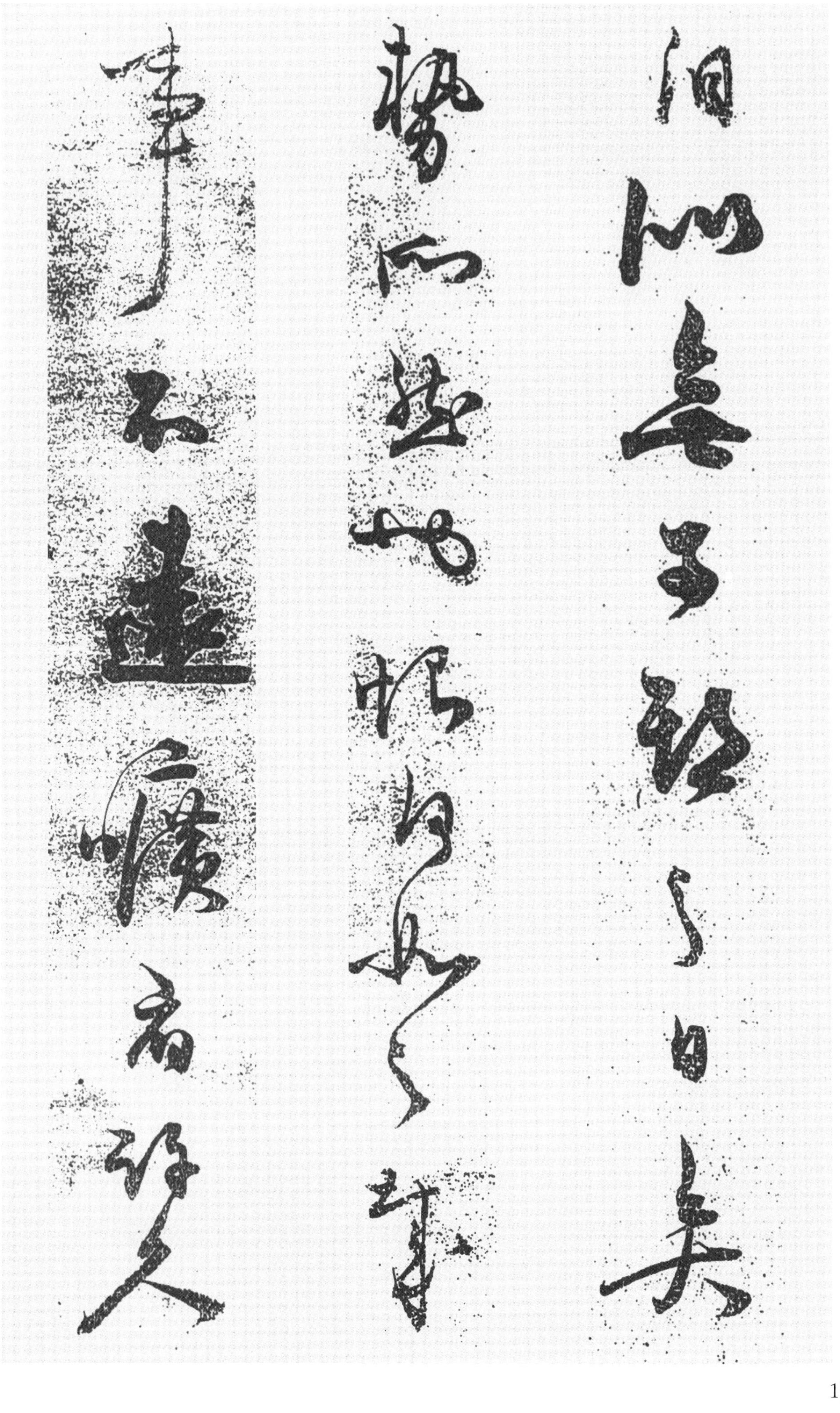

{73}

汨 似無可期之日矣 勢所然也 恨何如之 歲事
골 사무가기지일의 세소연야 한하여지 세사

不遠 曠省許久
불원 광성허구

만날 수 있는 날이 없을 듯합니다. 형편이 이러하니 한스러움이 어찌 이와 같습니까! 세월 가는 것이 멀지 않으니 부모님께 인사를 드리지 못한 날이 오래되었습니다.

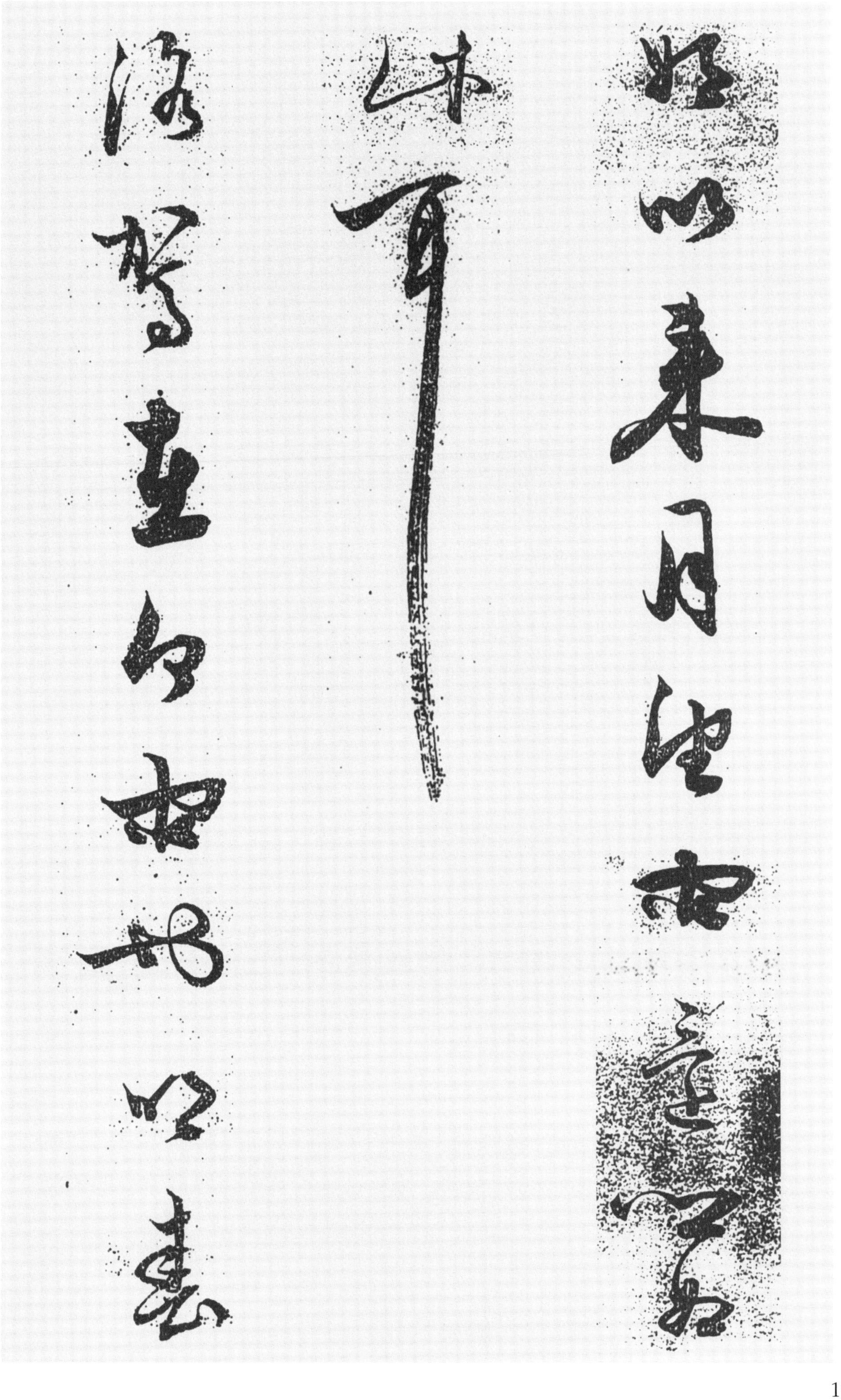

{74}

將以來月望間 還鄕爲計耳 洛駕在何間也 明春

장 이 래 월 망 간 환 향 위 계 이 낙 가 재 하 간 야 명 춘

다음 달 보름 사이에 고향으로 돌아올 계획입니다. 서울로 가는 편(가마)이 언제쯤 있습니까!

내년 봄에

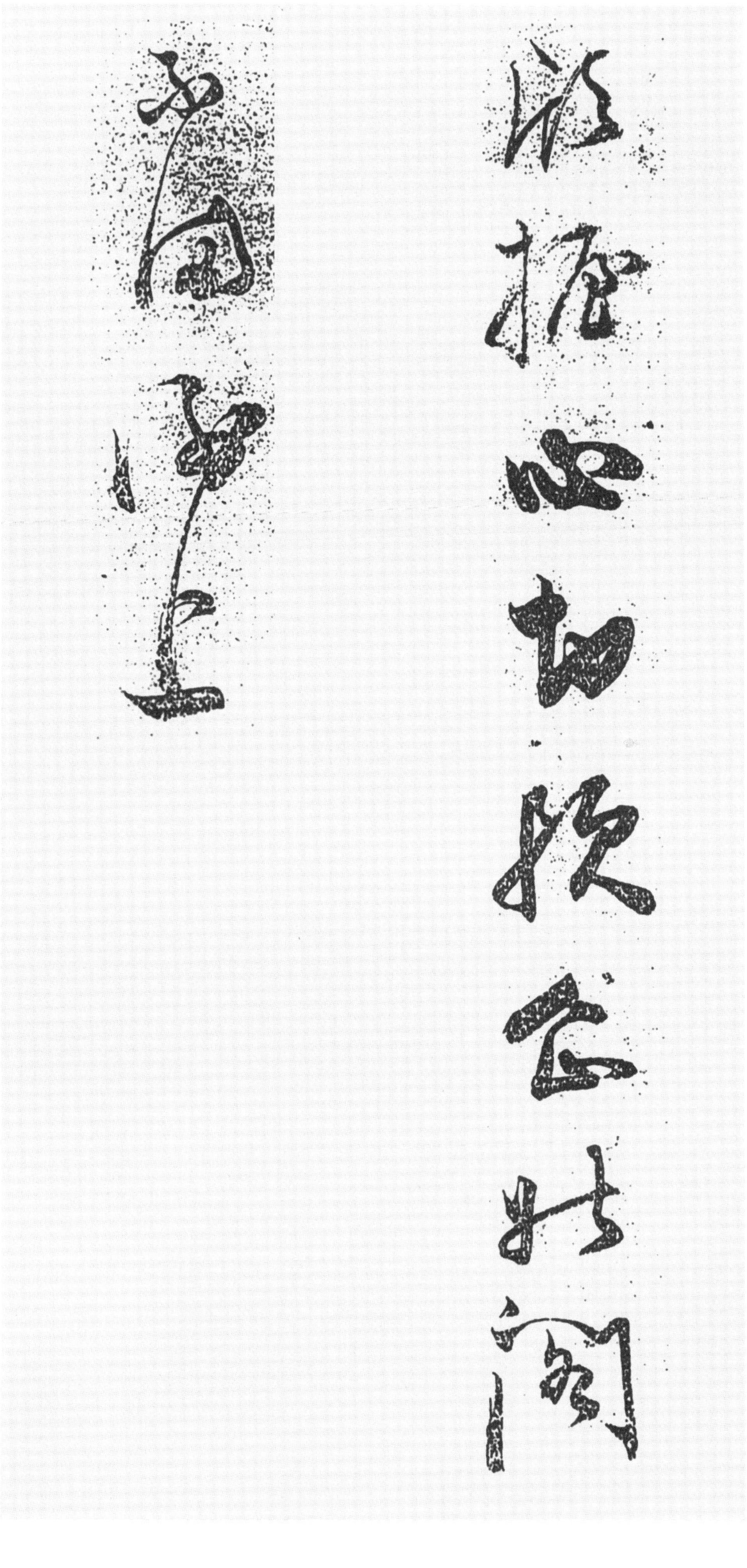

{75}

欣握心切預企 姑閣不備謝上
흔 악 심 절 예 기 고 각 불 비 사 상

벗을 기쁘게 만날 날을 마음속으로 간절히 기대합니다. 이만 줄이며 각하에게 감사의 인사 올립니다.

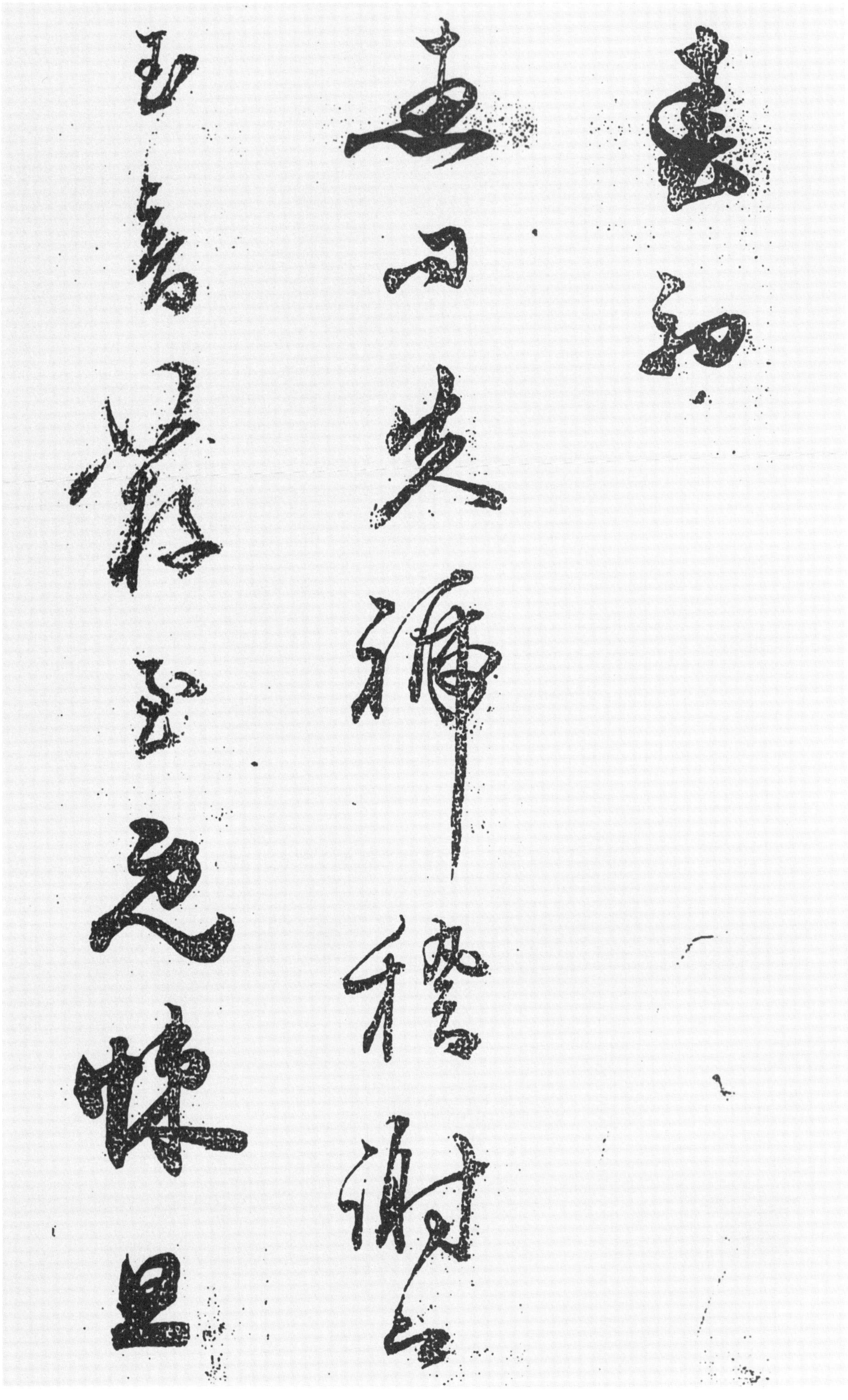

{76}

春初 惠問失褫稽謝 而玉音荐至 旣悚且
춘 초 혜 문 실 사 계 사 이 옥 음 천 지 기 송 차

이른 봄에 보내신 편지는 인편을 놓쳐서 답신을 미뤘는데, 서신이 다시 도착하니, 송구스럽고 감사합니다.

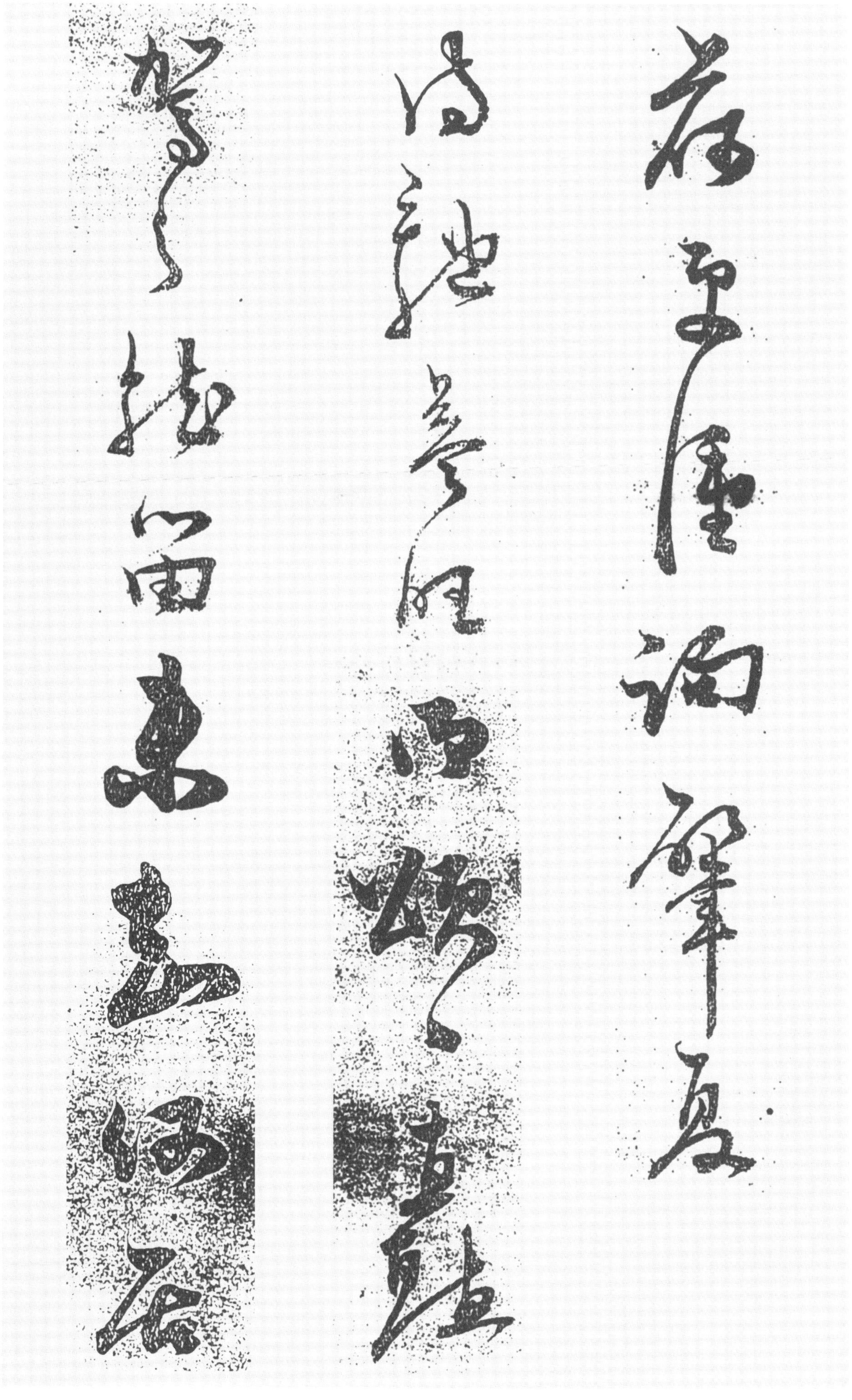

{77}

荷 更謹詢季夏侍體益旺 仰頌仰頌 矗駕之就留
하 경 근 순 계 하 시 체 익 왕 앙 송 앙 송 촉 가 지 취 유

未知何居
미 지 하 거

다시 삼가 말합니다. 이른 여름에 부모님 모시고 잘 계시다니, 우러러 송축합니다. 촉석루에 나갔는데 머무르는 곳이 어디인지 알지 못하고

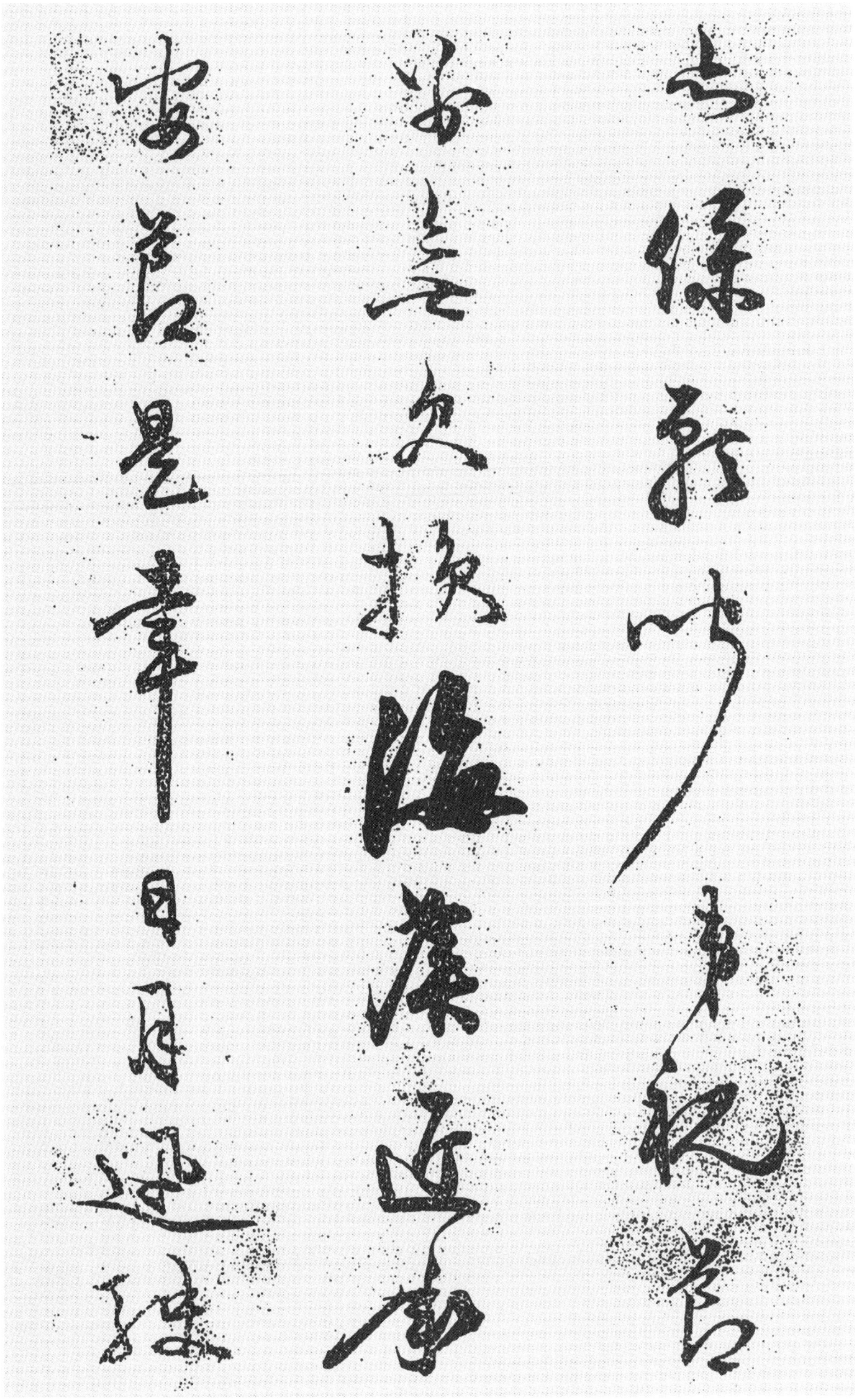

{78}

亦係願聞　弟視節別無欠損　海候近承安節是幸
역계원문　제시절별무흠손　해후근승안절시행

日月迅駟
일월신사

또한 머무르는 곳이 어딘지 알고 싶습니다. 아우는 절기를 보면서 별 탈 없이 지냅니다.

어촌 사람의 안부도 근래에 받았는데 잘 있다니 다행입니다. 세월이 빨라서

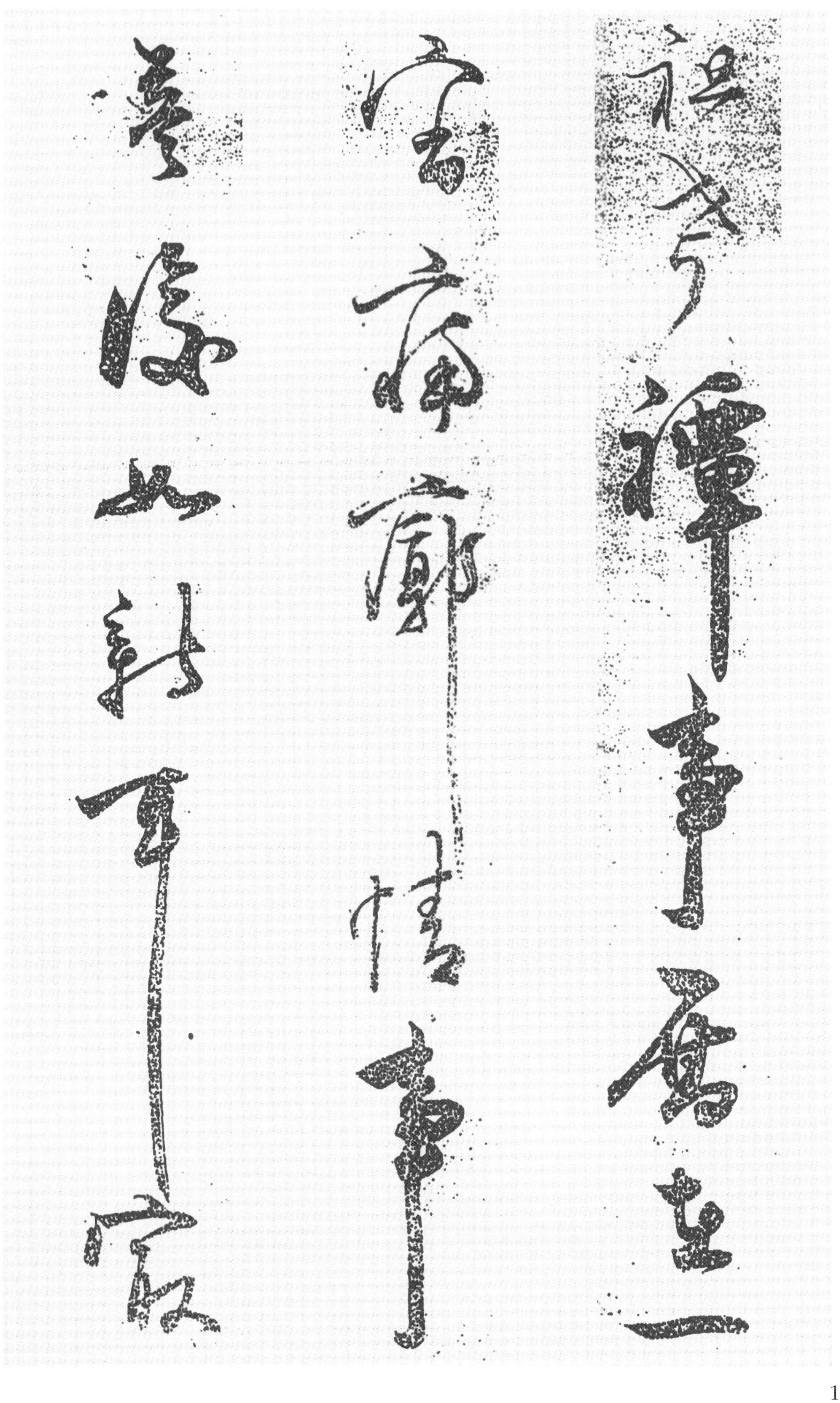

{79}

祖考禫事隔在一宵 痛廓情事益復如新耳 最
조 고 담 사 격 재 일 소 통 곽 정 사 익 복 여 신 이 최

할아버지의 담제(禫祭)가 하룻밤 남았으니, 가슴 아픈 회포가 다시금 더욱 새롭습니다.

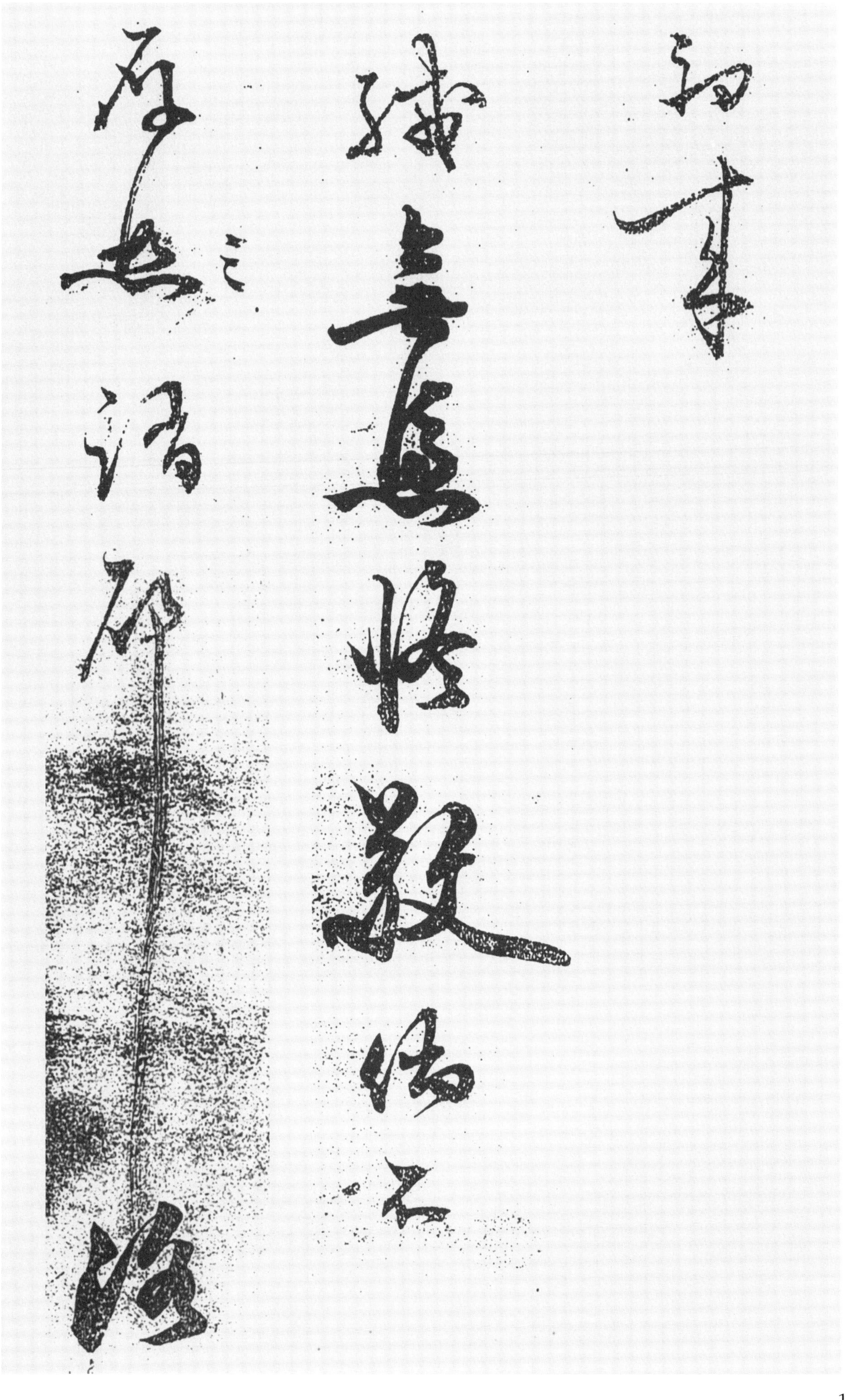

{80}

初來緘無憑修敬 儻不厚恕誚耶 洛
초 내 함 무 빙 수 경 당 불 후 서 초 야 낙

처음 보내신 편지에 예의를 차리지 못하고 답장을 보내지 못하였으니 깊이 꾸짖어주십시오.

서울에

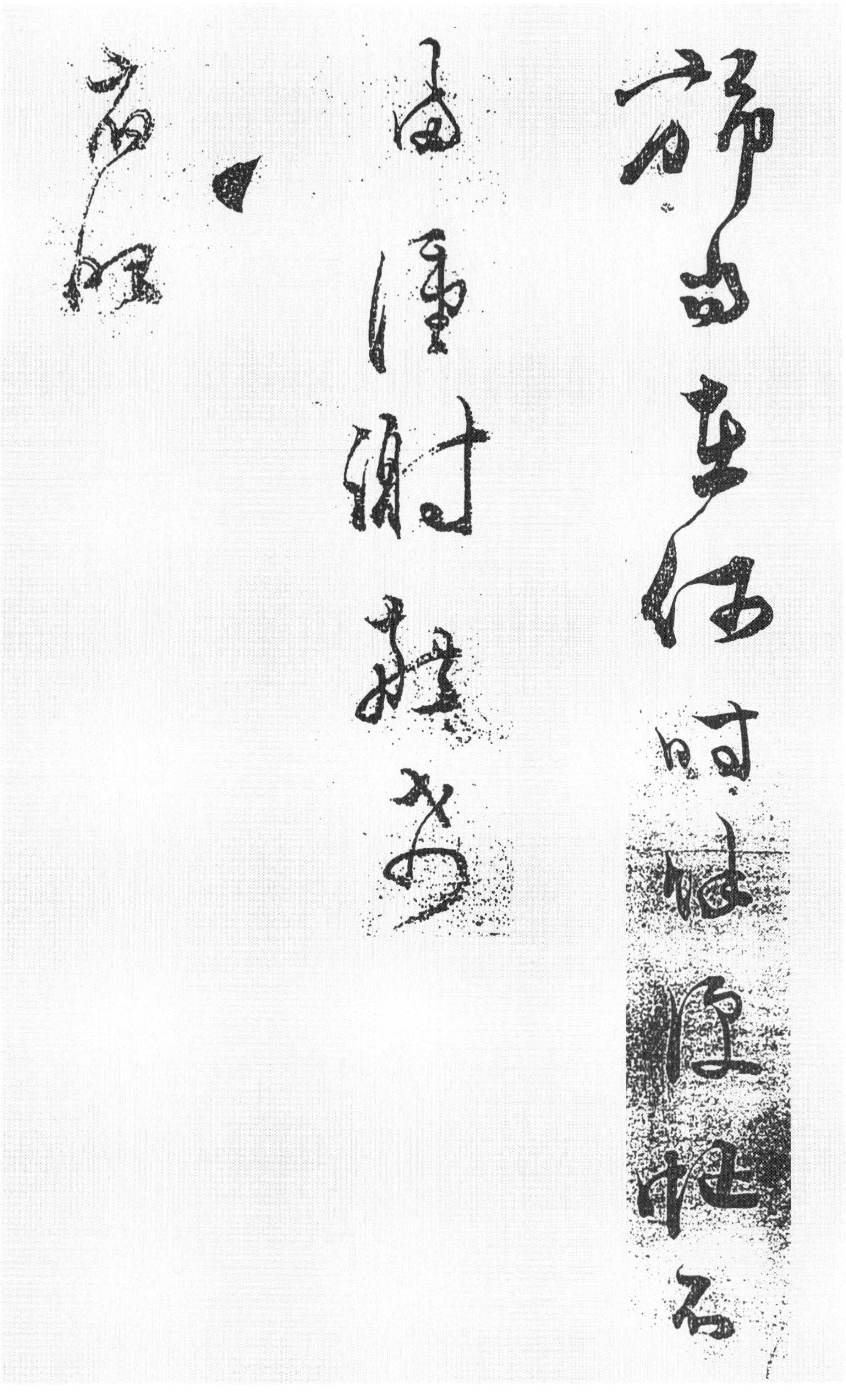

{81}

旆當在何時 餘便忙不備 謹謝敬希省旺
패 당 재 하 시 여 편 망 불 비 근 사 경 희 성 왕

가는 행차는 언제입니까! 나머지는 인편이 바쁜 관계로 이만 줄이니 편안히 계시기를 바랍니다.

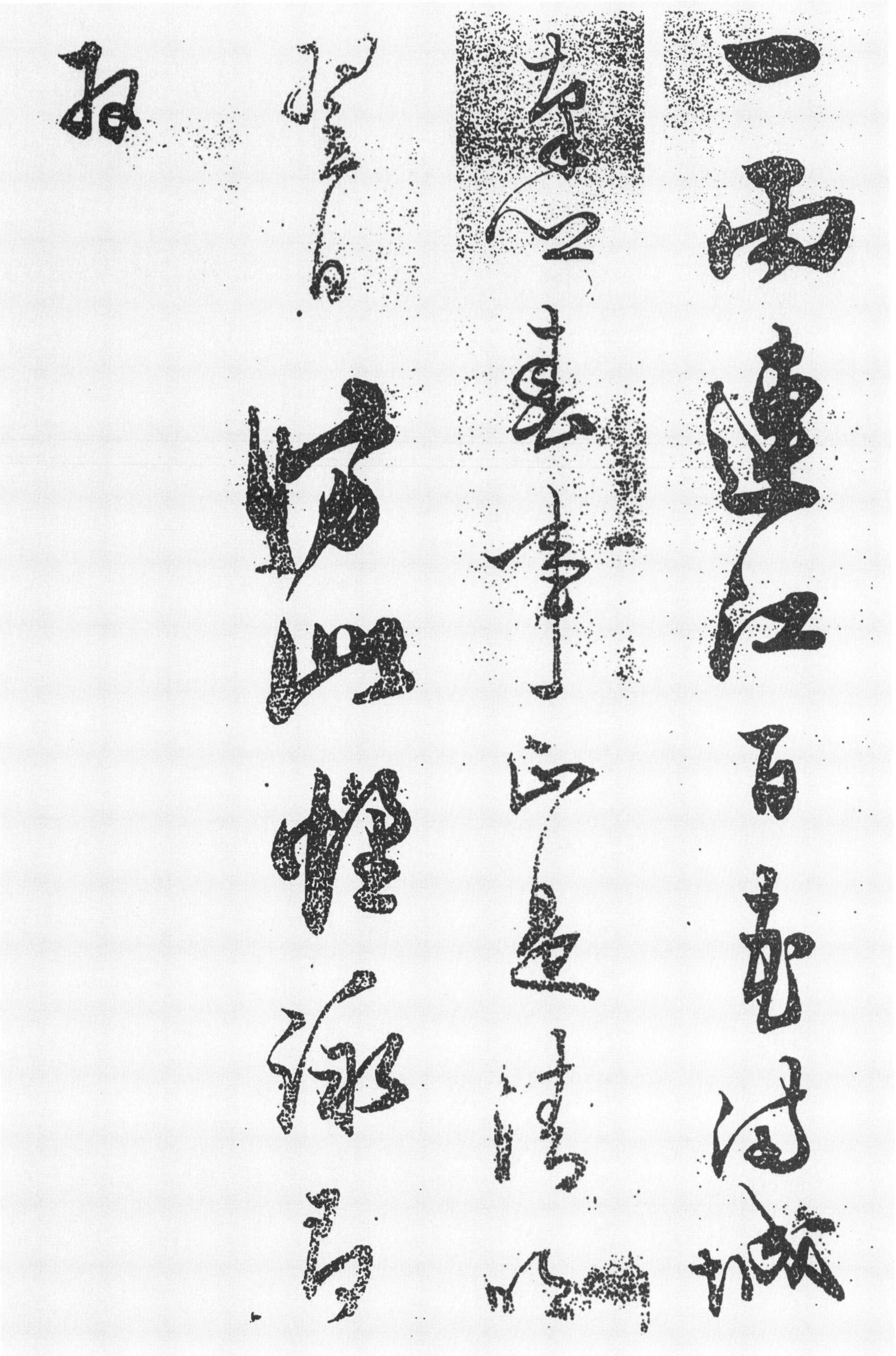

{82}

一雨連江百花滿城 南鄉春事正是淸明 翌日訪此懷詠卽拜

일우연강백화만성 남향춘사정시청명 익일방차회영즉배

한차례 내리는 빗물이 강에 이르고 백화가 동산에 가득합니다. 남쪽 고향의 봄은 지금이 청명절인지라 내일 그곳을 찾아가서 시를 읊을 생각이니, 그때 뵙겠습니다.

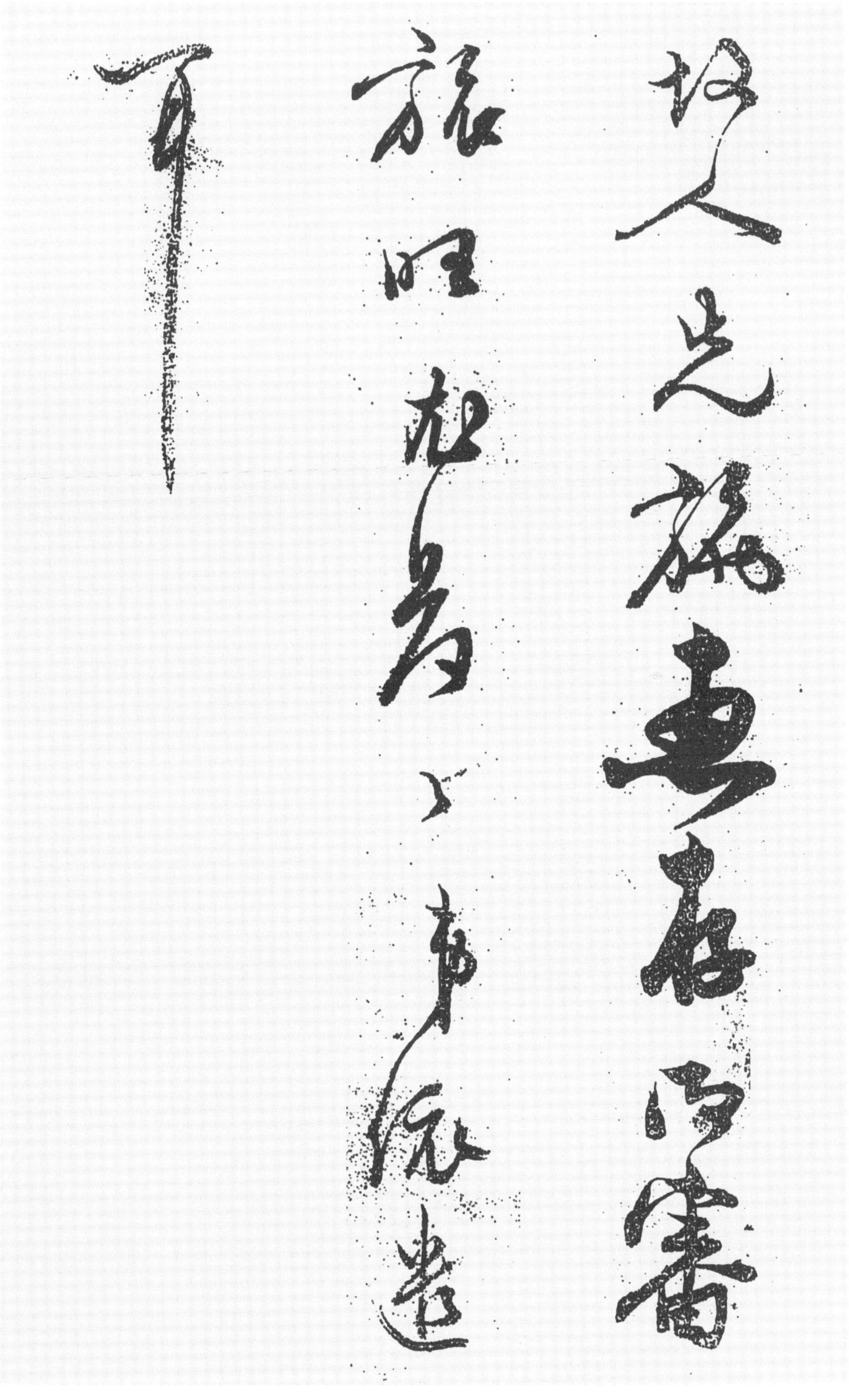

{83}

故人先施惠存 仰審旅旺 尤荷尤荷 弟依遣耳

고 인 선 시 혜 존 앙 심 여 왕 우 하 우 하 제 의 견 이

벗이 먼저 보낸 편지에 객지 생활의 편안함을 알고는 더욱 반가웠습니다. 저는 그럭저럭 잘 있습니다.

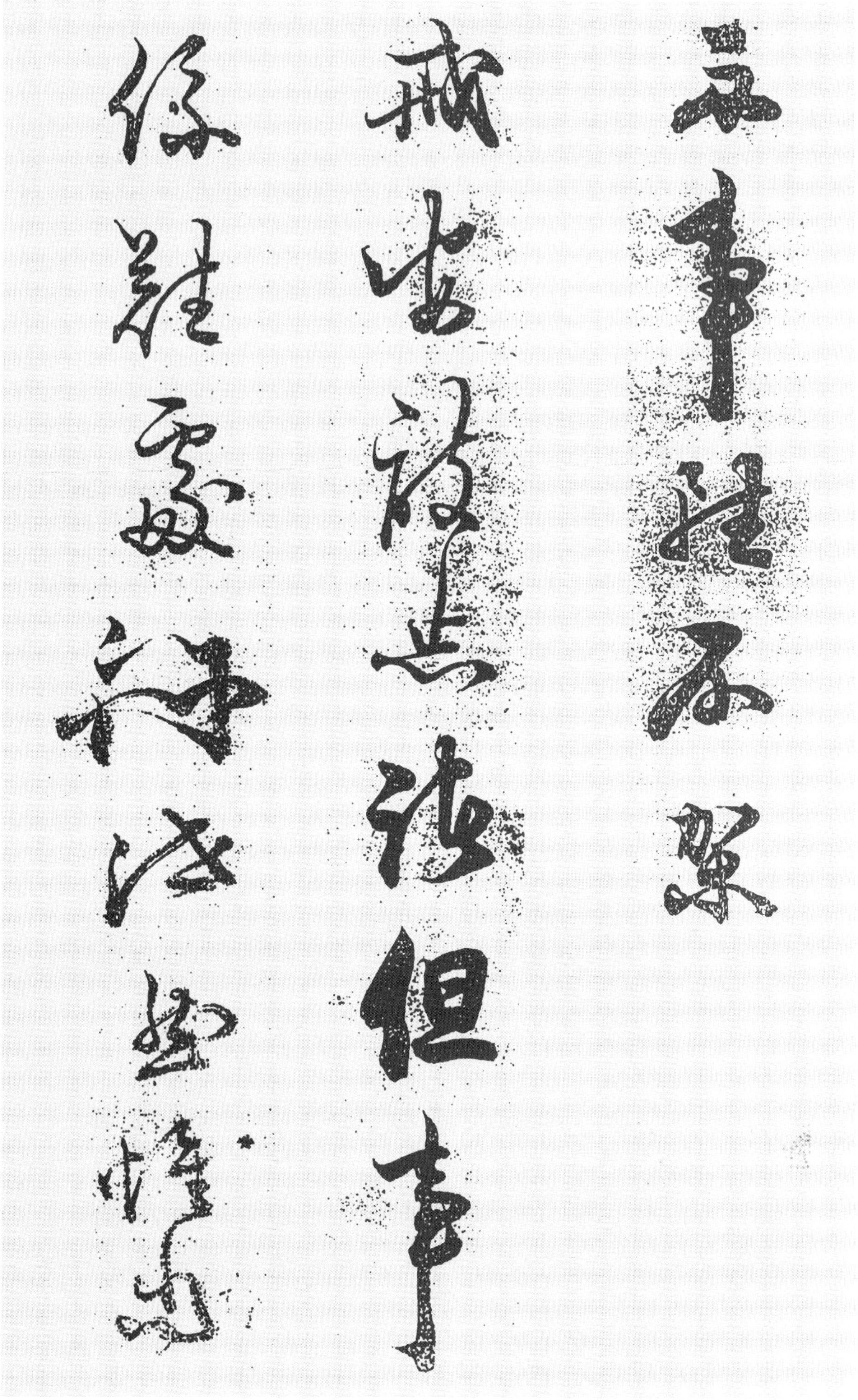

{84}

示事雖不架戒 安敢忘諸 但事係難處悶泄 然惟當
시 사 수 불 가 계 안 감 망 제 단 사 계 난 처 민 설 연 유 당

보낸 편지에는 비록 더 말하지 않더라도 어찌 감히 잊을 수 있겠습니까! 다만 난처한 일로 걱정이 가득합니다만,

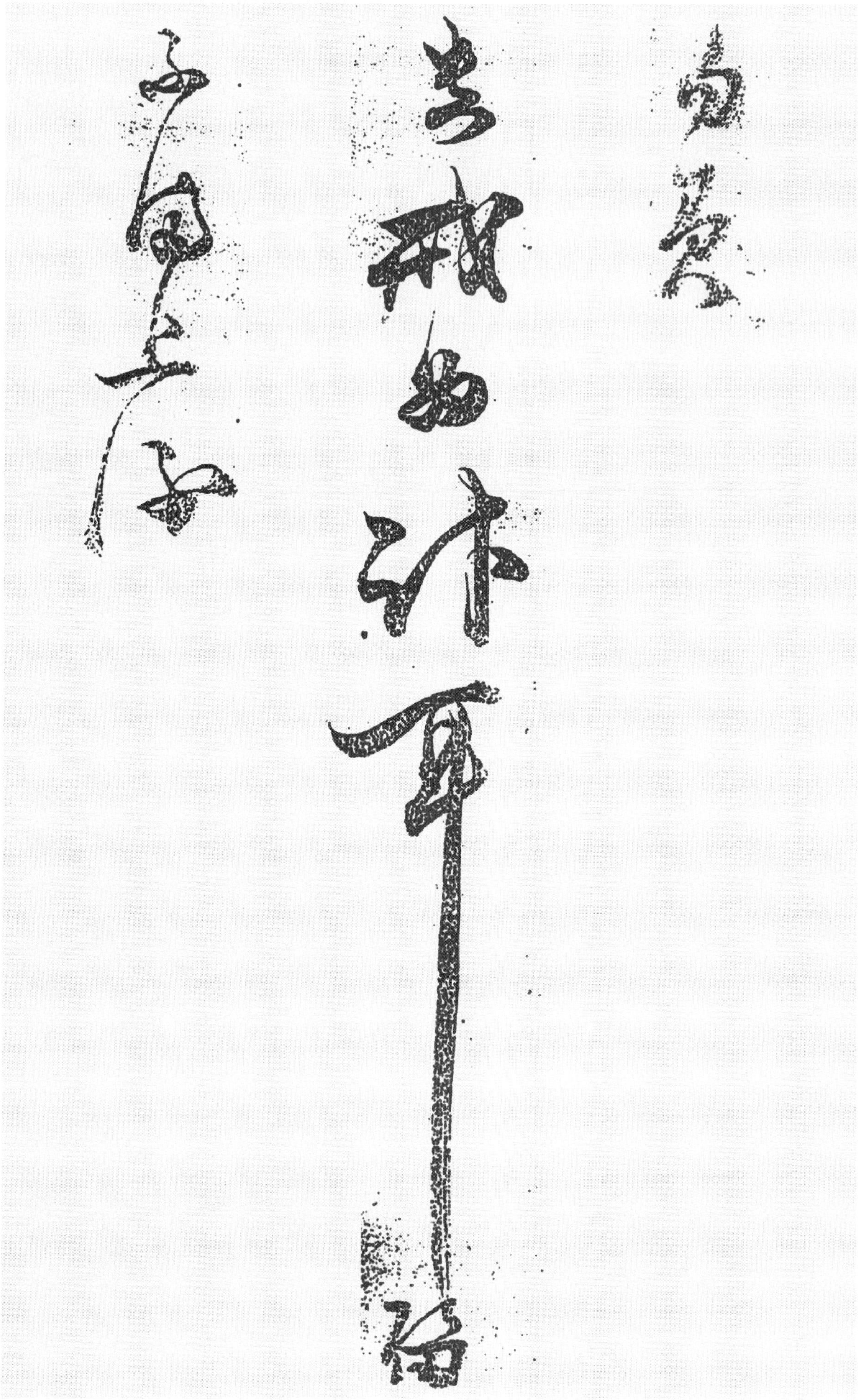

{85}

勿負貴戒爲計耳 留不備上謝
물 부 귀 계 위 계 이 유 불 비 상 사

그대의 가르침을 잊지 않을 계획이며 나머지는 예의를 갖추지 못하고 이만 줄입니다.

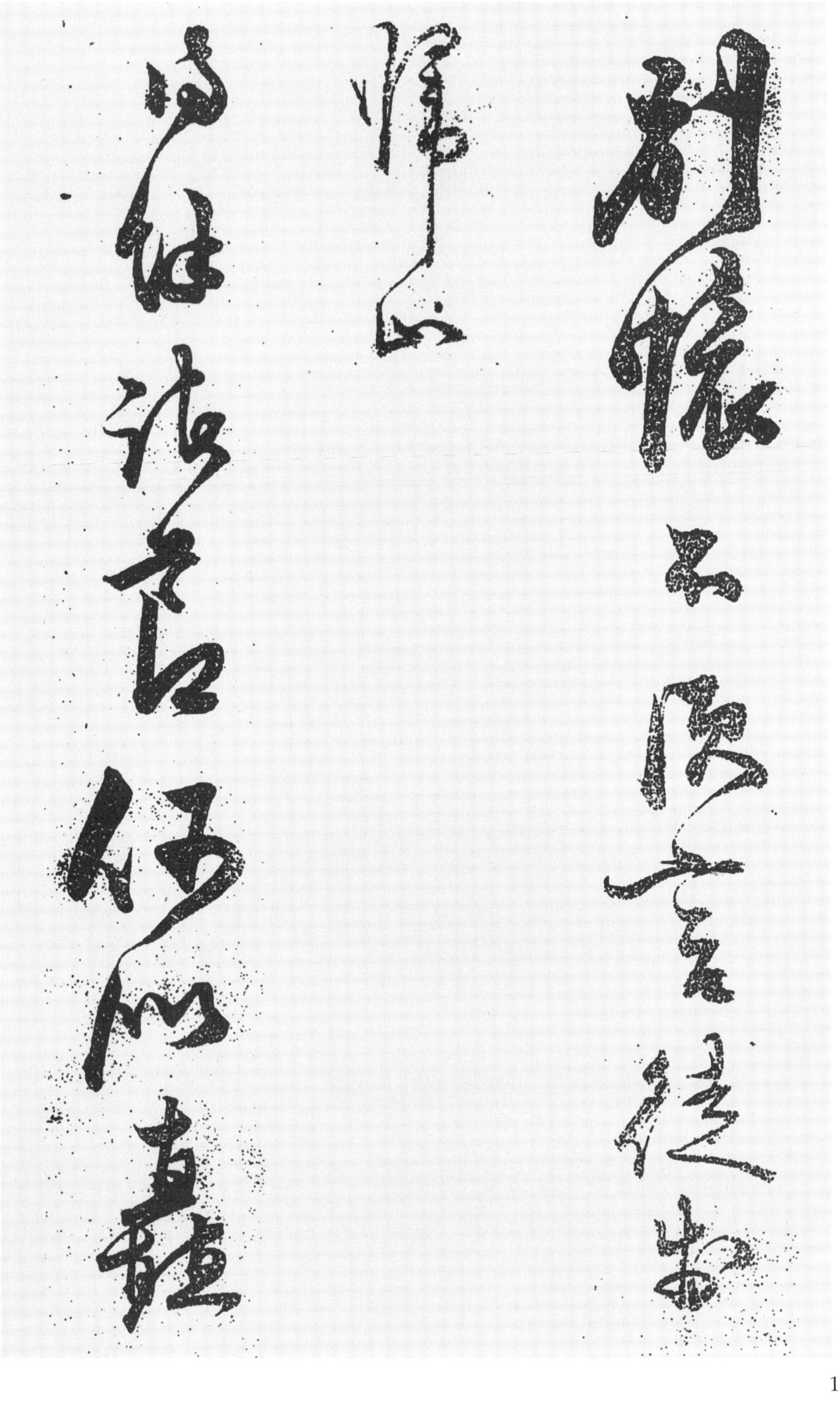

{86}

別懷不須言 徒步歸止 侍餘諸節何似矗
별 회 불 수 언 도 보 귀 지 시 여 제 절 하 사 촉

이별의 아픈 마음을 말하지 못하고 걸어 다니다가 집으로 왔습니다. 부모님 모시고 어떻게 지내시며 촉석루는 언제 다시 가려는지요.

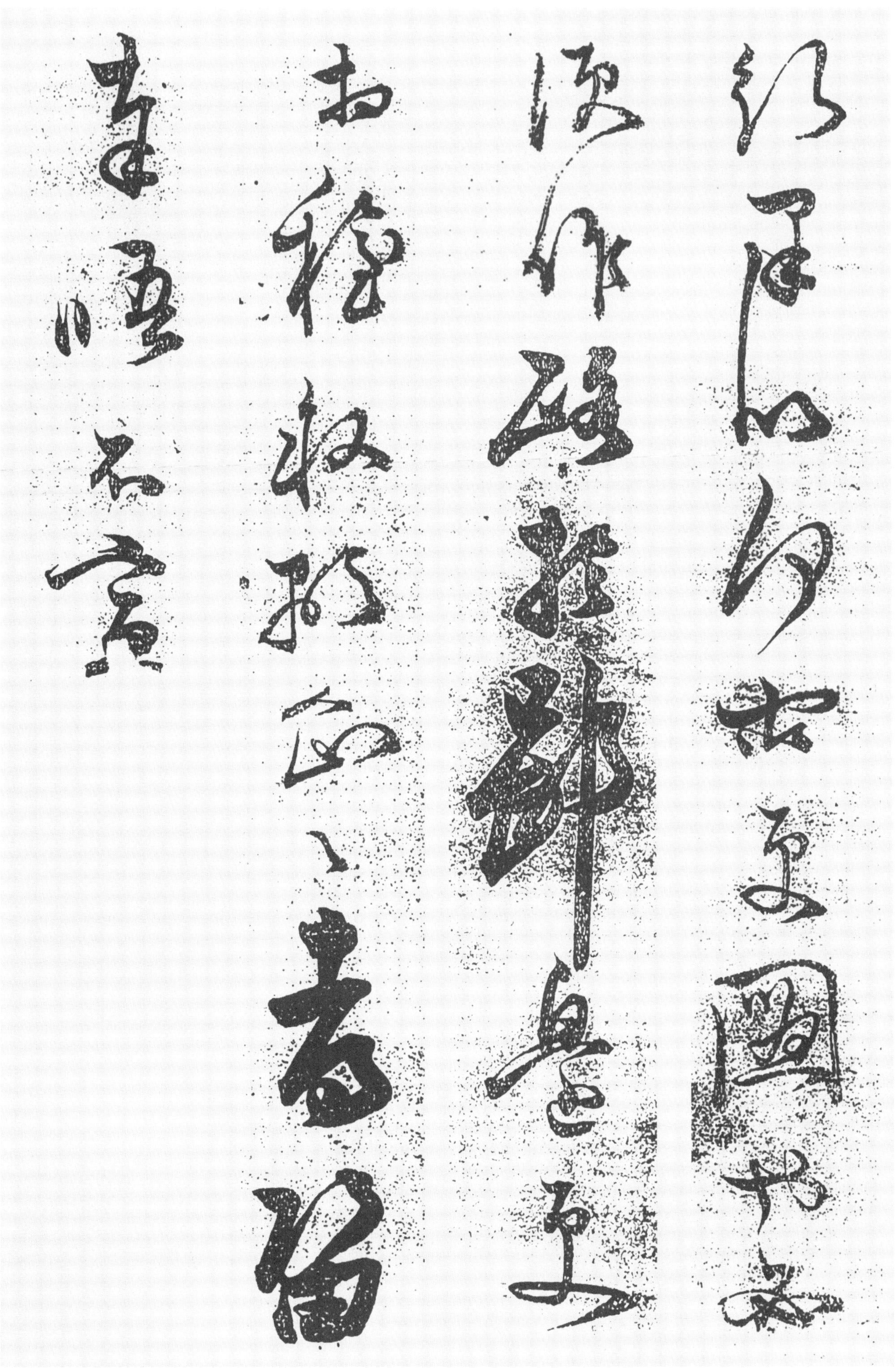

{87}

行 果以何間更圖也 必須作路於鄙邊 更相穩敍
행 과이하간경도야 필수작로어비변 경상온서

縣企縣企 都留奉晤不宣
현기현기 도유봉오불선

반드시 저희 쪽으로 길을 내시어 서로 만나서 대화하기를 바랍니다. 모든 것은 만나서 담소하기로 하고 이만 줄입니다.

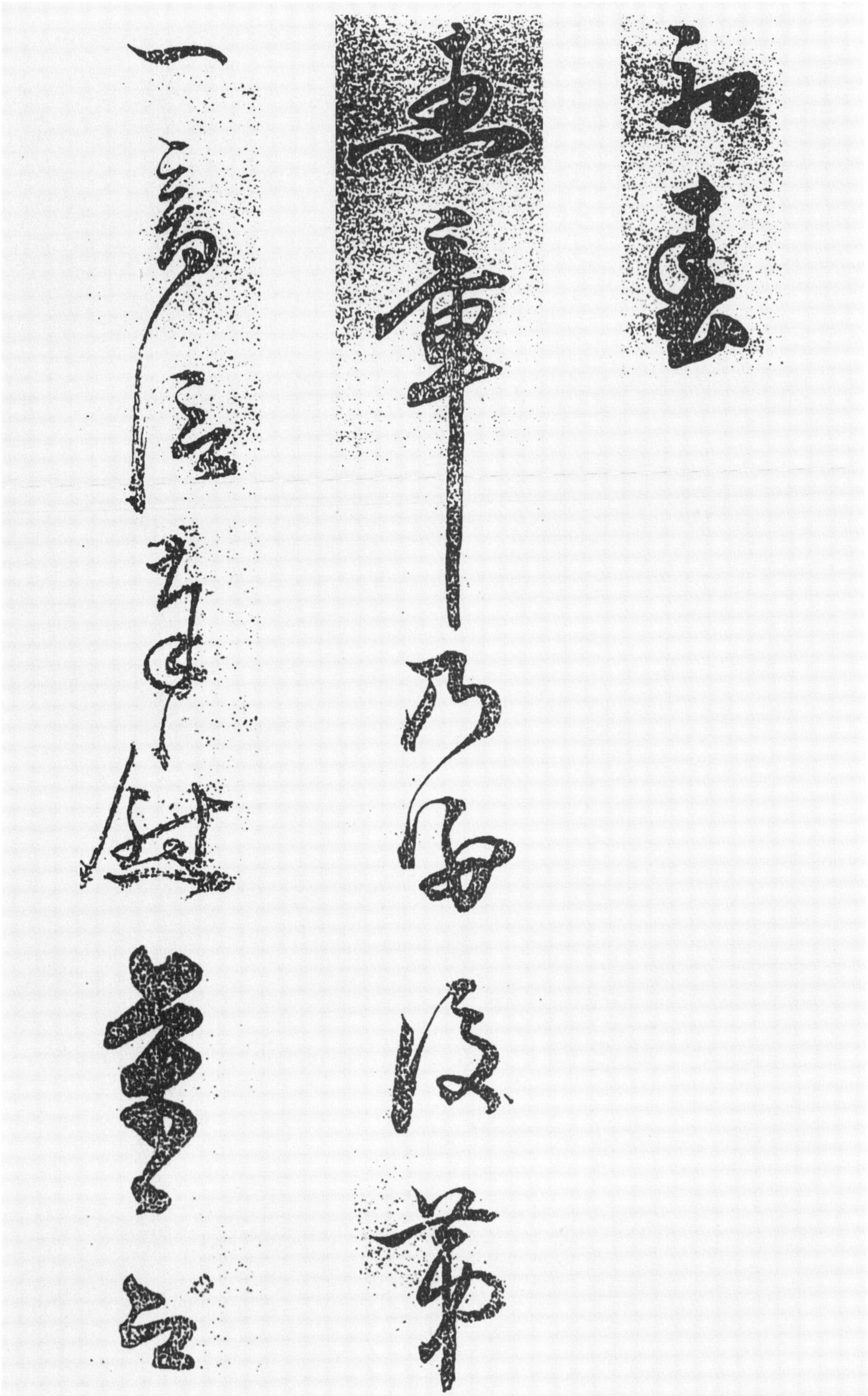

{88}

初春惠章 乃別後第一音信 奉慰萬萬 而
초춘혜장 내별후제일음신 봉위만만 이

이른 봄 보내주신 문장과 이별 후에 제일 먼저 보내주신 편지는 크게 위로가 되었지만,

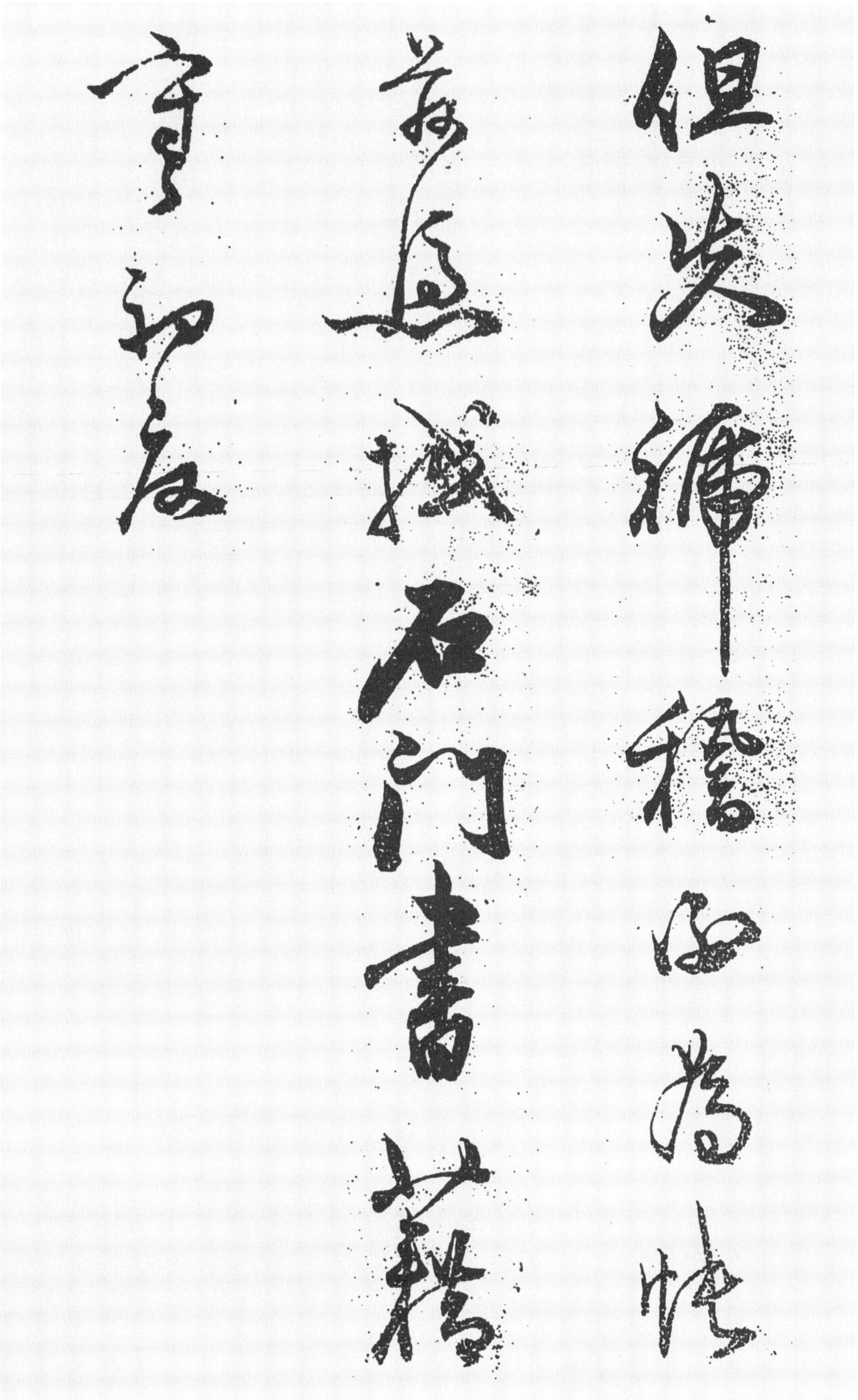

{89}

但失褫稽謝爲悵 茲憑抵石門書籍審 初夏
단 실 사 계 사 위 창 자 빙 저 석 문 서 적 심 초 하

다만 답신을 못한 것이 서운합니다. 여기 석문에게 보내는 편지를 보내니 살펴보시기 바랍니다. 이른 여름

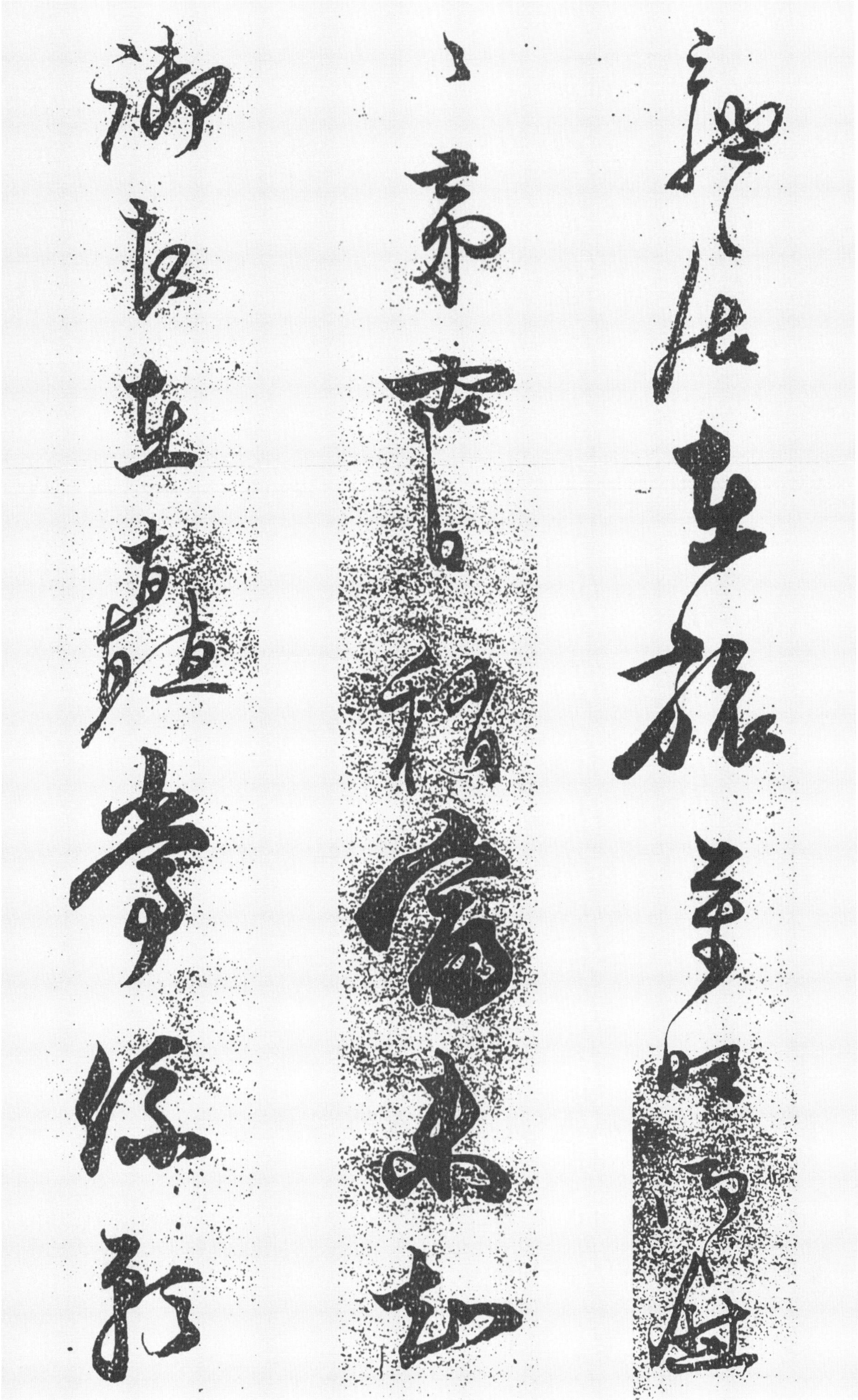

{90}

體居在旅萬旺仰慰仰慰 第間日稍寢 未知御者
체 거 재 려 만 왕 앙 위 앙 위　제 간 일 초 침　미 지 어 자

在矗 常係願
재 촉　상 계 원

객지 생활하면서 잘 계시다 하니 위로가 됩니다. 단지 그동안 잠시 쉬느라고 마부가 촉석루에 있는지 알 수가 없어 항상 소식을 듣고 싶었습니다.

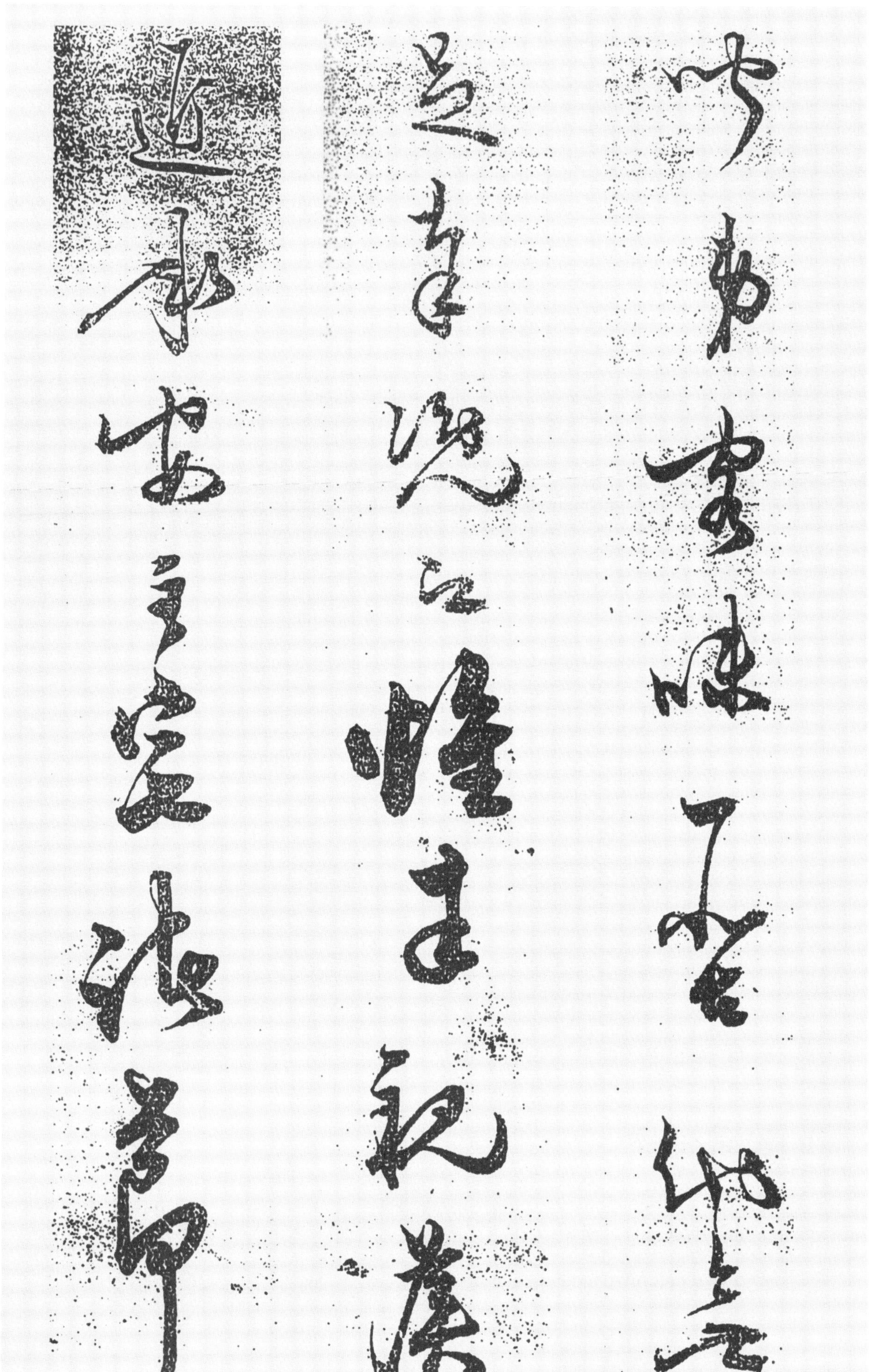

{91}

聞 弟客味一苦 他無足奉浼 而惟幸親候近承安
문 제객미일고 타무족봉매 이유행친후근승안

主宅諸節
주댁제절

저는 객지 생활이 고달파서 드릴 말씀이 없습니다만, 단지 바라는 것은 부모님이 근래에 평안하신지와 본가가 모두 잘 계신지를 듣는 것입니다.

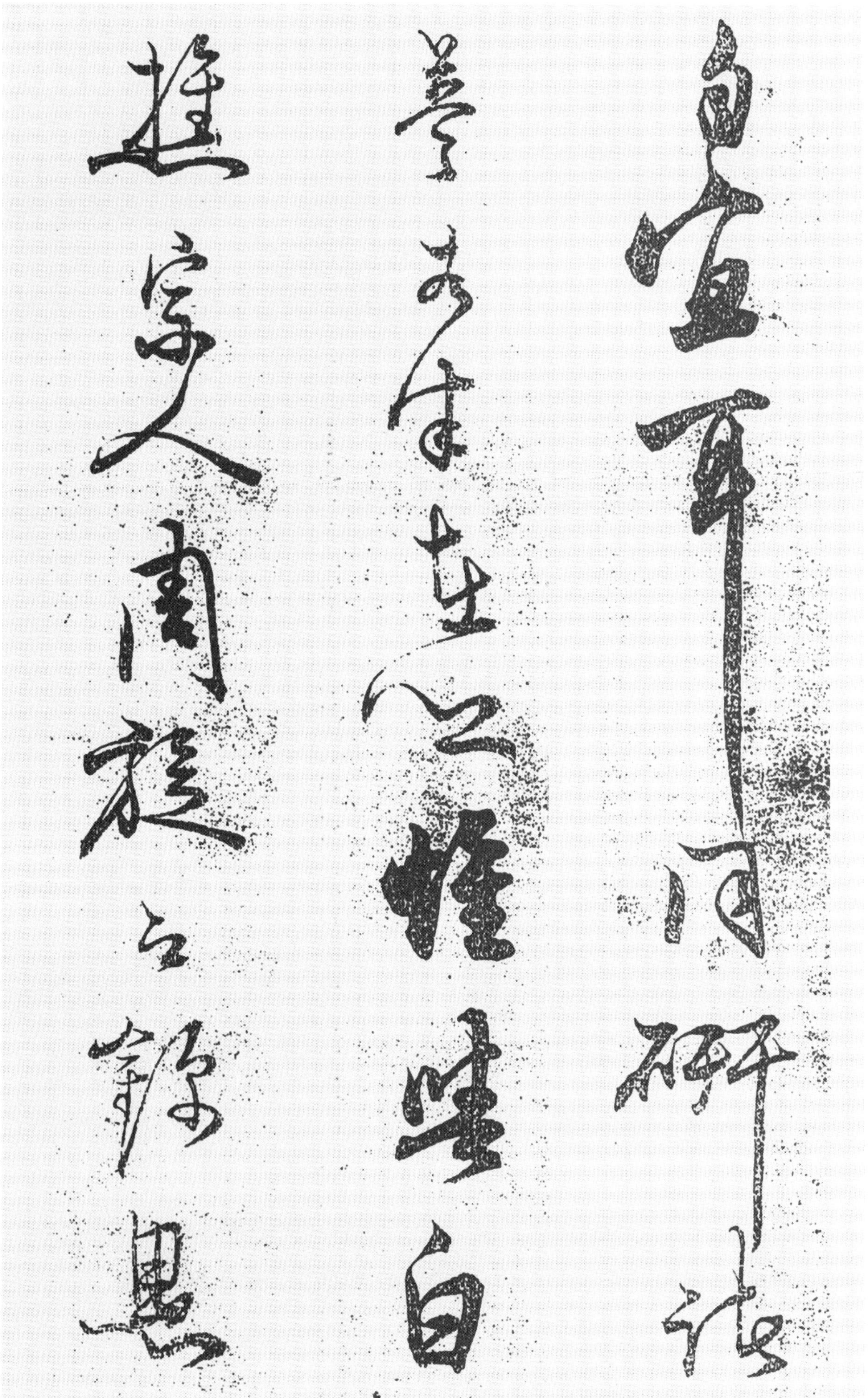

{92}

自宜耳 同硏諸益太半在鄕 惟與白樵宗人周旋
자의이 동연제익태반재향 유여백초종인주선

而錦愚
이금우

같이 배우는 벗들 태반이 고향에 있어서 오직 백초종인과 함께 교제하면서 금우를

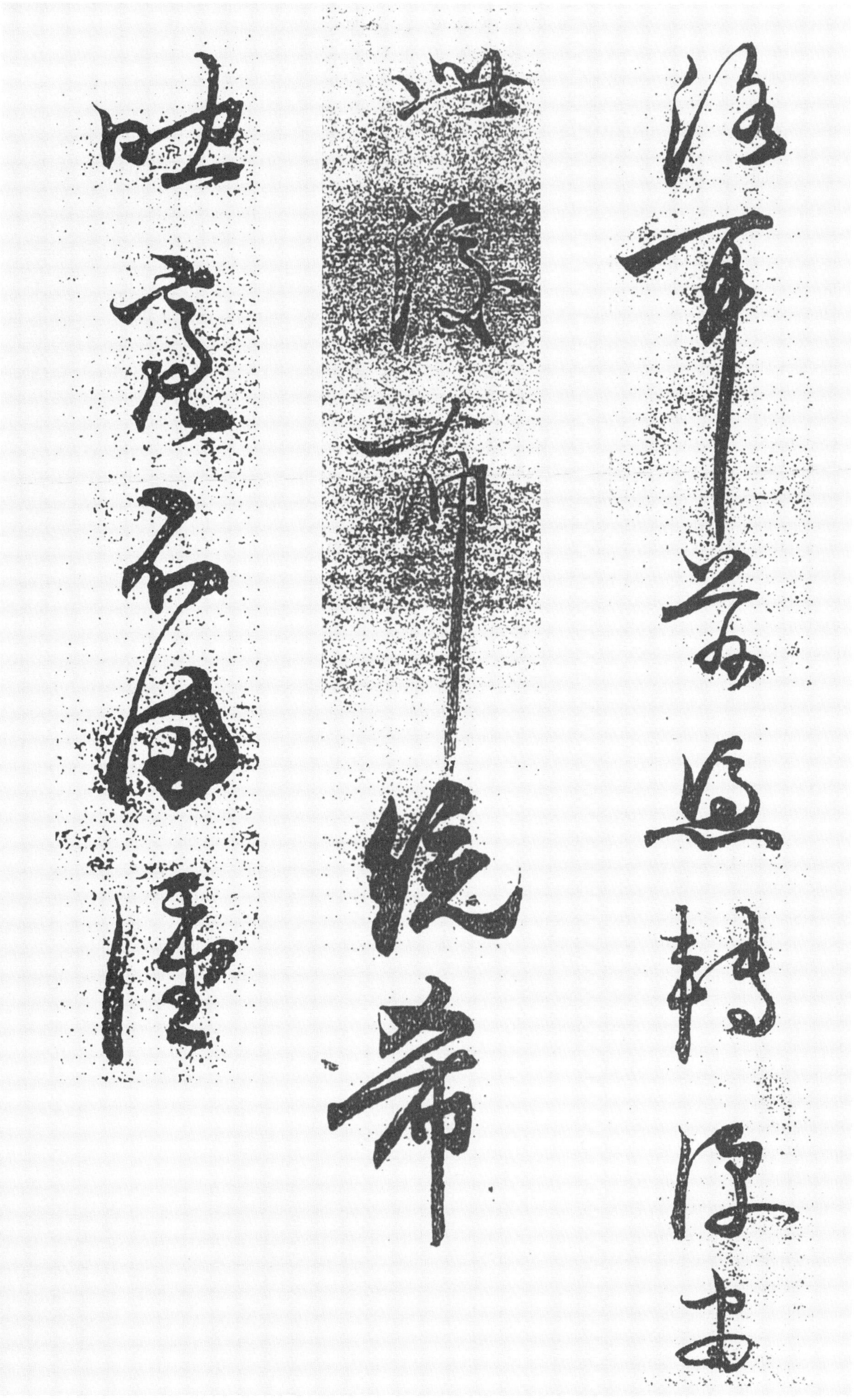

{93}

(間遭 別艱下去尙未上)洛耳 玆憑轉便肅此復
간조 별간하거상미상 락이 자빙전편숙차복

布 統希照亮不備謹
포 통희조량불비근

근간에 만났는데 다른 어려운 일을 당하여 아래로 내려갔다가 아직 서울로 올라오지 않았습니다. 이에 전하는 편지가 있어서 삼가 엄숙하게 올리니, 살펴보시기 바라며 이만 줄입니다.

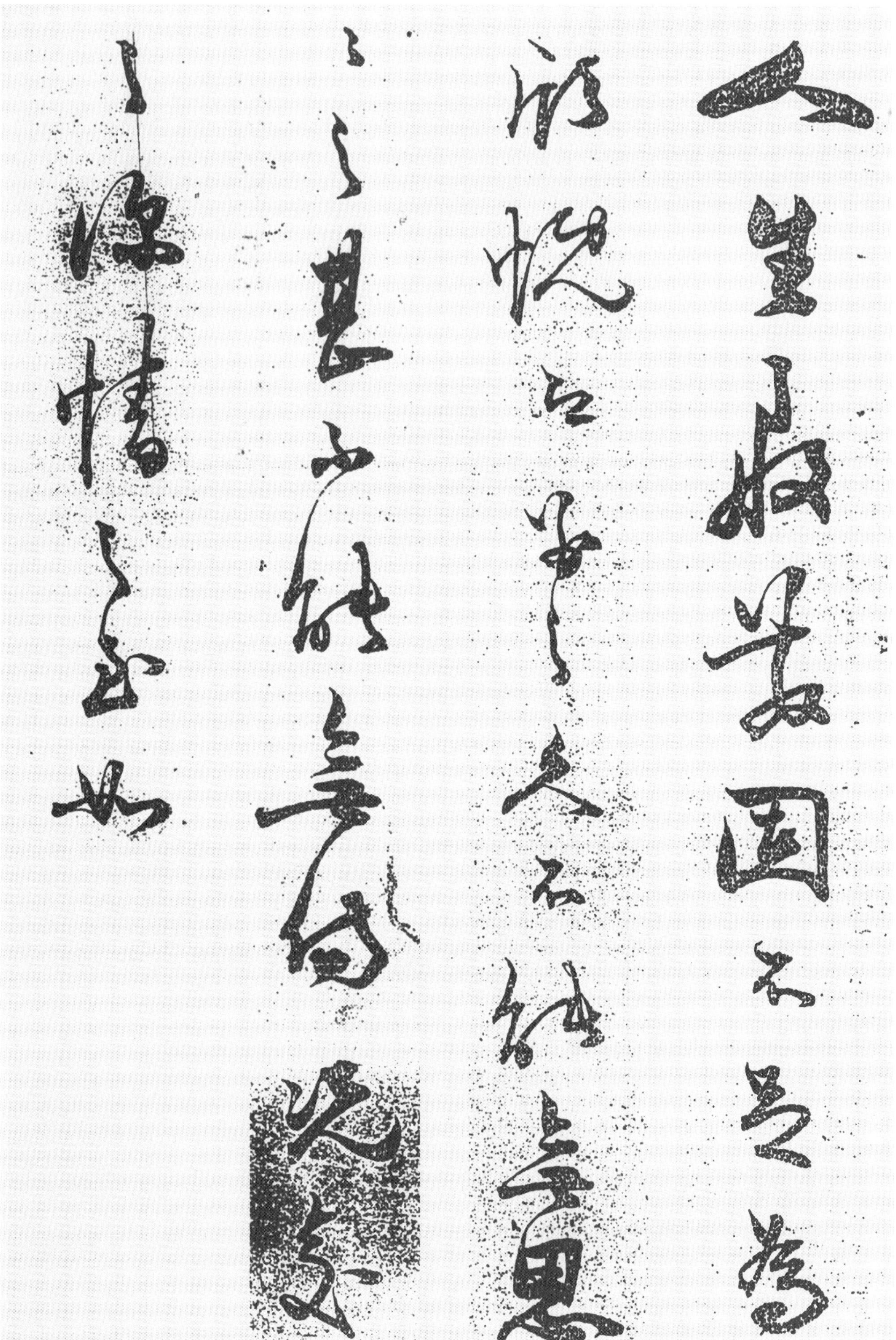

{94}

人生聚散 固不足爲欣慨 而別之久不能無思 無
인생취산 고부족위흔개 이별지구불능무사 무

思之甚不能無傷 況交之深情之至 如
사지심부능무상 황교지심정지지 여

인생의 만나고 헤어짐은 진실로 기쁘고 슬퍼하기 쉽지 않은데, 오랫동안 헤어졌으니 생각하기 쉽지 않고 생각하지 않음이 심하니 아픔이 없지 않을 수 없습니다. 하물며 교유가 깊고 정의가 지극함이

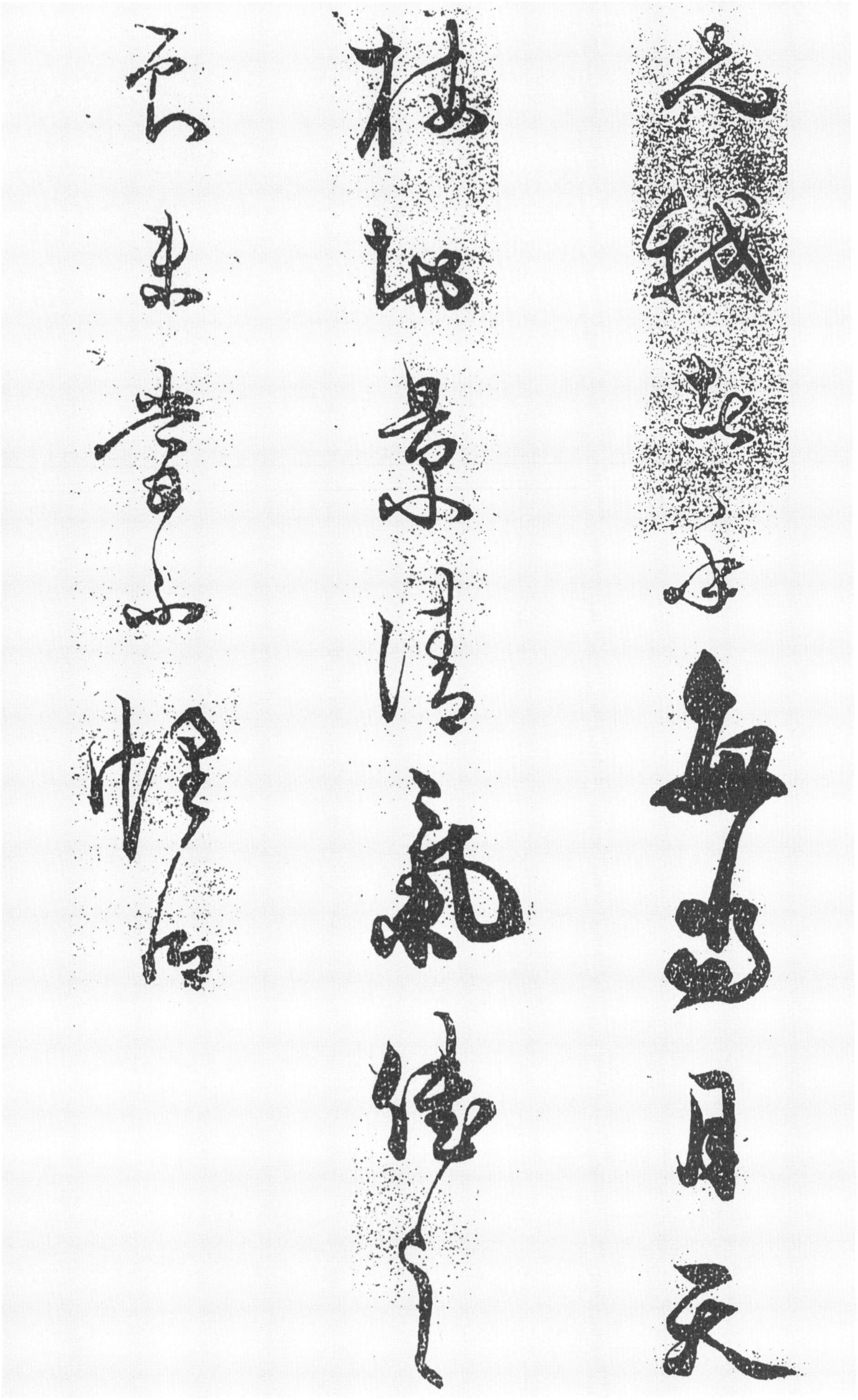

{95}

兄我者乎 每當月天梅之景 清氣佳之辰 未嘗不懷得
형아자호 매당월천매지경 청기가지신 미상불회득

저와 형 같은 경우이겠습니까? 매번 하늘에 달 뜨고 땅에 매화 피어 풍경이 맑고 기후가 좋은 때에는 고상한 풍모를 생각하지 않을 때가 없습니다.

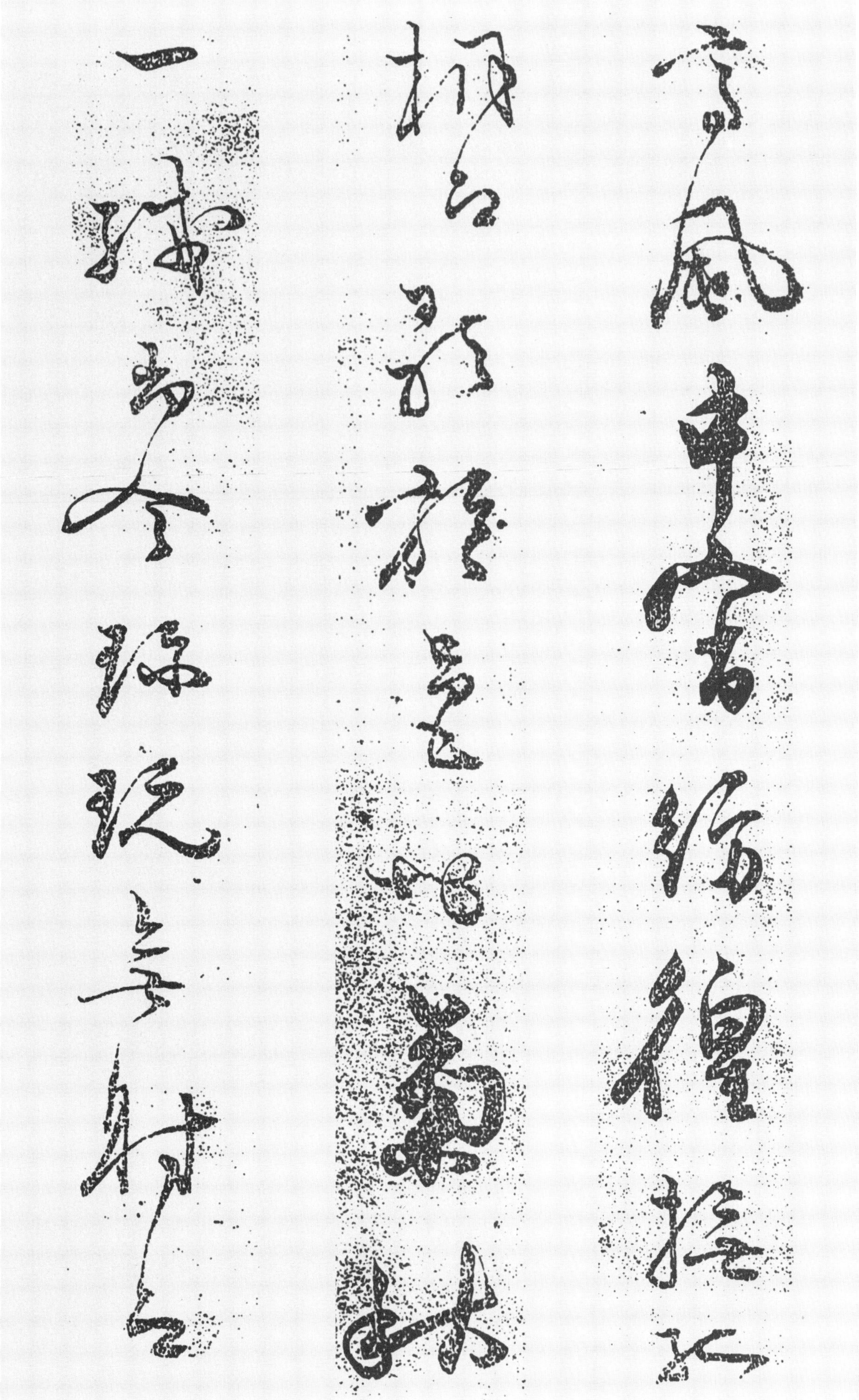

{96}

高風 中宵彷徨撫孤桐 而歌旋邑也 菊秋一緘尚
고풍 중소방황무고동 이가선읍야 국추일함상

今珍玩無射而
금진완무사이

밤사이에 방황하다가 외롭게 오동나무 어루만지고 노래 부르며 쓸쓸히 읍내로 돌아옵니다. 국화 피는 가을에 보내신 편지를 지금 귀하게 여기며 보는데 싫지 않습니다.

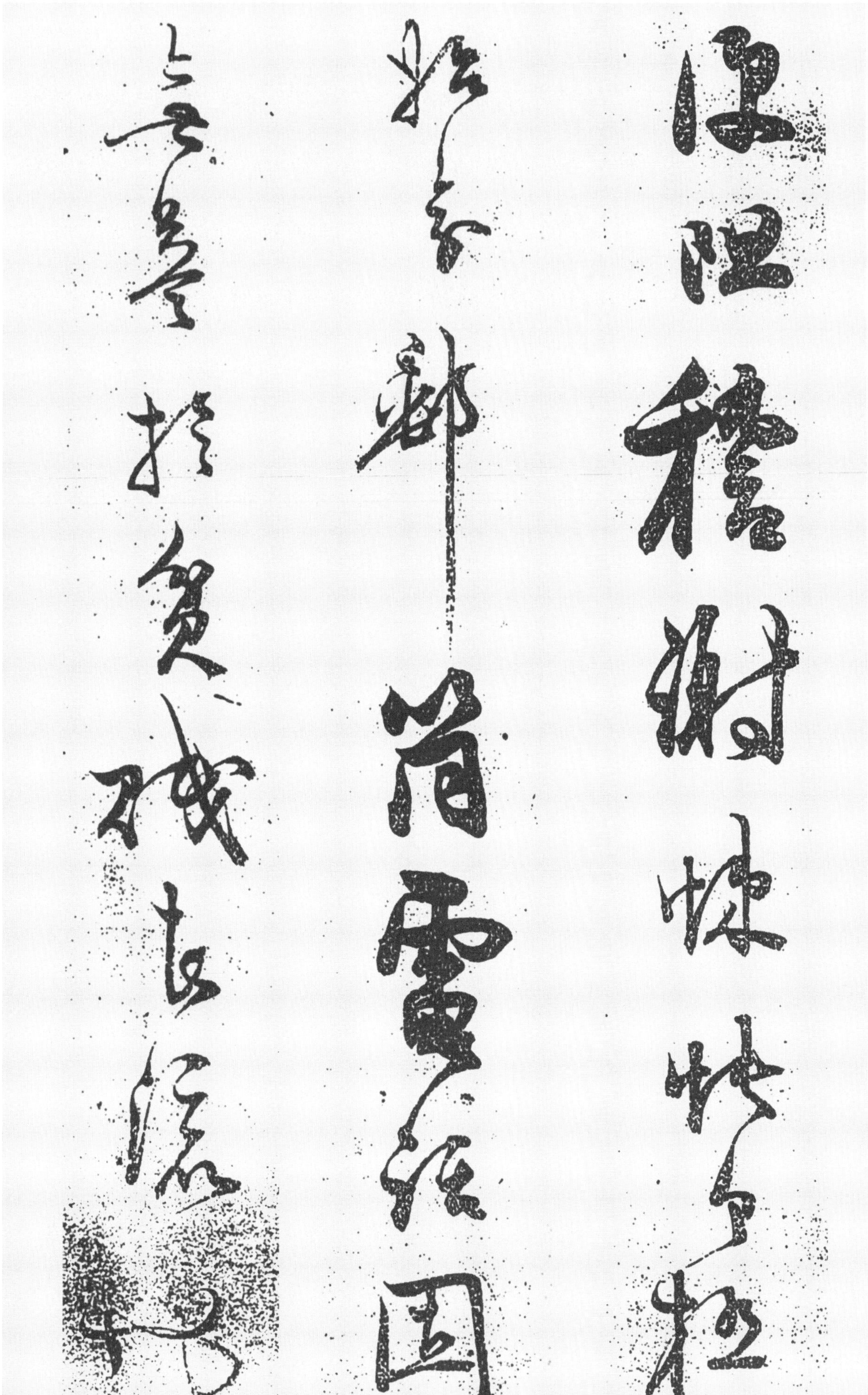

{97}

便阻稽謝悚悵何極 始知郵筒電話 固無益於貧
편 조 계 사 송 창 하 극 시 지 우 통 전 화 고 무 익 어 빈

賤者流也
천 자 유 야

인편이 막혀서 답신을 미뤘는데 송구함이 어찌 이리 지극한지요. 비로소 우편통과 편지를 보내는 방법을 알지만 진실로 가난하고 신분이 낮은 사람들에게는 도움이 되지 않습니다.

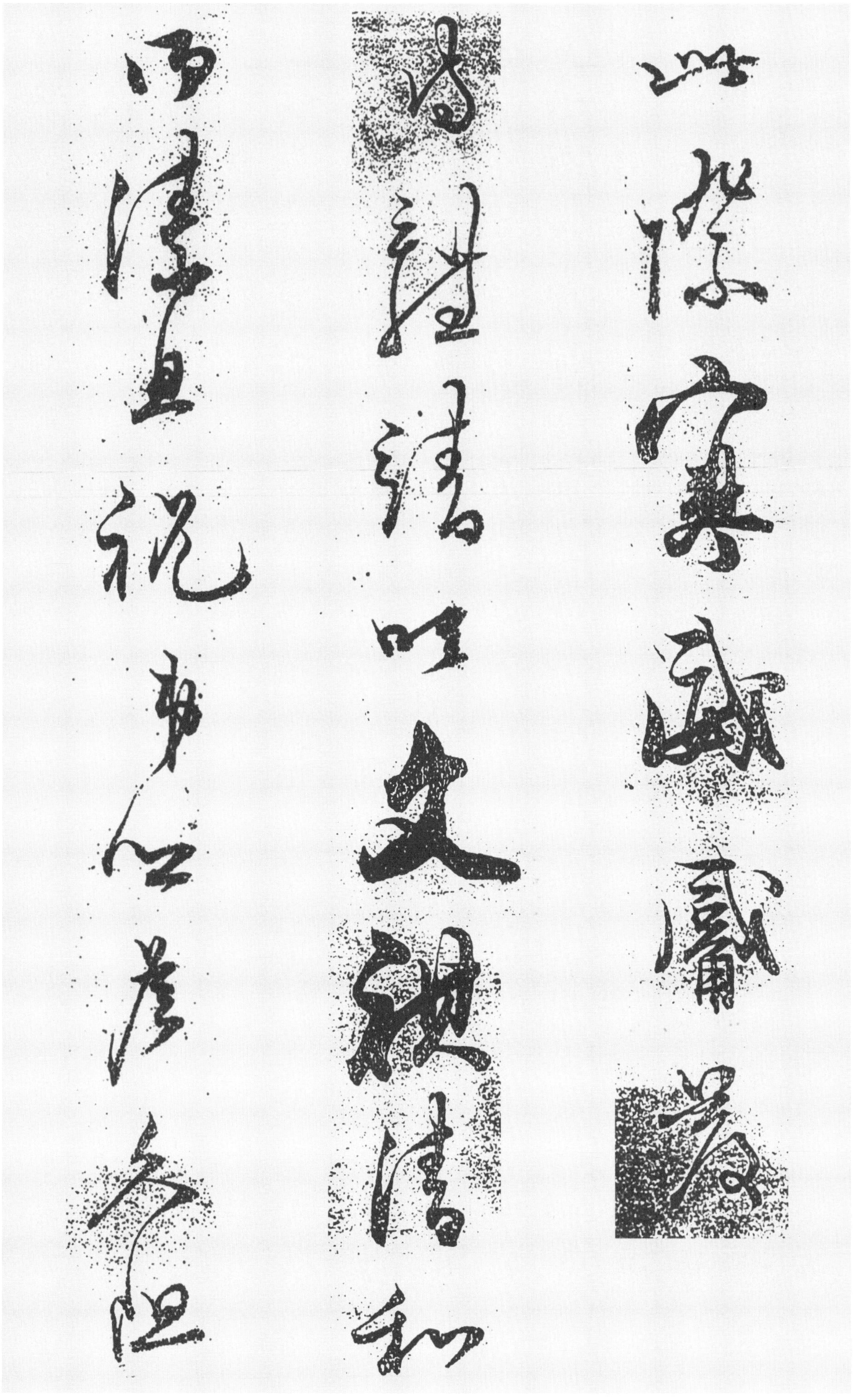

{98}

此際寒威屬發 侍體靖旺 文棋清和 仰溸且祝
차 제 한 위 필 발 시 체 정 왕 문 기 청 화 앙 소 차 축

弟鄕候久阻
제 향 후 구 조

요즈음 추위가 맹위를 떨치고 날씨가 쌀쌀한데 부모님 모시고 평안한지요. 문운이 맑게 잘 지내시기를 우러러 축원합니다. 저는 고향 소식이 오랫동안 막혀서

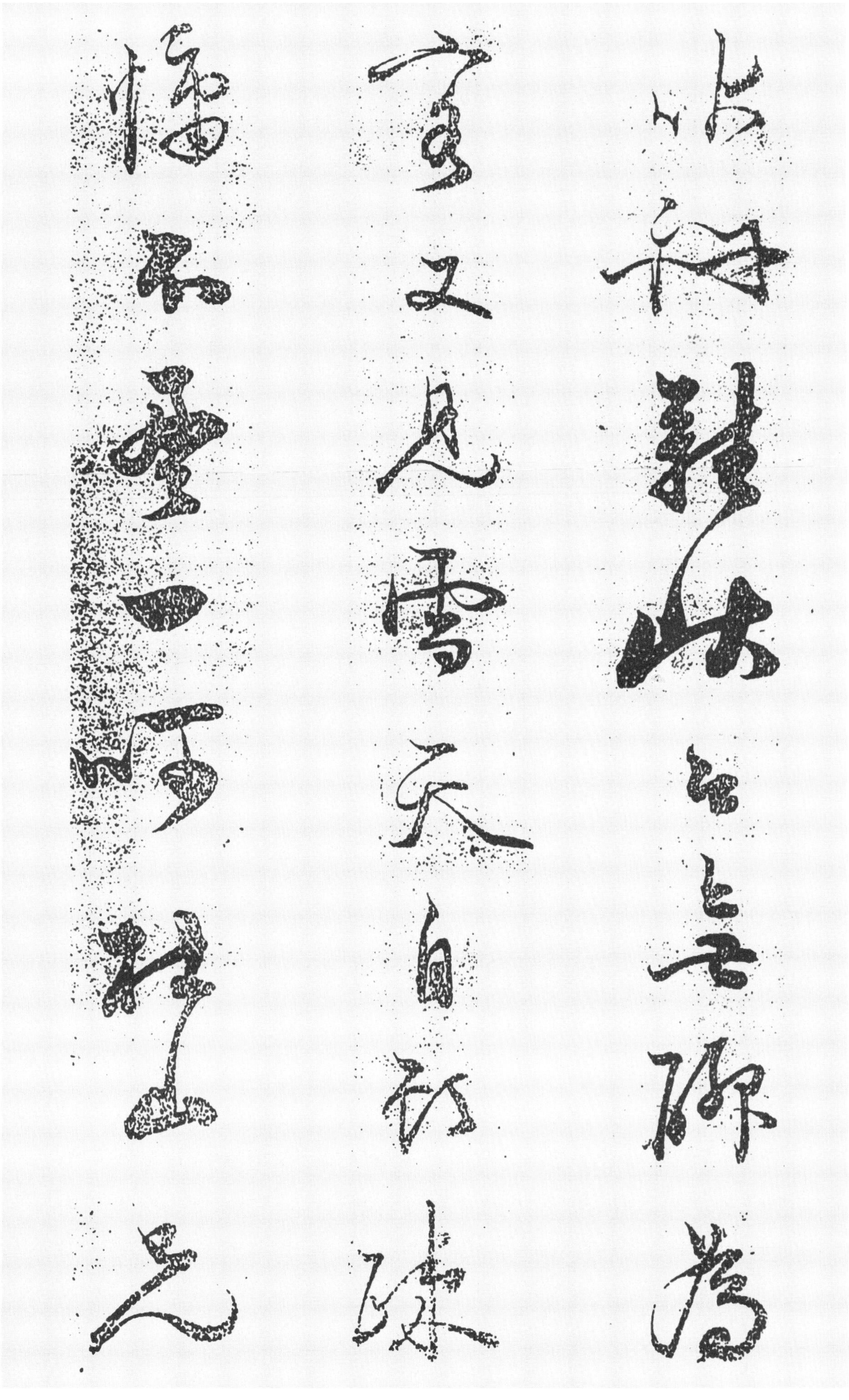

{99}

伏悶難狀而無聊爲客 又見雪天 自顧踈慵 不盈
복민난상이무료위객 우견설천 자고소용 불영

一呵 杜山兄
일가 두산형

깊이 고민하는 어려운 처지에 무료한 나그네가 되었네요. 또한 눈 내리는 하늘을 보고 스스로 게으름을 돌아보면서 한번 웃어봅니다. 두산 형은

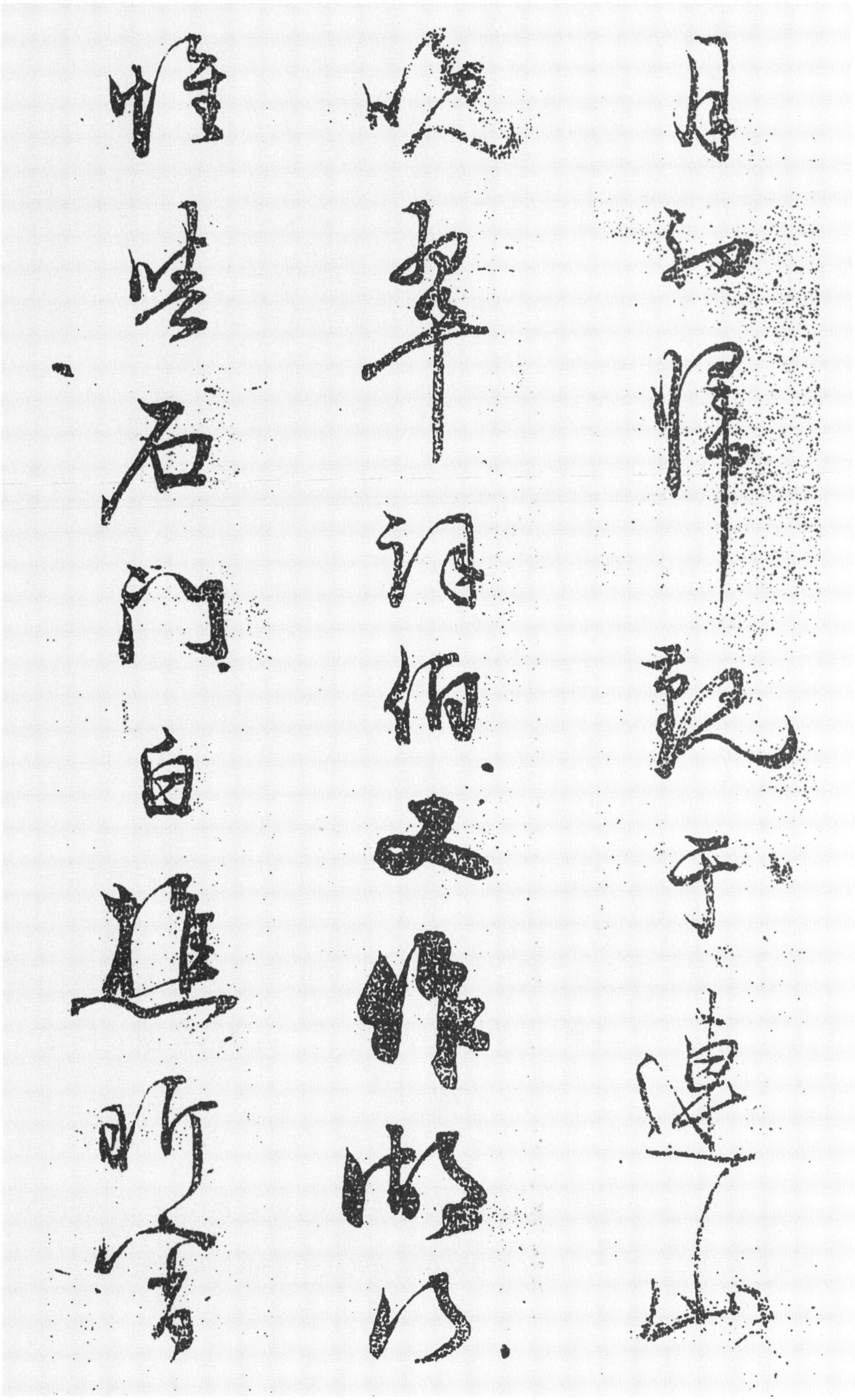

{100}

月初 歸勤于連山 晩翠詞佰 又作湖行 惟餘石
월초 귀근우연산 만취사백 우작호행 유여석

門白樵昕宵
문백초흔소

월초에 연산에서 돌아와 부모님을 뵈었으며 만취 사백께서는 다시 호남으로 가셨습니까? 석문과 벽초와 함께 아침부터 밤까지

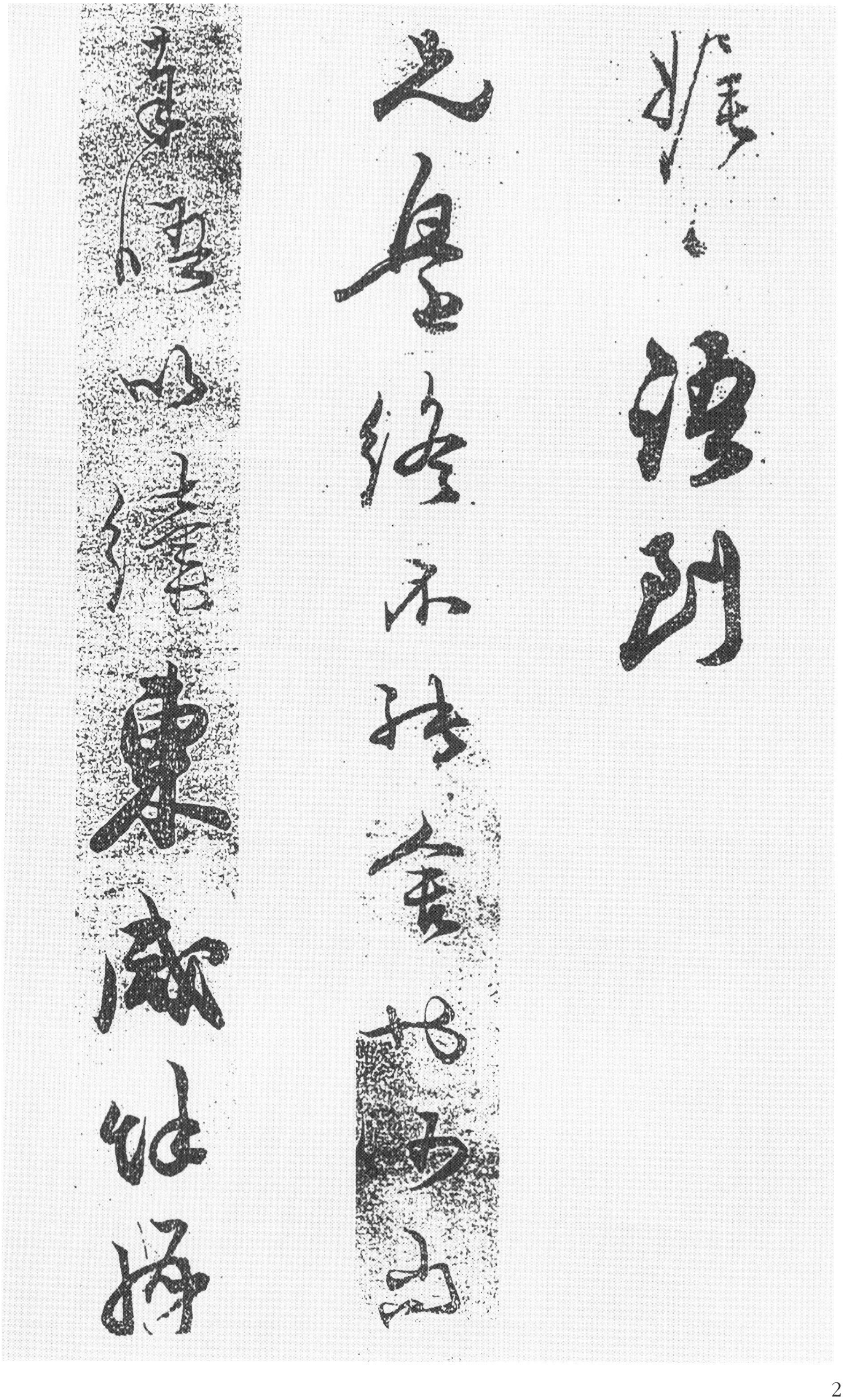

{101}

娓娓語到兄邊 終不能舍也 何當奉晤以續東咸
미 미 어 도 형 변 종 불 능 사 야 하 당 봉 오 이 속 동 함

餘緣
여 연

장황하게 대화를 나누다 보니, 형님 주변에까지 이르러서 끝내 말이 그치지 않았습니다. 어떻게 하면 받들어 모시고 동함(東咸)을 이어서 이야기할 수 있을까요. 남은 시간에는

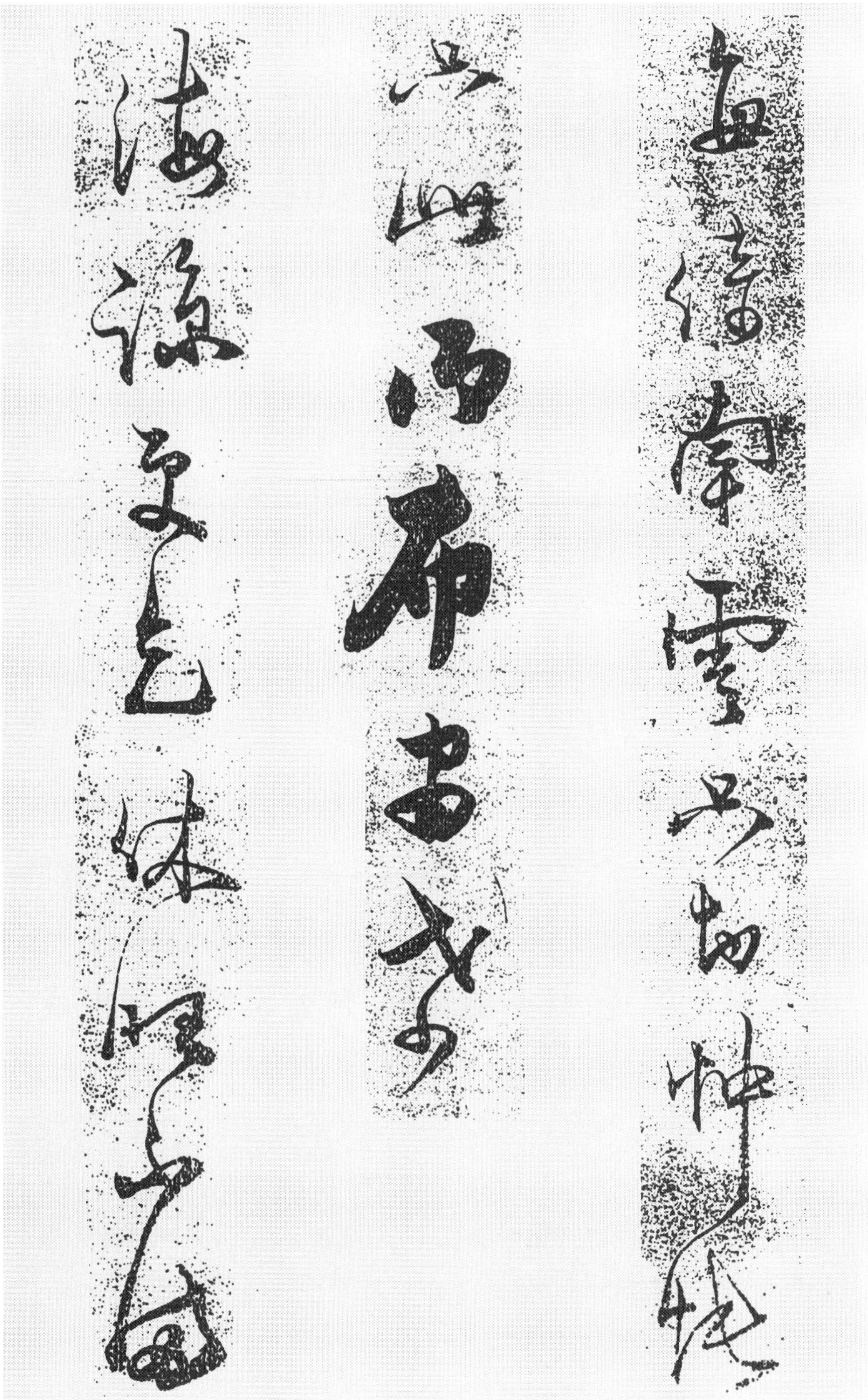

{102}

每倚南雲 只切忡悵 只此仰布肅希 海諒更乞休
매 의 남 운 지 절 충 창 지 차 앙 포 숙 희 해 양 경 걸 휴

旺不備
왕 불 비

언제나 남쪽 소식을 기다릴 뿐이니, 단지 서글픔이 간절합니다. 이렇게 우러러 말씀드리니 혜량해주시기 바랍니다. 잘 계시기를 다시 한 번 빕니다.

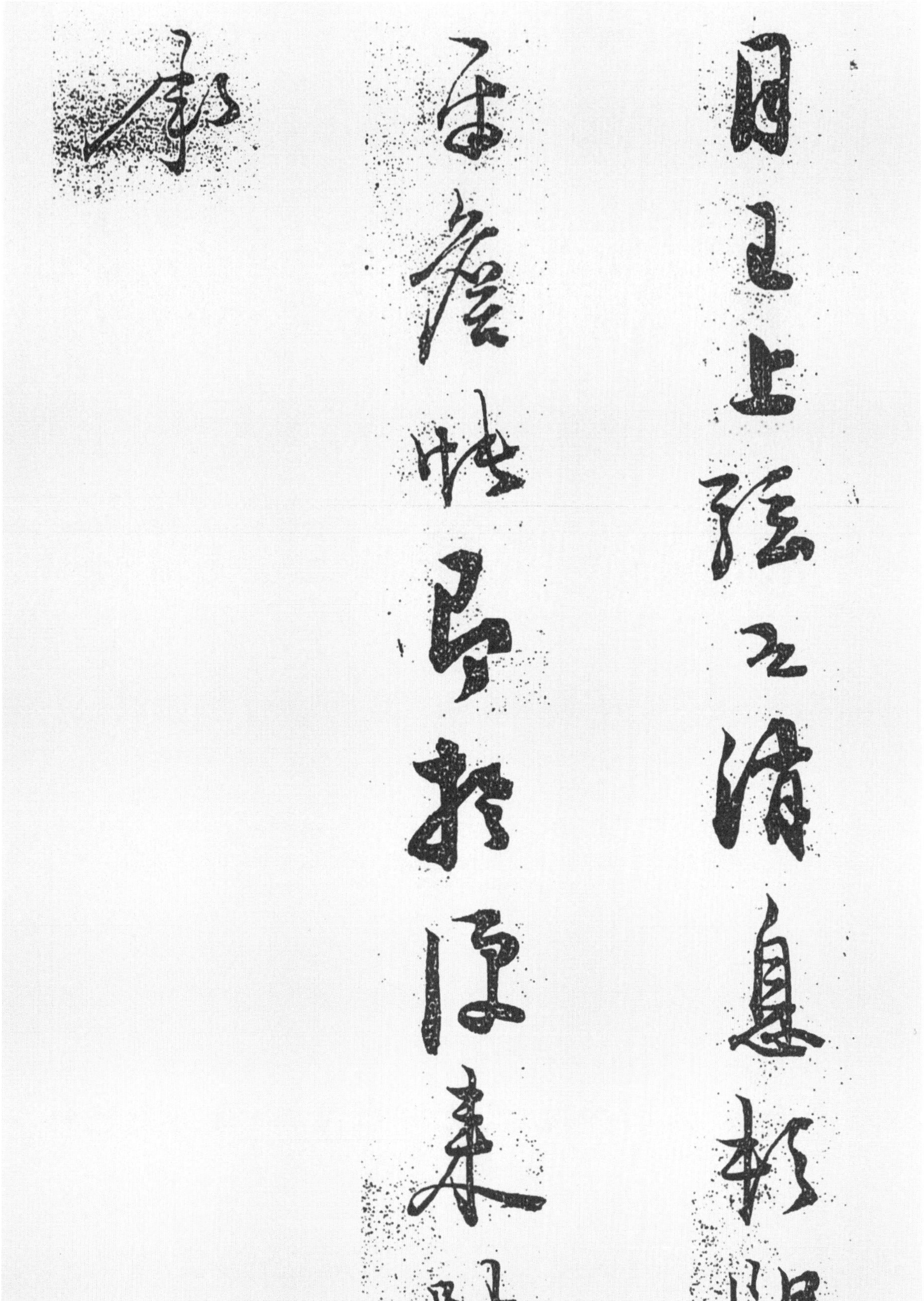

{103}

月已上弦 而消息頓阻 正爾詹愴 卽於便來 雖未承

월이상현 이소식돈조 정이첨창 즉어편래 수미승

달이 이미 상현(上弦, 매달 음력 7~8일 경)이 되었는데 소식이 끊어졌으니, 바로 그대를 그리워하고 서운하여 지금 인편이 왔어도 편지를 받지 못하였습니다.

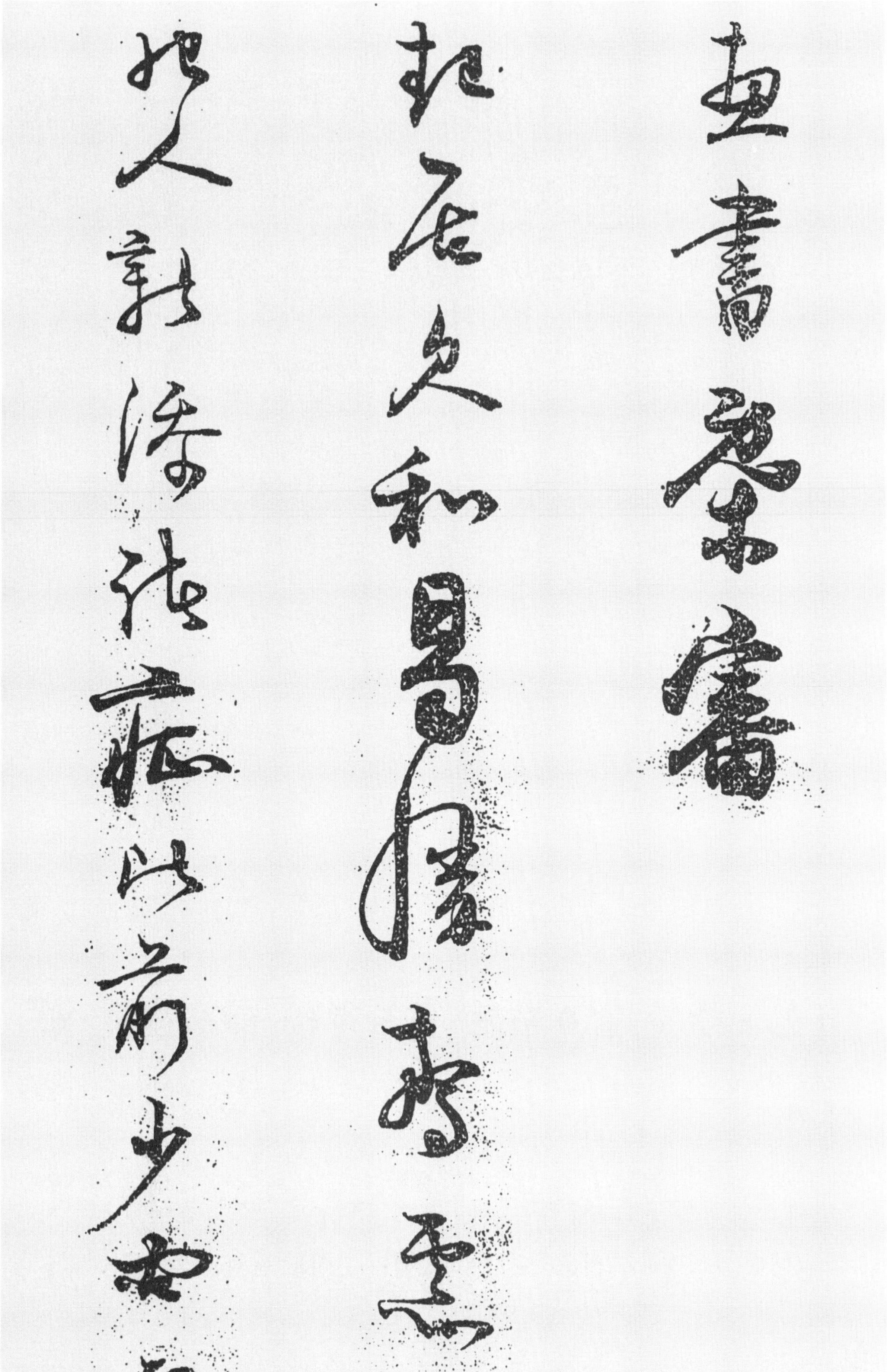

{104}

惠書 槪審起居欠和曷勝 驚慮驚慮 服人新添諸
혜서 개심기거흠화갈승 경려경려 복인신첨제

症 比前少間 而
증 비전소간 이

대체로 살피건대, 생활이 편안하지 않음을 어찌 견디는지요! 놀라고 염려가 됩니다. 복인(服人)은 여러 가지 병의 증세가 더해졌지만 전에 비하여 조금은 낫지만

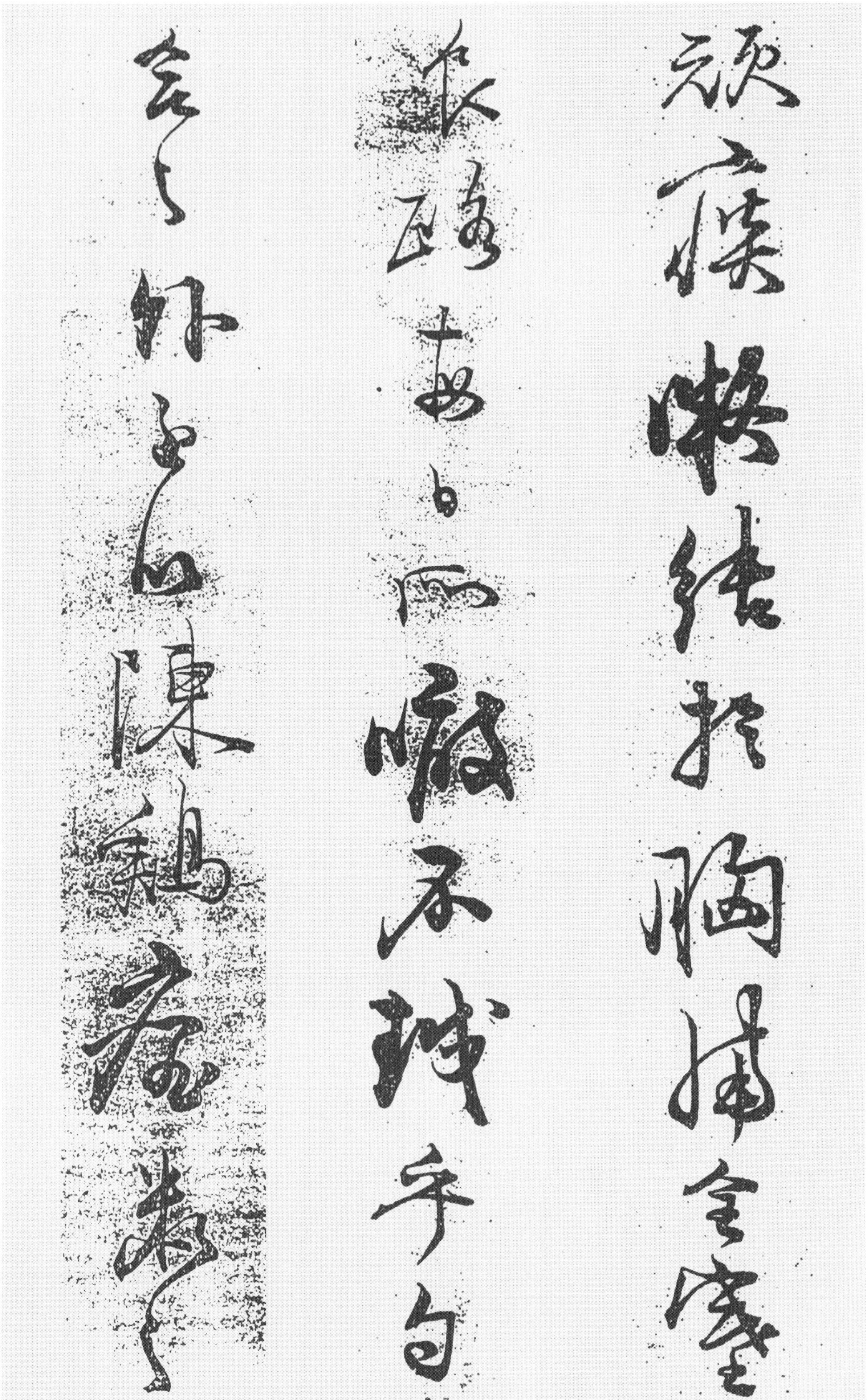

{105}

頑痰凝結於胸膈 全塞食路 每日所噉噉不越乎
완 담 응 결 어 흉 격 전 색 식 로 매 일 소 담 담 불 월 호

句合之外 近以陳鷄靡粥之
구 합 지 외 근 이 진 계 미 죽 지

지독한 담이 가슴에 응결되어서 식도를 막고 있어서 매일 씹어 먹어도 넘기질 못합니다. 글 짓는 것 외에 닭을 삶아 죽을 만들어 먹으면서

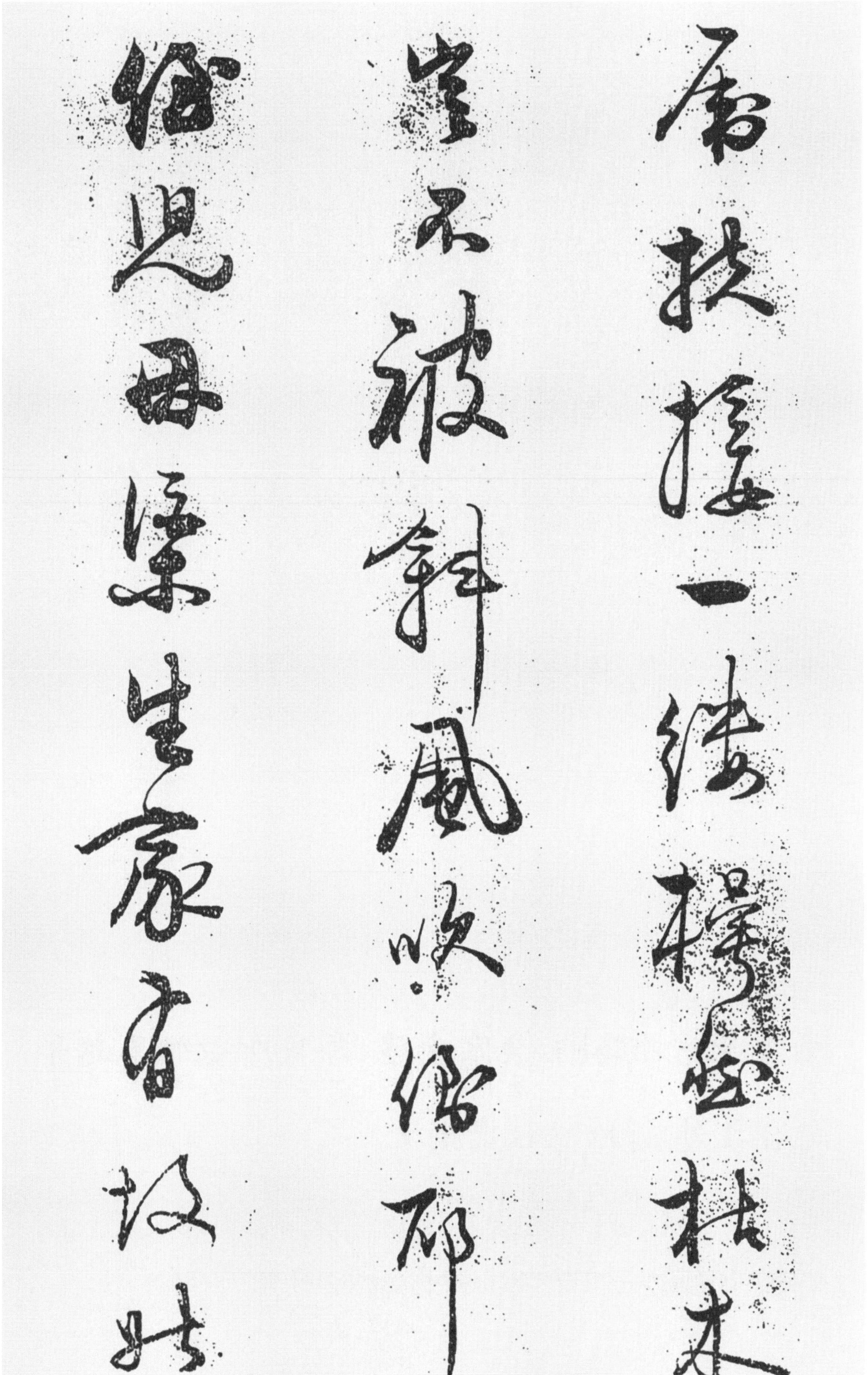

{106}

屬 扶接一縷枵然枯木 豈不被斜風吹倒耶 姪兒
속 부접일루효연고목 기불피사풍취도야 질아

因渠生家有故 姑
인거생가유고 고

실낱같은 목숨을 부지하고 있는데, 속이 텅 빈 고목이 어찌 거센 바람에 넘어지지 않겠습니까? 조카는 그 생가에 일이 있어서 우선

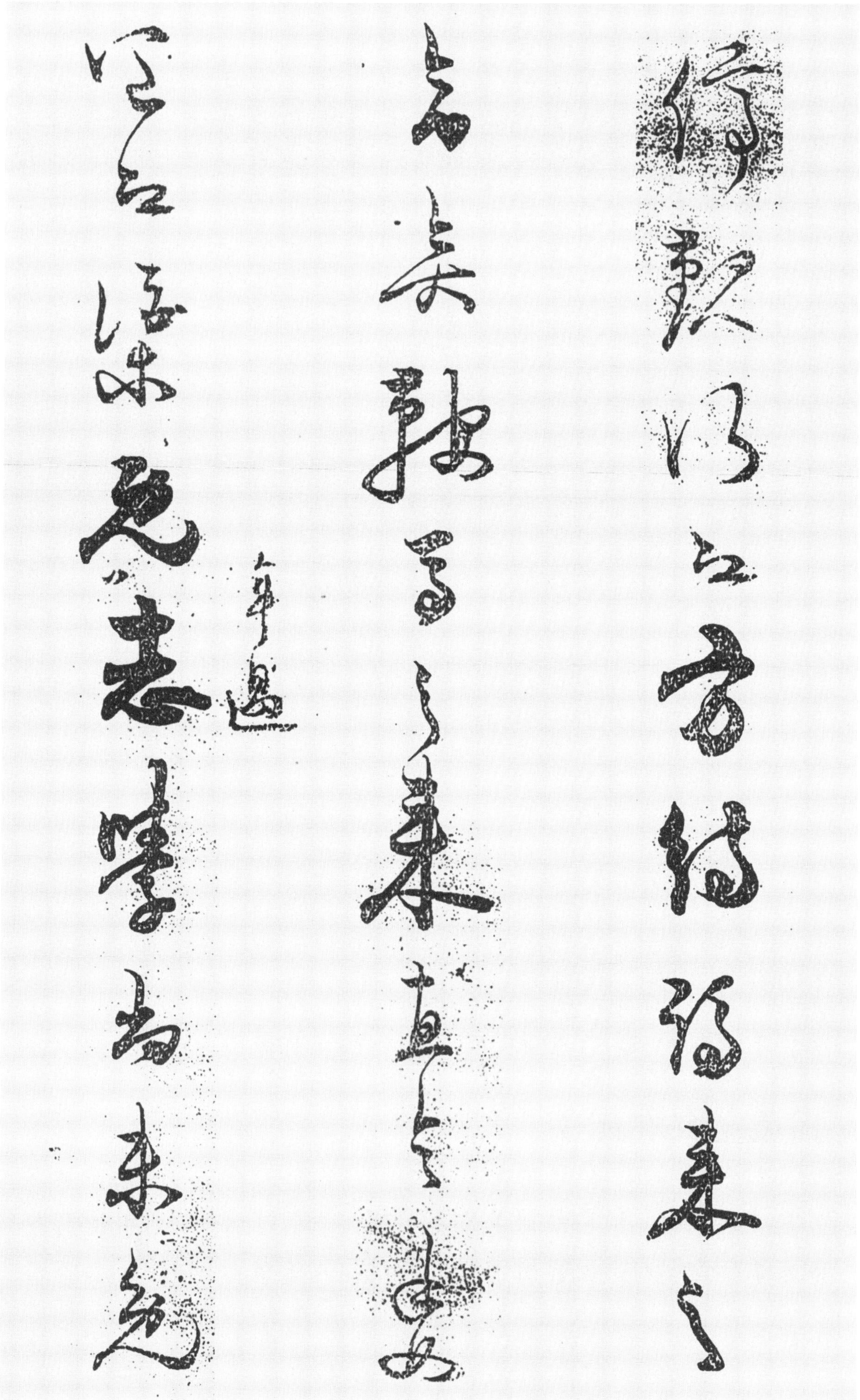

{107}

停覲行而　方待謂來之命矣　鞍馬之來直令委送
정 근 행 이　방 대 위 래 지 명 의　안 마 지 래 직 영 위 송

而渠旣年過志學　尙未免
이 거 기 년 과 지 학　상 미 면

가서 뵙는 것을 그만둔 채 오라는 명령을 기다리고 있습니다. 말을 타고 와서 바로 보내라고 시켰는데, 그는 이미 나이가 15세가 넘었지만 아직

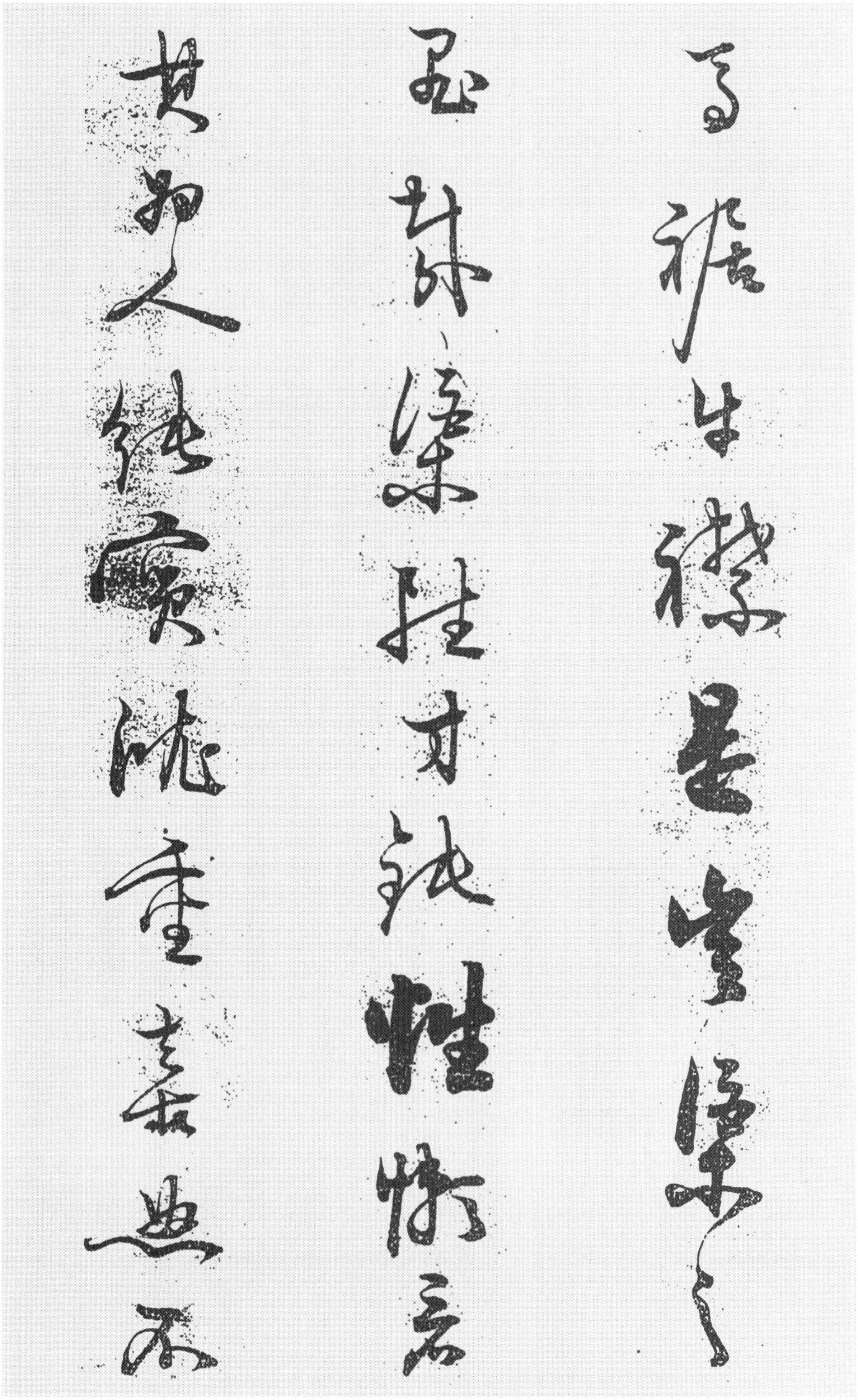

{108}

馬裾牛襟是豈渠之罪哉 渠雖才鈍性懶 看其爲
마 거 우 금 시 기 거 지 죄 재 거 수 재 둔 성 나 간 기 위

人 純實沈重 喜怒不
인 순 실 침 중 희 로 불

마소에 옷을 입힌 듯 사람 구실을 못하니, 이것이 어찌 그의 죄이겠습니까? 그는 비록 재주가 둔하고 성품이 게으르지만, 그 사람의 됨됨이를 살펴보면 참되고 진득합니다. 가볍게 기뻐하거나 성내지 않지만

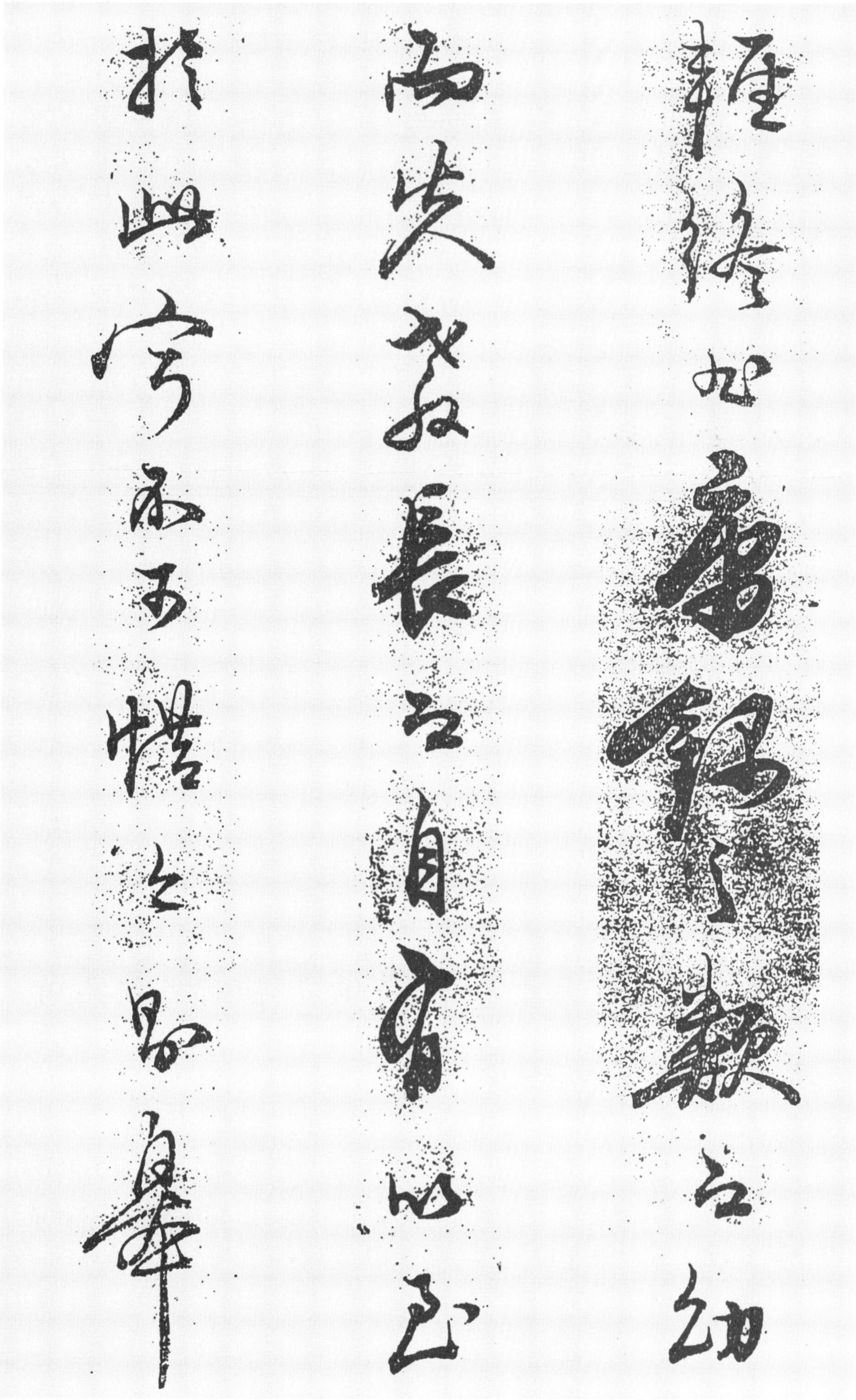

{109}

輕 終非康錦之類 而幼而失教長 而自有以至於
경 종비강금지류 이유이실교장 이자유이지어

此 寧不可惜 今卽皐
차 영불가석 금즉고

끝내 강금(康錦)의 부류는 아닙니다. 그리고 그는 어려서 어른들의 가르침을 받지 못하여 스스로 여기까지 이르렀으니, 어찌 가엽지 않겠습니까? 지금은

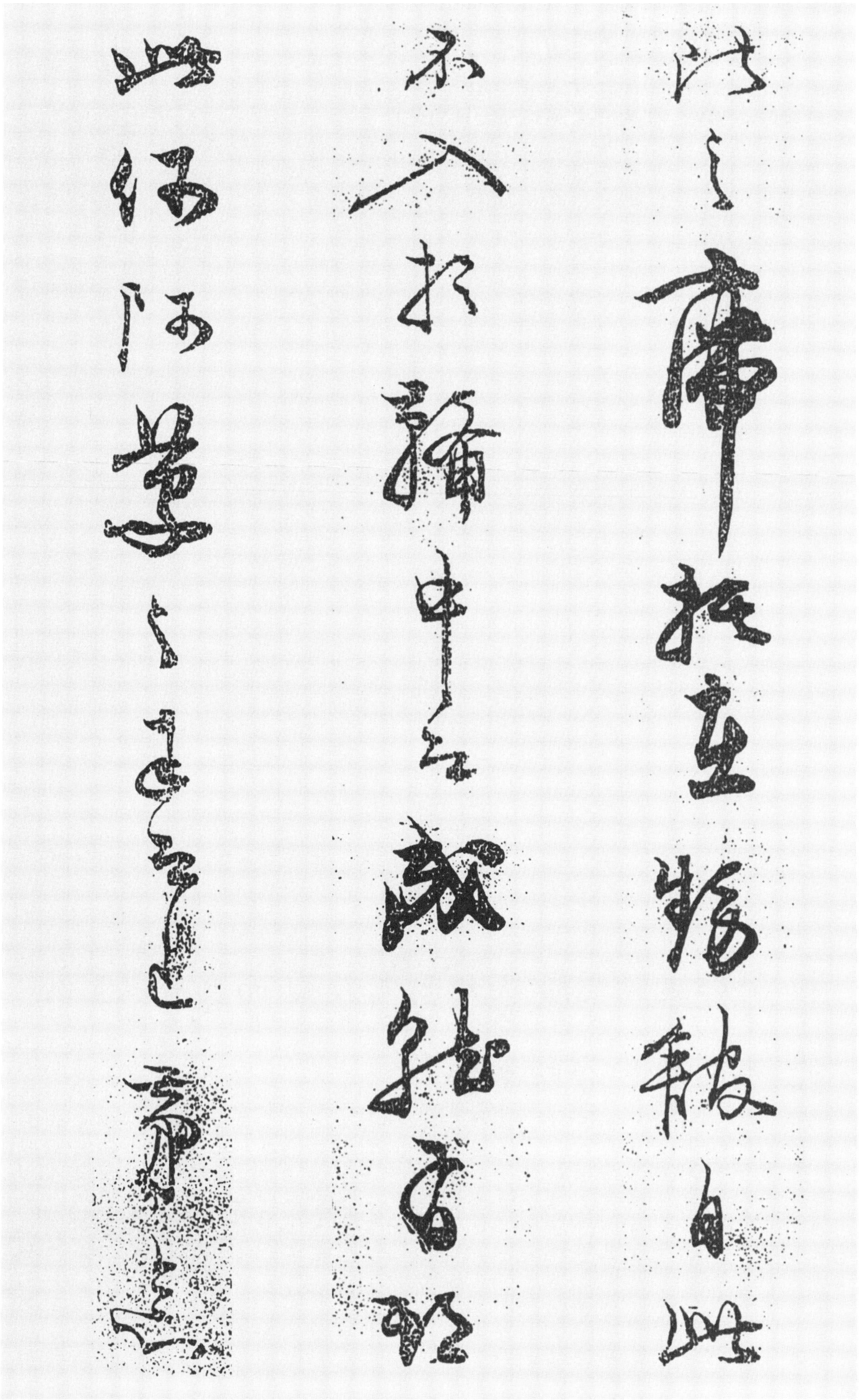

{110}

比之席 托在甥館 自此不入於鞴中 而成就有期
비 지 석 탁 재 생 관 자 차 불 입 어 비 중 이 성 취 유 기

此何阿蒙之行而已 第念
차 하 아 몽 지 행 이 이 제 념

호랑이 가죽 위에서 공부하면서 처갓집에 맡겨졌는바 이후로는 똑같은 화살통 속에 들어가지 않듯이 성취를 기약할 수 없으니, 기억이 어찌 여몽(呂蒙)과 같은 행운이 있겠습니까? 다만 생각하니

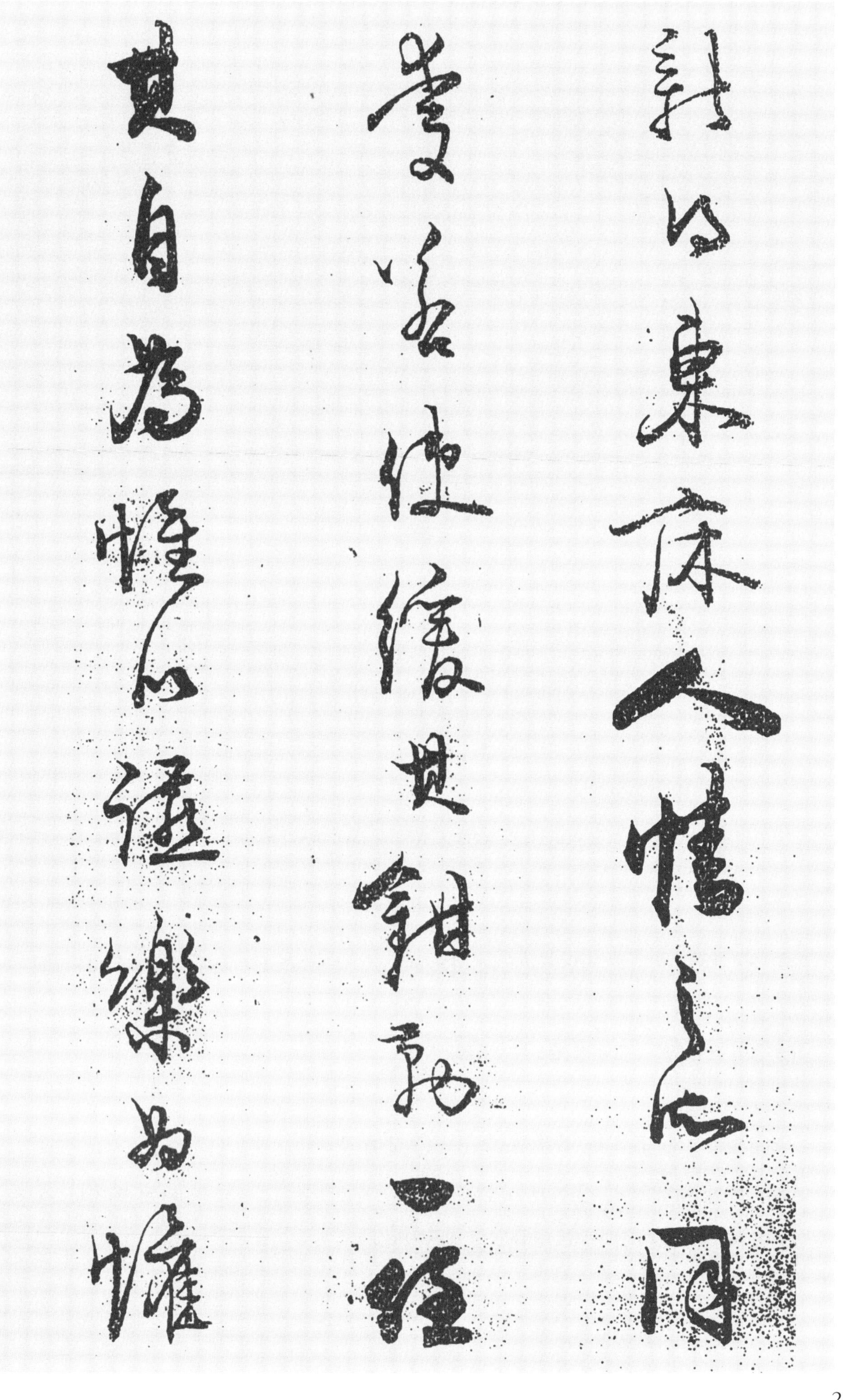

{111}

新得東床 人情之所同愛 若使緩其鉗勒 一任其
신득동상 인정지소동애 약사완기겸륵 일임기

自爲 惟以讌樂爲懽
자위 유이연락위환

새로 얻은 사위는 사람들이 모두 사랑하고 있습니다. 만약 그 굴레를 느슨하게 하여 마음대로 하게 맡기면 스스로 잔치의 즐거움에 빠진 듯 기뻐할 것입니다.

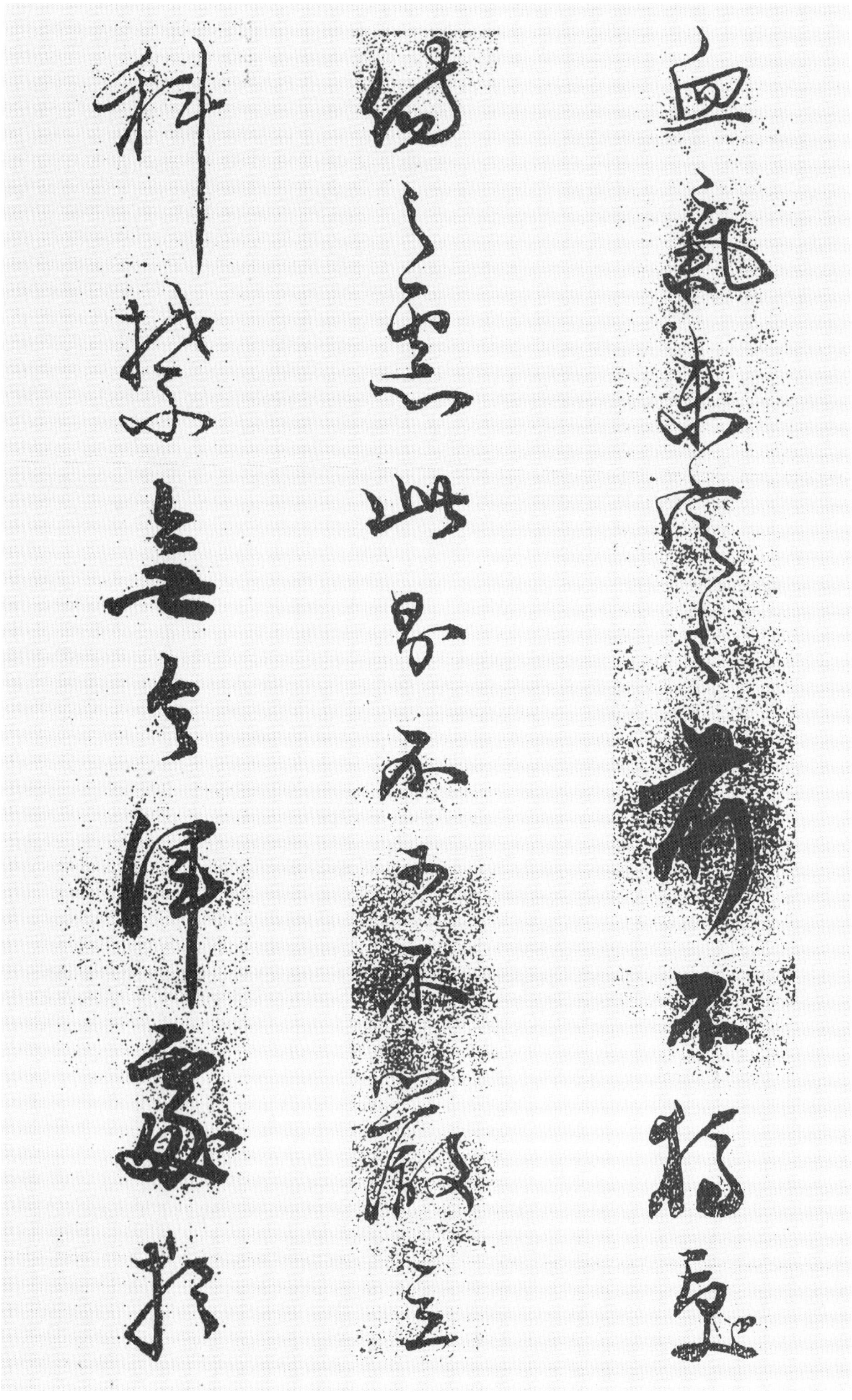

{112}

血氣未定之前 不獨受傷之慮 此則不可不嚴立
혈 기 미 정 지 전 부 독 수 상 지 려 차 즉 불 가 불 엄 립

科禁 無令渾處於
과 금 무 영 혼 처 어

혈기가 아직 정해지지 않아서 홀로 상처받을 걱정을 하지 않아도 될 것입니다. 이에 어쩔 수 없이 법으로 금하여 가까운 사이라도 자리를 어지럽히지 않도록 규율을 엄격히 세우지 않을 수 없습니다.

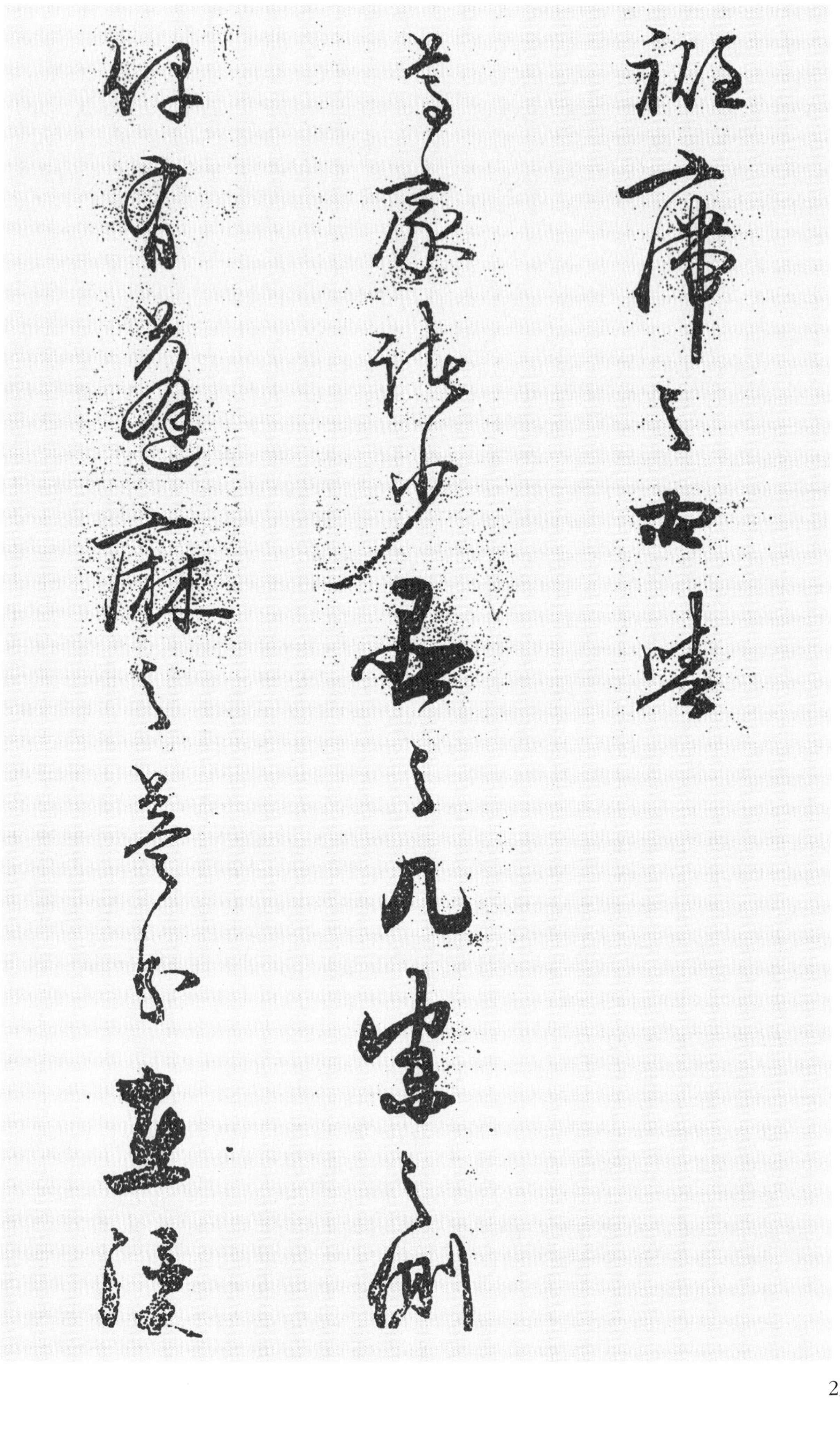

{113}

祍席之間 與尊家諸少品之几案之側 俾有蓬麻
임석지간 여존가제소품지궤안지측 비유봉마

之益 則在渠
지익 칙재거

더불어 귀댁의 여러 어린 등급의 제자를 옆에 두고 훌륭한 벗이 도움을 주면, 곧 그에게 있어서

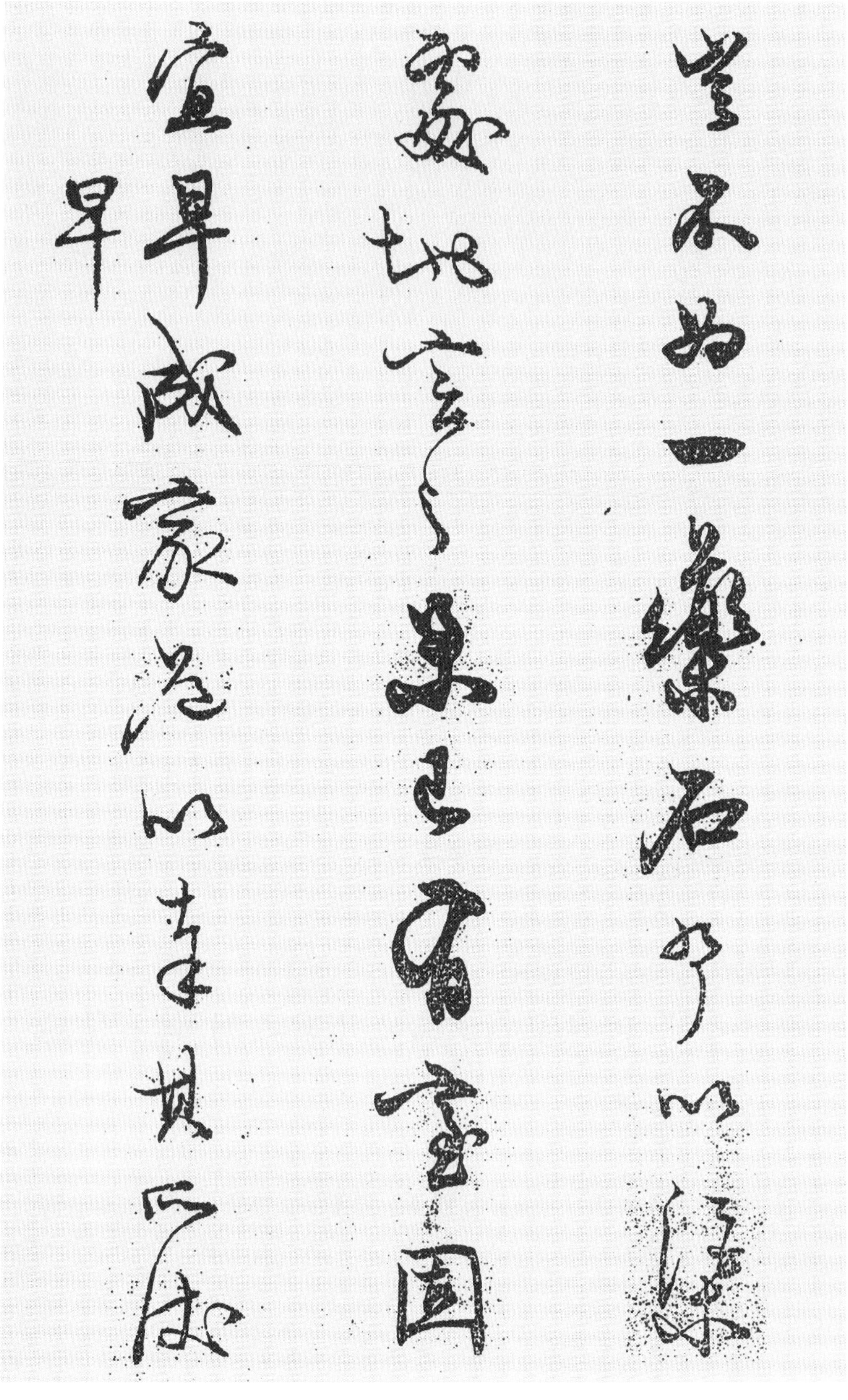

{114}

豈不爲一藥石耶 以渠處地言之 業已有室 固宜
기 불 위 일 약 석 야 이 거 처 지 언 지 업 이 유 실 고 의

早成家道 以奉其所使
조 성 가 도 이 봉 기 소 사

어찌 하나의 인도하는 길라잡이가 되지 않겠습니까? 그의 처지로 말하자면 이미 장가를 들어서 진실로 일찍 가도(家道)를 이루어 아버지의 제사를 받들 수 있으니

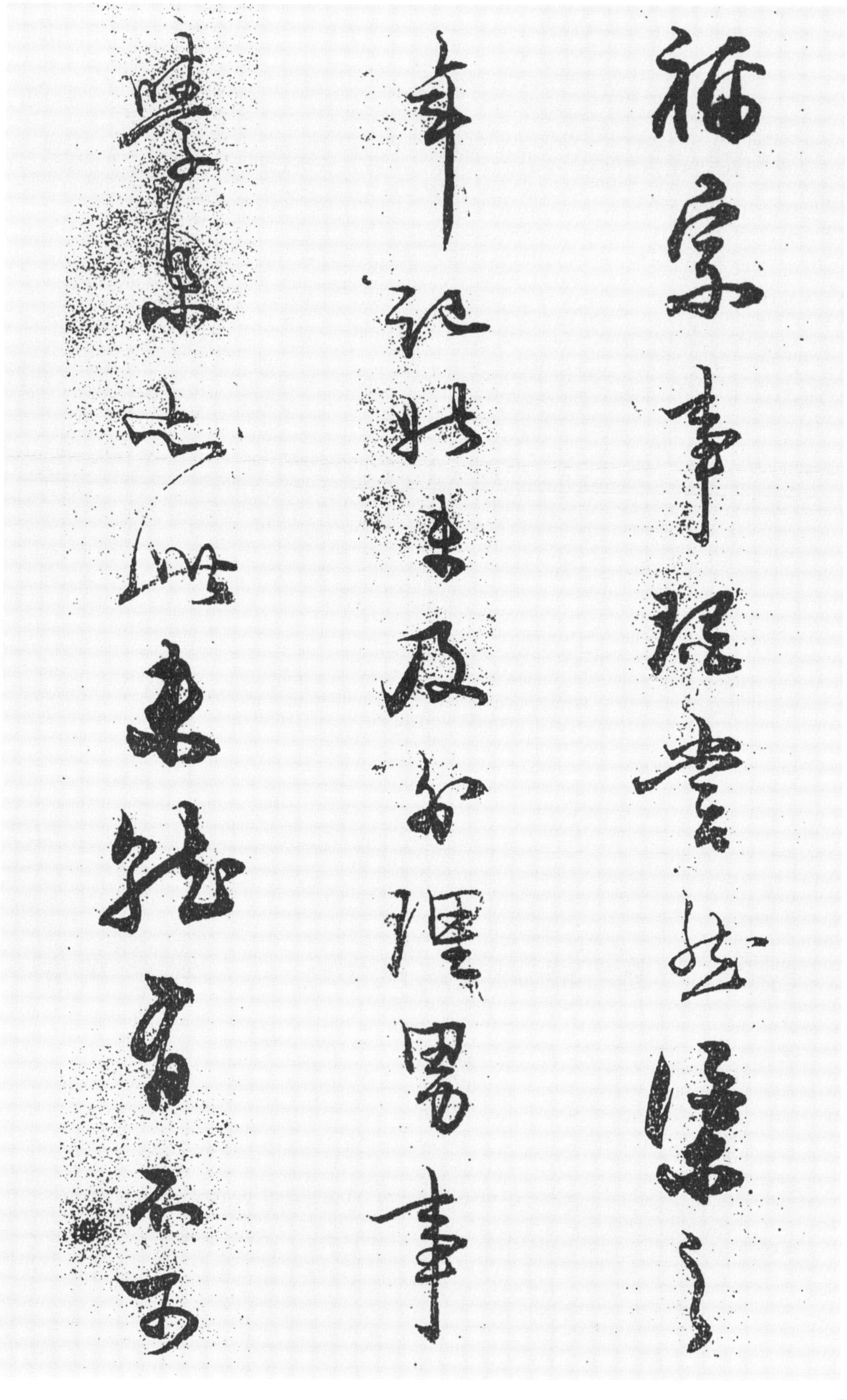

{115}

禰宗 事理當然 渠之年記 姑未及外理男事 學
네종 사리당연 거지연기 고미급외리남사 학

業亦此未就 有不可
업역차미취 유불가

사리에 당연합니다. 그의 나이는 아직 외부의 사리(事理)와 남자의 일에 미치지 못하며 학업 역시 이루지 못해서

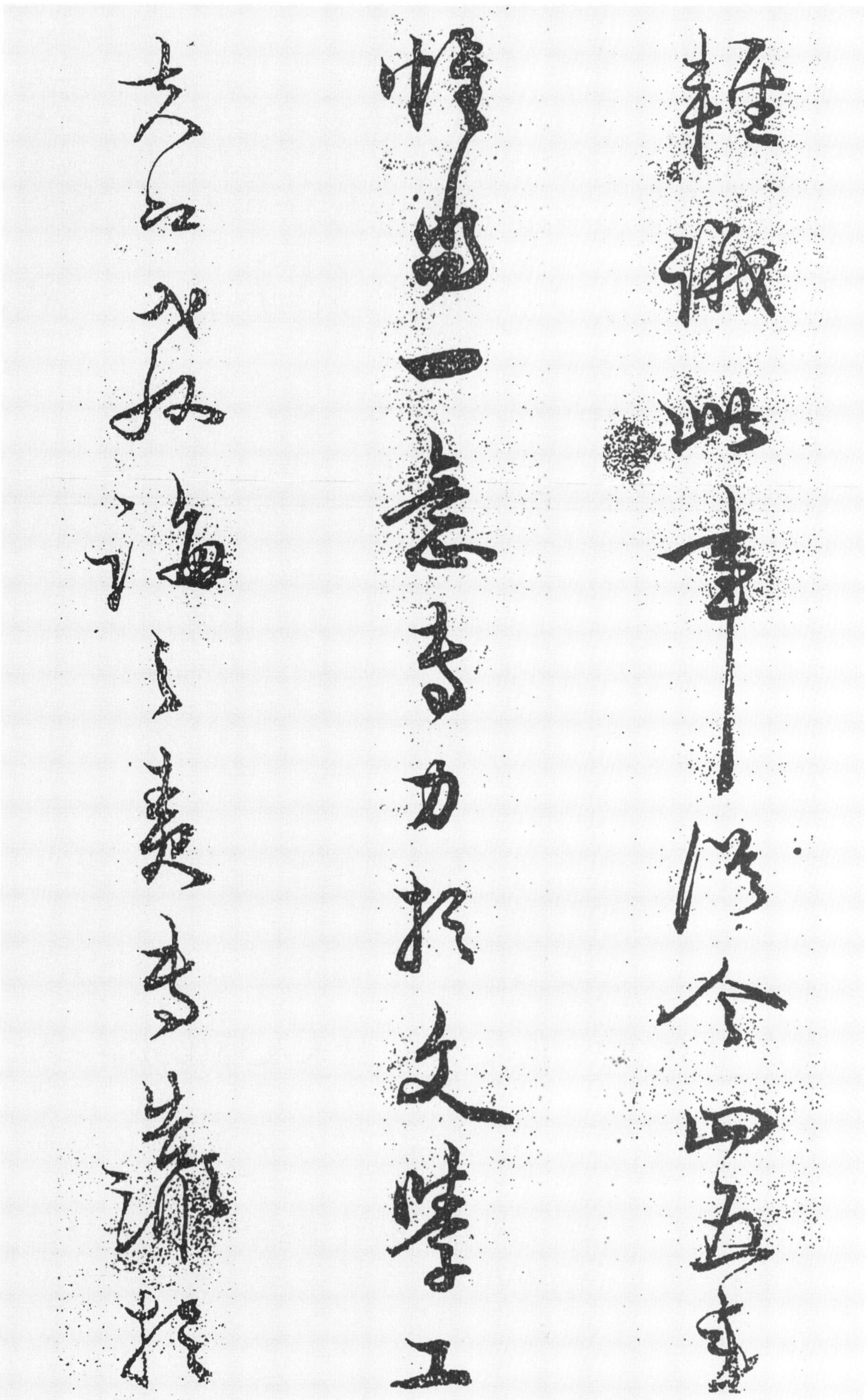

{116}

輕議此事 從今四五年 惟當一意專力於文學工
경의차사 종금사오년 유당일의전력어문학공

夫 而敎誨之責 專靠於
부 이교회지책 전고어

이 일을 가볍게 논의하지 못합니다. 지금까지 4-5년 동안 오로지 한마음으로 문학 공부에 전력하였으나, 가르쳐서 깨닫게 하는 책무는 전적으로 존장에게 달려 있습니다.

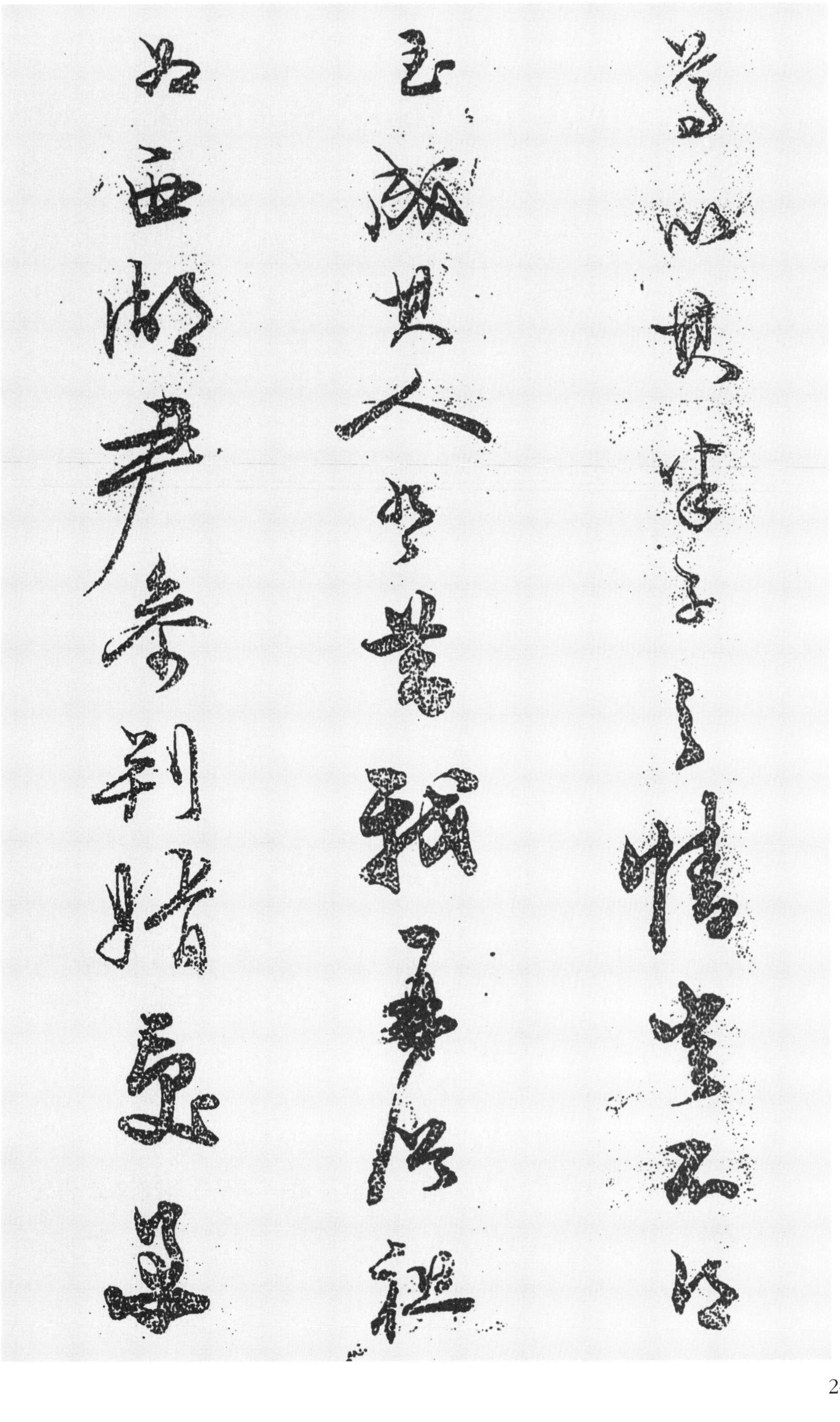

{117}

尊 以其半子之情 豈不得至成其人耶 昔我再從
존 이기반자지정 기부득지성기인야 석아재종

祖 爲湖西尹參判壻 受業
조 위호서윤참판서 수업

그를 반자식(사위)의 정으로서 하면 어찌 그 사람이 됨에 이르지 않겠습니까! 이전에 저의 재종조께서 충청도 윤참판의 사위가 되어

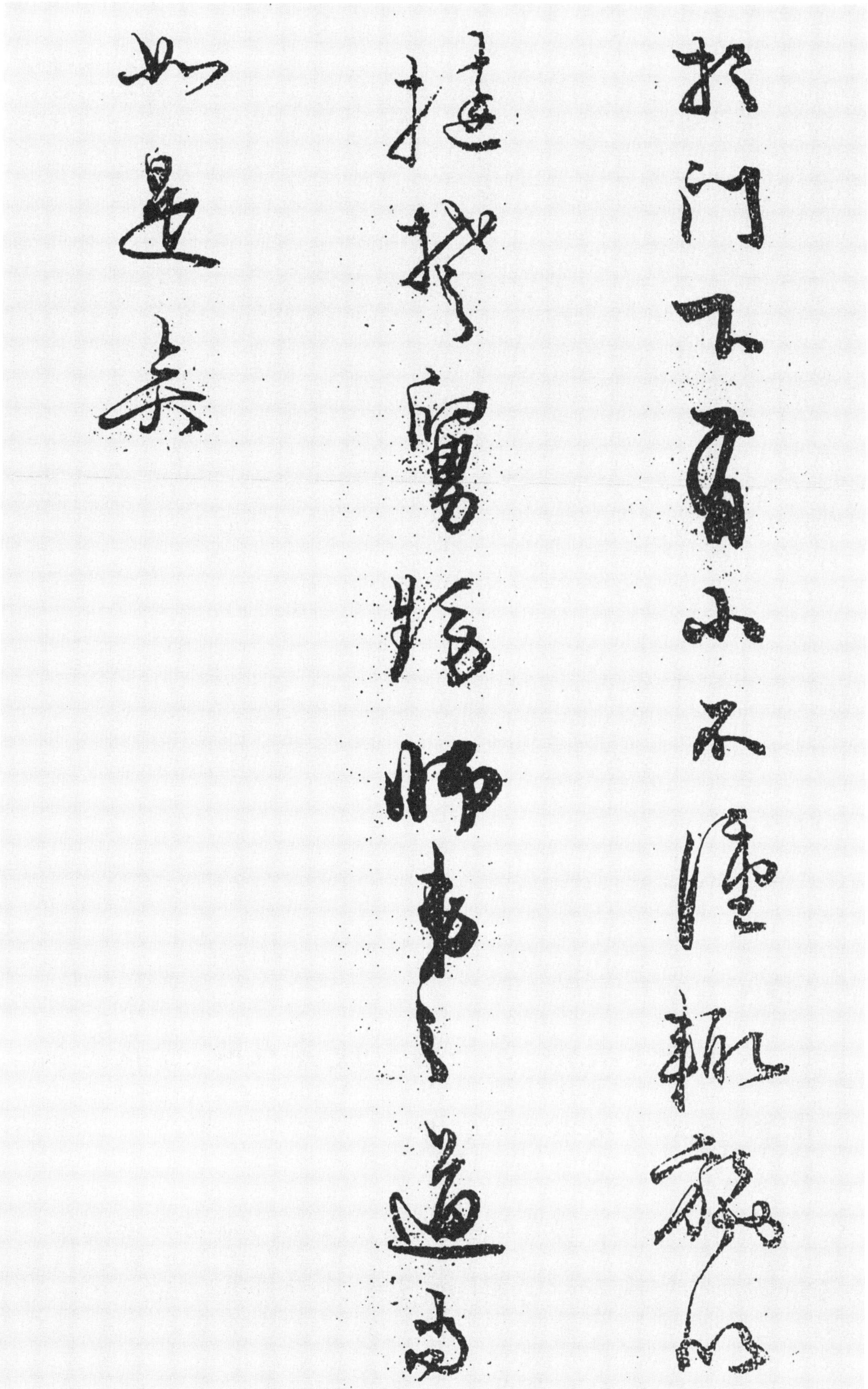

{118}

於門下 有小不謹輒施以撻楚 舅甥師弟之道 當
어 문 하 유 소 불 근 첩 시 이 달 초 구 생 사 제 지 도 당

如是矣
여 시 의

문하에서 공부를 할 때에 조금이라도 공손하지 않은 것이 있으면 즉시 회초리로 때렸으니, 장인과 사위, 스승과 제자의 도리가 마땅히 이와 같았습니다.

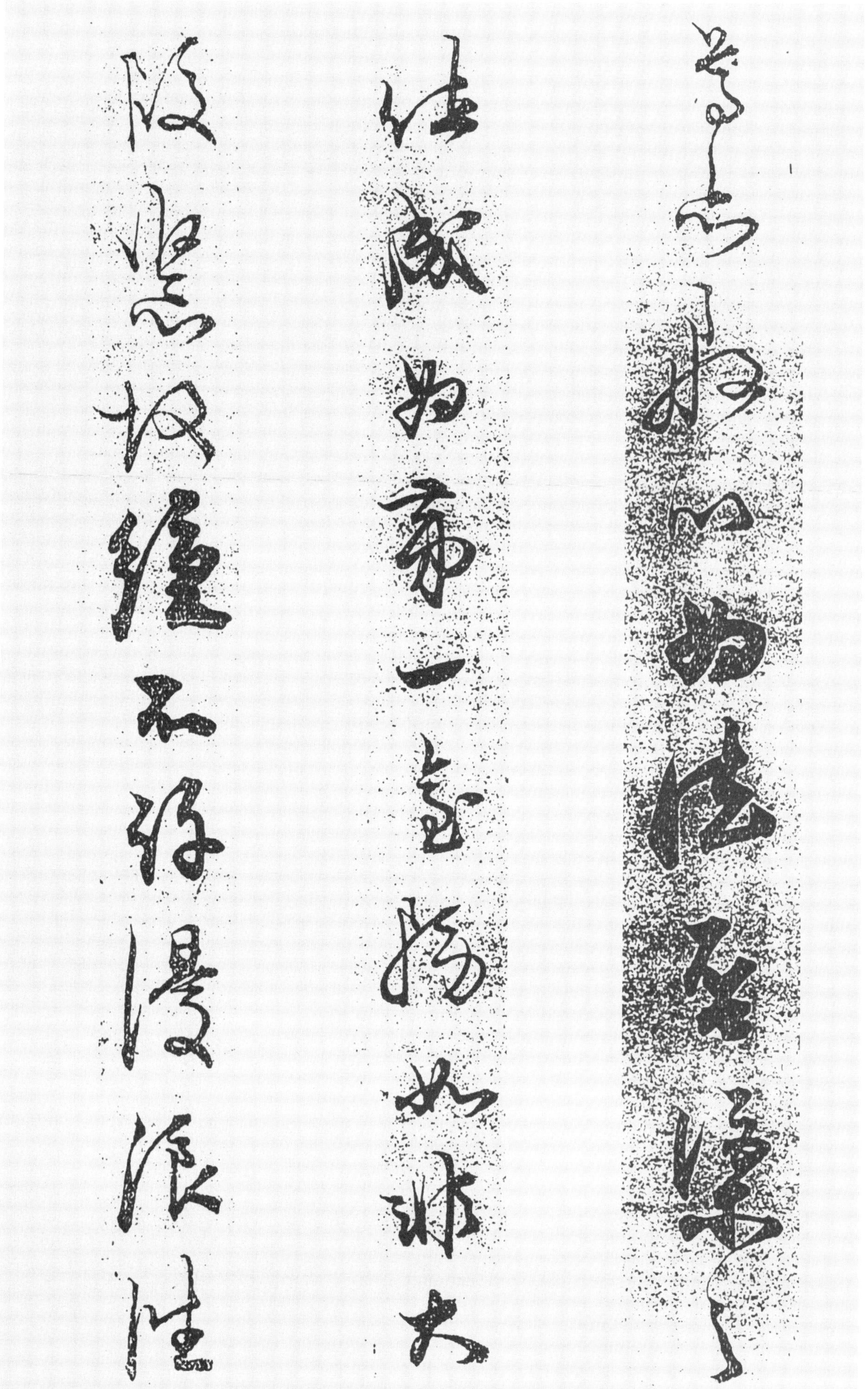

{119}

尊亦聚以爲法否 渠之作成爲第一意務 如非大
존 역 취 이 위 법 부 거 지 작 성 위 제 일 의 무 여 비 대

段緊 故絶不許漫浪 往
단 긴 고 절 불 허 만 낭 왕

존장께서도 역시 법이 아닌 것을 모아서 당신의 첫 번째 의무로 삼아 만약 대단히 긴요하지 않으면 절대 방종하지 않도록 하여야 할 것입니다.

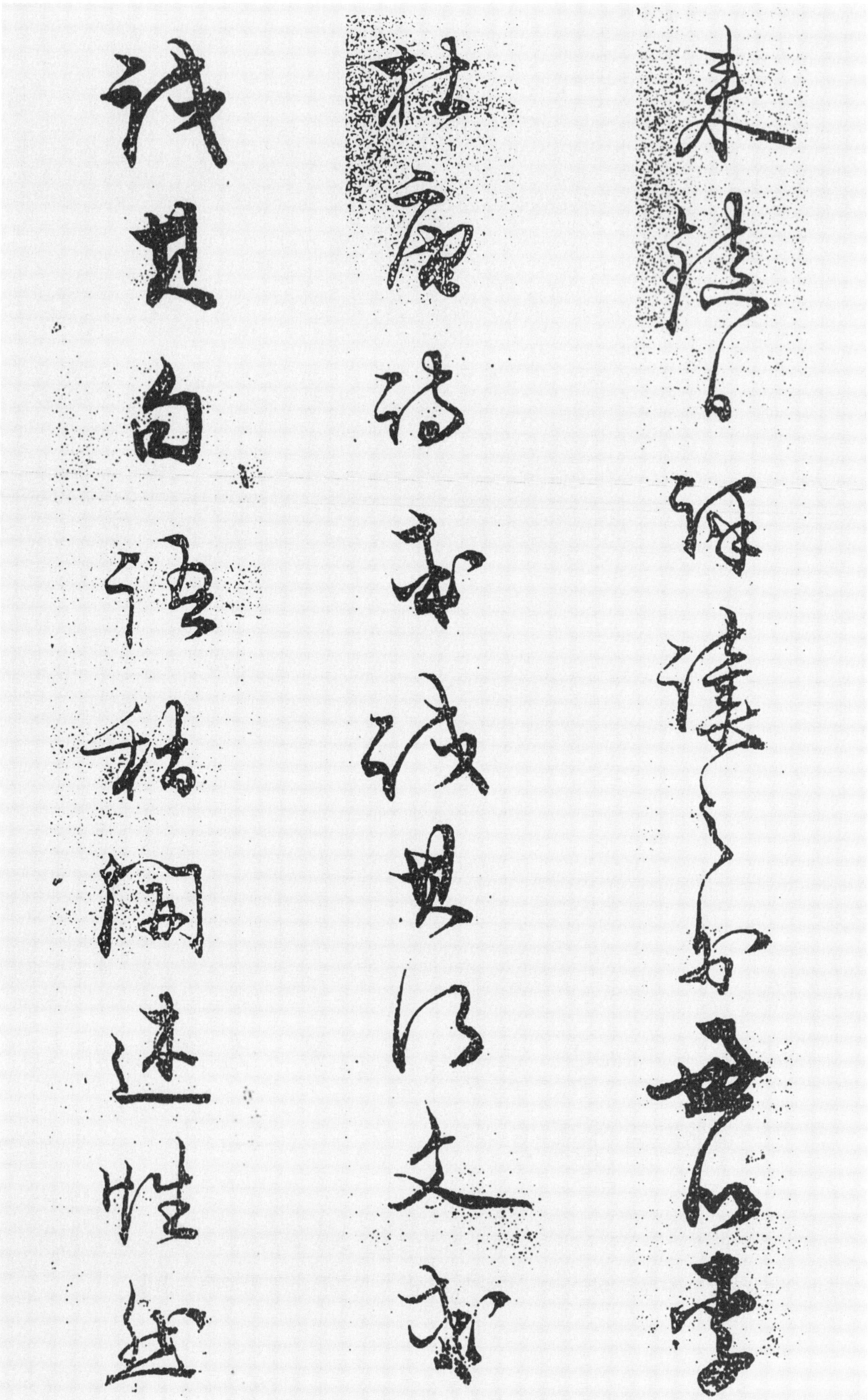

{120}

來鎭日課讀之外 兼以李杜唐詩 或試其行文 或
래 진 일 과 독 지 외 겸 이 이 두 당 시 혹 시 기 행 문 혹

試其句語 稍開述性然
시 기 구 어 초 개 술 성 연

온종일 왕래하면서 독서하도록 하는 것 이외에, 이백과 두보의 당시(唐詩)도 공부하도록 하며 혹은 문장을 짓도록 하고, 혹은 구절의 말을 짓도록 하여야 합니다. 점점 사람의 천성을 닦은

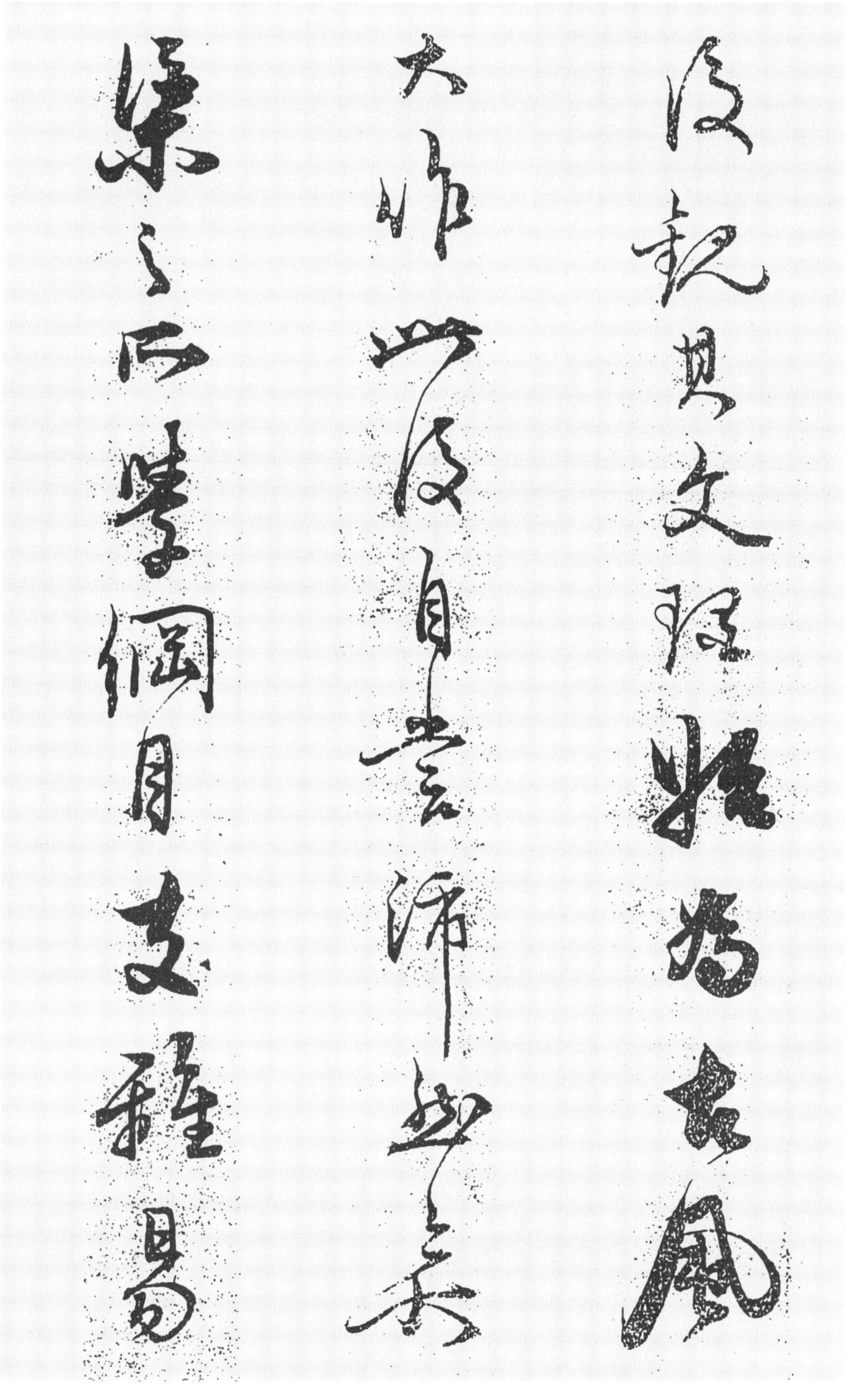

{121}

後 觀其文理 始爲古風大作 此後自當沛然矣
후 관기문리 시위고풍대작 차후자당패연의

渠之所學綱目 支離易
거지소학강목 지이이

후에 문장의 이치를 보고 비로소 고풍(古風)과 대아(大雅)를 짓도록 하여야 합니다. 그런 이후에 스스로 풍성해질 것입니다. 그대가 배운 강목(綱目)은 지루하고

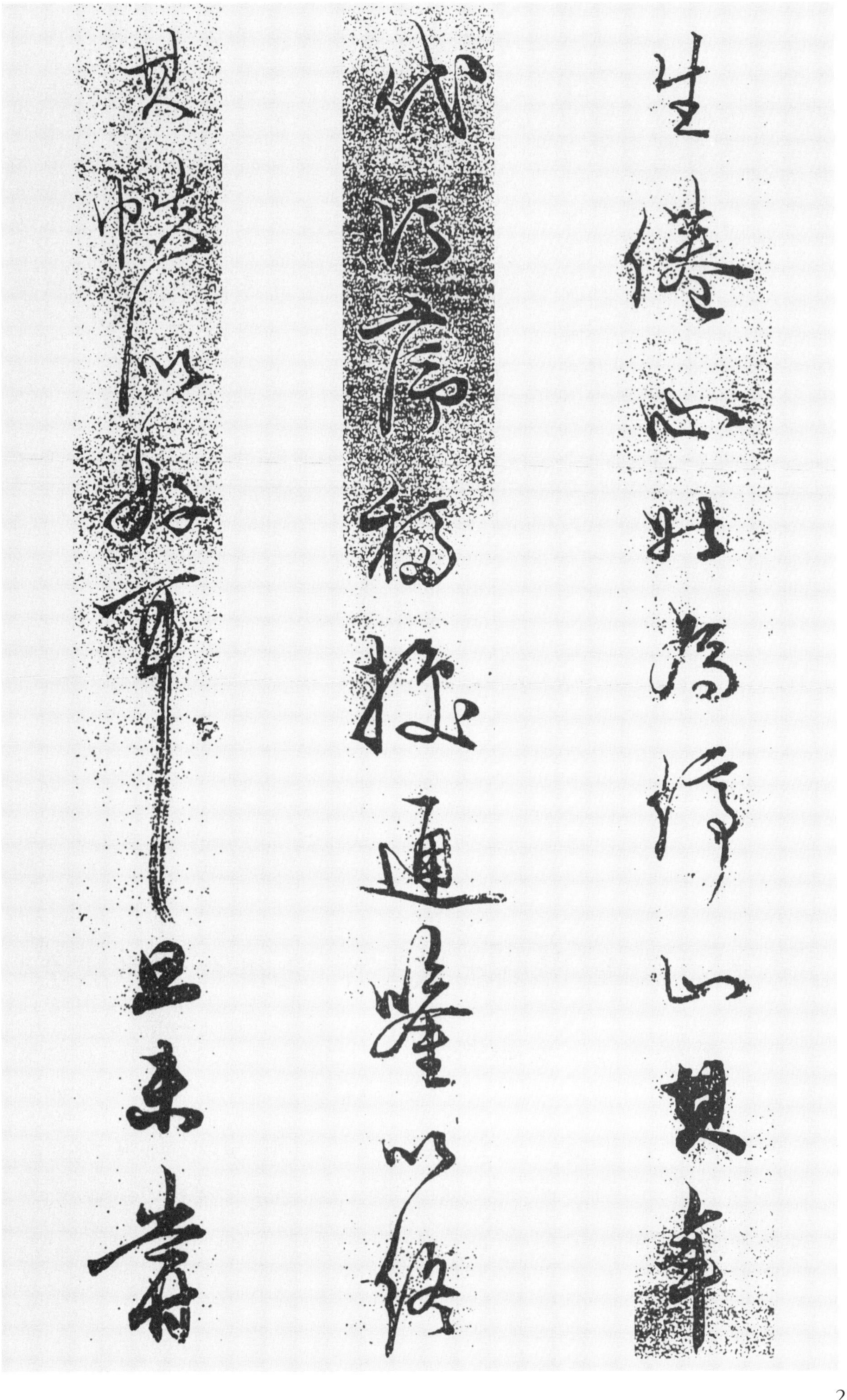

{122}

生倦心 姑爲停止 其年代順序移換通鑑以終 其
생권심 고위정지 기연대순서이환통감이종 기

愼似好耳 且未嘗
신사호이 차미상

지루한 마음이 생기기 쉬워서 중지시키고 그 연대와 순서를 통감(通鑑)으로 옮겨 바꾸어서 끝내는 것이 좋을 듯합니다.

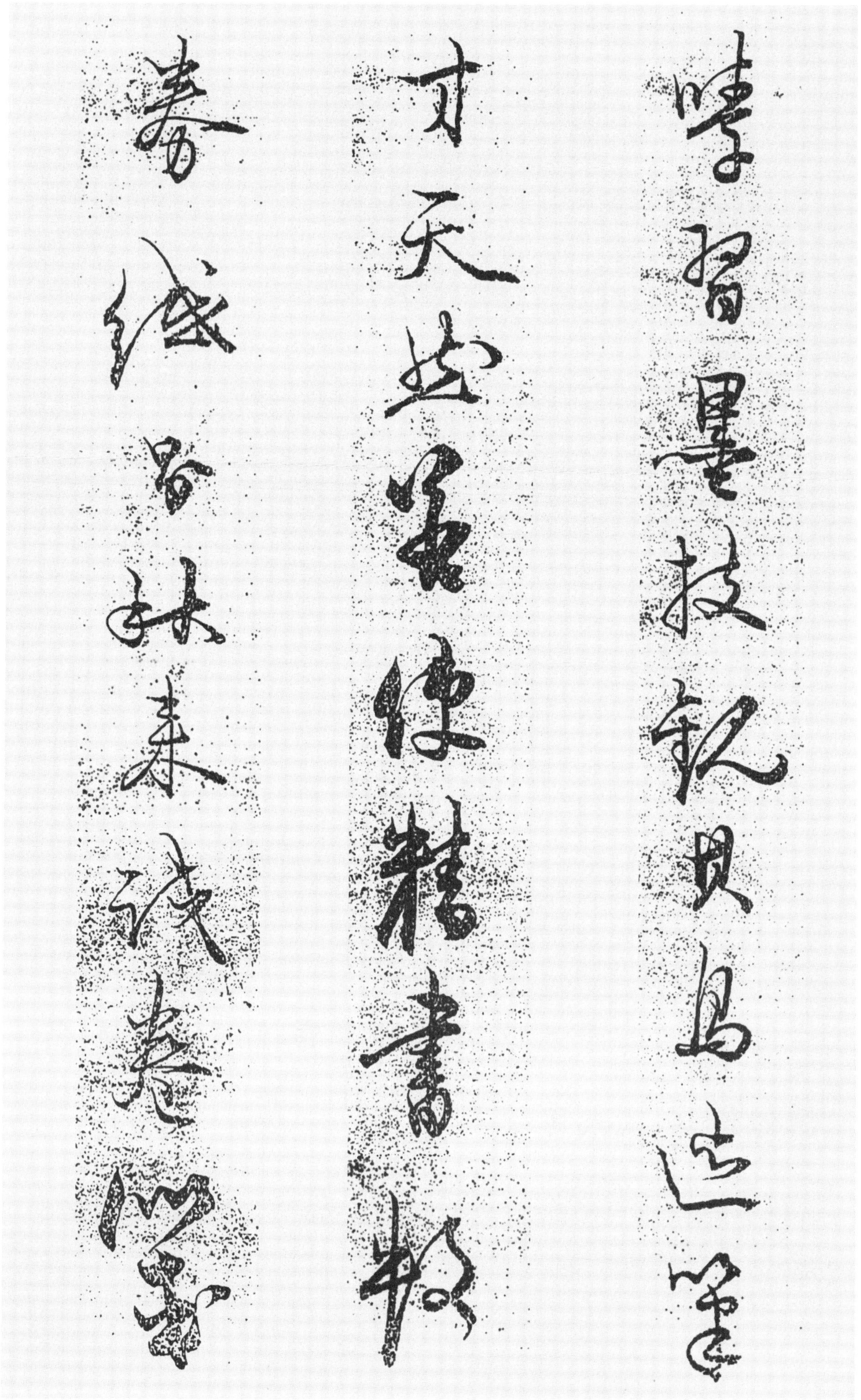

{123}

學習墨技觀其鳥迹 筆才天然 若使精書數卷紙
학 습 묵 기 관 기 조 적 필 재 천 연 약 사 정 서 수 권 지

則秋來試卷似或
칙 추 래 시 권 사 혹

또한 일찍이 붓글씨의 기예는 배우지 않았지만 그 조적(鳥迹)을 보면 붓으로 쓴 글씨는 자연스럽습니다. 만약 여러 권의 종이에 글씨를 쓰면 가을이 되면 과거시험의 답안지도

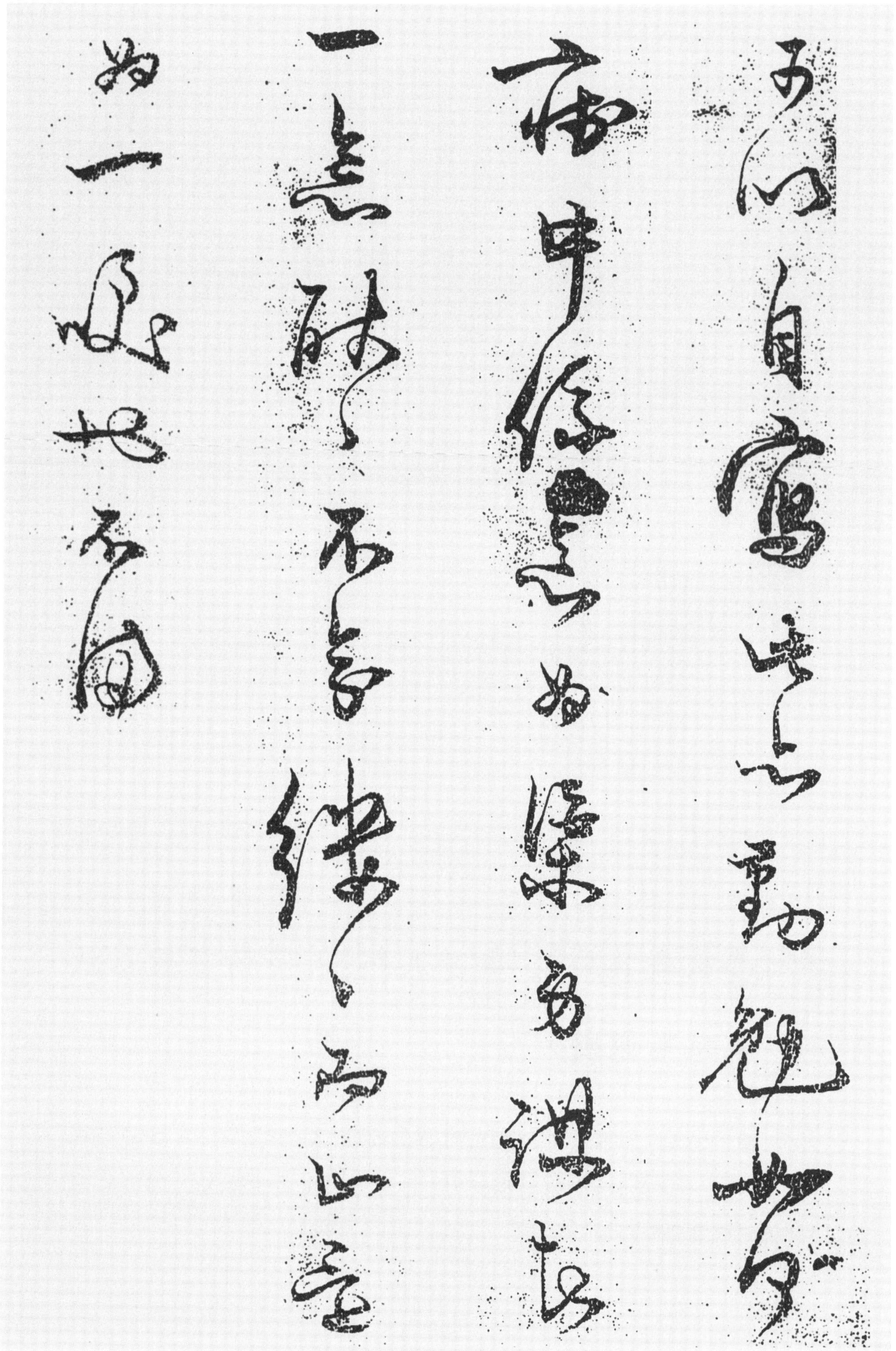

{124}

可以自寫 此亦勸勉如何 病中係念 爲渠身某者
가 이 자 사 차 역 권 면 여 하 병 중 계 념 위 거 신 모 자

一念耿耿 不知縷縷而止 還爲一笑也 不備
일 념 경 경 부 지 루 루 이 지 환 위 일 소 야 불 비

혼자 쓸 수 있을 것이지만 이 또한 부지런히 해야 할 것이니 어찌합니까! 병중에 괘념(掛念)하심이 감사하고 그대를 위해 나의 일념(一念)은 경경(耿耿)합니다. 편지를 이어서 써야 하지만 그치니, 다시 웃음만 나옵니다. 이만 그칩니다.

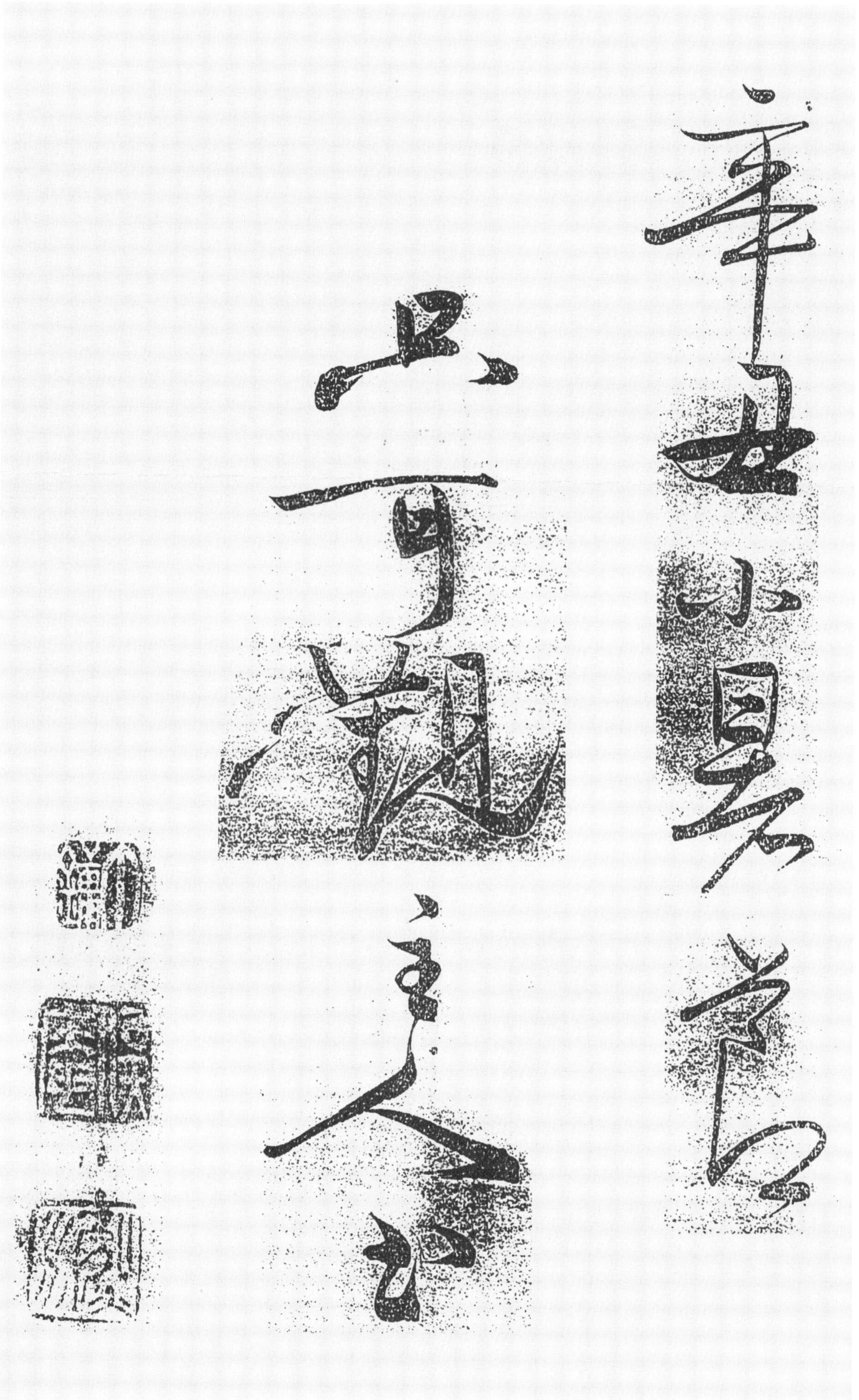

{125}

辛丑小暑節
신 축 소 서 절

只可觀主人書
지 가 관 주 인 서

신축년(1781) 소서절(정약용 선생 20세)

지가관(只可觀) 주인이 썼다.

–명문당 서첩⑰–

다산행초첩(茶山行草帖)

초판 인쇄 : 2021년 4월 15일
초판 발행 : 2021년 4월 20일

편역자 : 전규호(全圭鎬)
발행자 : 김동구(金東求)
발행처 : 명문당(1923. 10. 1 창립)
서울시 종로구 윤보선길 61(안국동)
우체국 010579-01-000682
Tel (영)733-3039, 734-4798, 733-4748
Fax 734-9209
Homepage : www.myungmundang.net
E-mail : mmdbook1@hanmail.net
등록 1977. 11. 19. 제1~148호

ISBN 979-11-90155-98-4 93640
값 15,000원

• 낙장 및 파본은 교환해 드립니다.